高等学校经济管理类主干课程教材·会计与财务系列

全面预算管理

— 第3版 —

主编 冯巧根 冯 圆

COMPREHENSIVE BUDGET MANAGEMENT

中国人民大学出版社
·北京·

前　言

全面预算管理是一种全方位、多领域覆盖的企业内部各级组织相互配合实施的管理体系，也是一种系统化的制度安排，具体包含预算的编制、执行与考核等流程。全面预算管理作为一项有效的企业管理手段，是集计划、控制、协调、激励等功能于一体，并统筹企业财务资源与非财务资源的综合管理系统。没有全面预算管理，企业的组织管理、流程控制等将难以有效实施。从理论上讲，全面预算管理可以表述为一种“三角式”的企业资源配置框架。具体而言，它围绕“战略—计划—财务”的思维逻辑，将战略置于上位，计划与财务并行且相互匹配，置于下位。通过战略的引导，企业能够合理配置业务资源，使财务活动在业务计划的协调下产生最大效率并创造最佳效益。从实践角度观察，全面预算管理首先反映的是企业战略规划功能，如合理配置企业资金资源以提高资金的使用效率与效益，帮助企业主动应对外部环境不确定性带来的经营与投资风险；通过优化组织结构，合理配置人员并明确其具体职能；通过合理安排薪酬计划，调动员工积极性，增强企业凝聚力，弘扬组织的文化价值观。

全面预算管理在传统预算内容的基础上，实现对企业经营流程的全覆盖，强调全方位、全员、全过程，通过合理配置企业资源，采用财务与非财务等手段有效梳理业务活动。从实践角度看，全面预算的编制过程需要经过多次反复沟通，才能最终形成上下一致、分解透明、落实到位的年度计划安排。借助全面预算的控制、分析、调整等管理活动，企业能够科学、快速地应对各种变化、风险，确保各项预算目标的达成。也正是由于这种制度安排，企业的各项生产经营活动才能有序进行，各项规划才能达成预期目标。预算管理的“全面性”表明，所有企业都需要结合应用环境的变化，编制财务规划，调整经营目标，以体现新情境下的现实需求。全面预算管理是贯穿企业生产经营活动的资金流、实物流、业务流、信息流与人力流等全过程的管理活动。客观地讲，现实中尚无一种制度体系比预算更具有对人们行为的全覆盖效果。

一般而言，企业管理的重点主要有两项：一是绩效管理；二是预算管理。全面预算管理的编制需要与企业的激励政策相配合，各项预算的有效实施取决于激励政策的吸引力及其公平、公正与合理性。事实上，在企业实践中，绩效管理与预算管理是相互融合、相互促进的。绩效管理有助于创新，而预算管理有利于统筹企业全局，通过资源规划、降本增效等进一步强化绩效管理。全面预算管理需要协调好企业长期发展与短期计划、经营变化与业务稳定，以及企业效率与经营效益之间的关系。全面预算管理需要关注以下两个特征：一是目标的合理性。业务目标、财务目标等是公司战略的具体化，全面预算管理是在公司战略指导下的规划与决策，代表的是企业的决心与信心，是企业对未来时期（如一年）的战略安排。二是行动的有效性。常言道，“计划赶不上变化”。从全面预算管理的角度思考，这句话具有一定的合理性。这是因为无论是业务目标还是财务目标，要完全做到科学合理是非常困难的。企业努力沿着预算指引的方向前进，并且最终实现了目标，那么全面预算管理就是科学的、合理的和有效的。

进行全面预算管理需要对竞争对手展开细致研究，对企业内外部环境进行全面分析，从而认清企业或所在行业未来的发展方向。同时，需要积极寻求有利于企业发展的各项资源，明确企业与对标公司之间的差距。也就是说，通过全面预算管理强化绩效管理，缩小并消除差距。简单地讲，全面预算管理就是在战略的引领下，围绕差距实施计划安排与资源配置，并结合绩效管理，推进企业目标的最终实现。全面预算管理的有效推进需要坚持“三三规则”，即“三个工程”与“三个观念”。前者包括一把手工程、全员工程和基础工程；后者涵盖系统观、协作观与资源观。同时，要坚持预算的刚性与战略实施过程中的柔性相互配合，主动应对环境变化，并在权变理念的指引下制定并实现具体的行动方案。

本次修订是基于教学实践与理论研究的需要而进行的补充与完善。第3版以第2版内容为基础做了如下修订：一是调整或更新各章导读部分的内容。这部分内容具有课堂专业引领和思想政治教育的功能。二是对书中的部分章节内容进行更新，即结合当前的数字化改革等政策变化适度增减了内容；同时，结合国务院国资委建设世界一流财务管理体系的需求，对相关的财务指标和预算管理内容进行适度更新；此外，根据财政部制定的预算管理制度的变化，以及国际注册专业会计师公会颁布的《全球管理会计原则2.0》中的预算管理相关内容，对文字进行调整、修改或补充。三是对每章的章末案例进行适度更换或调整。四是增加或调整部分章节的练习题种类或内容。五是调整或新增期末试卷。本次修订的总体思路是：体现时代性与新颖性，反映政策制度的变化，强调实用性与可操作性，方便老师的教学及其在课堂上的发挥，充分调动学生学与听的积极性。同时，在总体篇幅上保持不变，有增加亦有删减。

我们非常重视再版工作，并组建了相应的修改团队。“吃水不忘挖井人”，非常感谢参与第1版写作的各位师门姐妹，她们是马秀君、方娜、何艳君、李璇、袁悦等，如今她们中的许多人已成为教授、博士。此外，感谢参与本次修订的南京大学会计学系的陈彦颉博士和宋依然博士，以及浙江理工大学的硕士生，他们是：李潇潇、张澳、袁晓婷和王丽颖。虽然我们始终以“理论起点高、内容体系精、实用操作性强”为目标进行修订，但限于水平，书中难免存在疏漏、不妥甚至错误之处，敬请广大读者批评、指正，以便再版时进一步改正和提高。

目　录

第一章

总　论

本章结构图

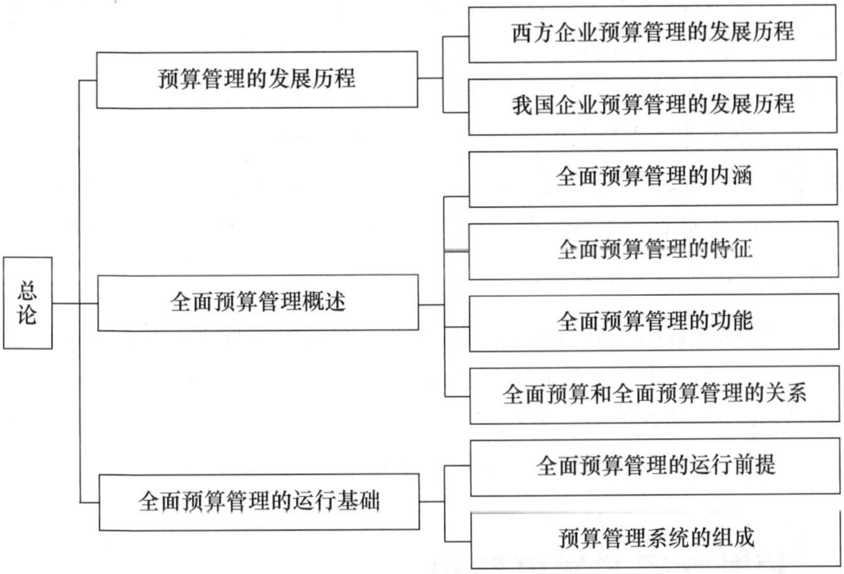

学习目标

- 把握预算管理的形成与发展
- 理解全面预算管理的定义
- 认识全面预算管理的重要性
- 了解全面预算管理的运行前提及预算管理系统的组成

素养目标

- 以习近平经济思想丰富全面预算管理
- 明确预算制度改革与预算技术革新的关系
- 全面预算管理要注重本土化与国际化的结合

引 例

“的哥”的预算管理

所有组织，无论其是规模大到跨国组织（如联合国），小到家庭和个人，还是在性质上有所区别的营利性组织机构（如企业）与非营利性组织机构（如大学、政府、基金会），以及一些特殊的组织（如寺庙）等，都有必要编制全面预算。

早年间流传着一个故事：上海“的哥”自觉探索并实施预算管理。“的哥”的预算管理体现的是上海出租车行业司机队伍整体的会计核算意识，即在服务客户的同时，加强收支与成本控制。上海出租车行业以臧勤为代表，总结出了出车期间的预算与成本控制经验：“我做过精确统计，每天开17小时的车，算上油费和各种费用，平均每小时的行驶成本为34.5元。若接到10元起步价的订单，大约要驾驶10分钟，加上每次载客之间的平均空驶时间7分钟，相当于我花了17分钟只赚了10元，而17分钟的成本价是9.8元，这不划算，20元到50元之间的生意性价比最高。”

针对此事，本书主编曾去行业协会进行调研。接待人员详细介绍了这个事件的始末，并再三强调“臧勤”只是上海出租车行业的代表，而不是特指某个人。该事件展现的是上海出租车行业司机的自我核算与自觉服务于市民的积极性，网上流传的许多版本或经过了“深加工”或已经“戏剧化”。行业协会的领导表示，一定会加强对出租车行业的管理，始终将市民的利益放在第一位。

当前，中国社会已经进入数字经济时代，传统的预算编制已经让位于数据的算法推荐等大数据技术，出租车行业也发生了巨大的变化。学习全面预算管理，需要理解预算管理与成本控制的关系，强化成本预算与风险控制的内在关联，与时俱进，促进全面预算管理在企业价值创造与价值增值中发挥更积极的作用。

第一节 预算管理的发展历程

预算管理是以预算为媒介开展的综合性经营管理活动，简单地说，预算就是用会计语言表述的企业收益计划。预算管理作为综合性的收益管理手段已为世界各国所采用。著名管理学家戴维·奥利认为，全面预算管理是为数不多的几种能把组织的所有关键问题融合于一个体系的管理控制方法之一。在西方发达国家和地区，由于实施较早，全面预算管理已成为大型工商企业标准的作业程序，相关体系与方法较为成熟与完善。

一、西方企业预算管理的发展历程

西方预算理念的产生可以追溯到1215年由英国国王签署的《大宪章》，其中规定英王未获得议会同意不得征税，此为“预算”这一理念的发源。“预算”（budget）一词源于法文 baguette，指的是用皮革制成的袋子或公文包。19 世纪中期，英国财政大臣在提出下年度税收需求时，习惯在议员面前打开公文包，展示其需要的数字，因此，财政大臣的“公文包”就代表下年度的收入支出预算数。此后不久，“budget”一词正式出现在财政大臣公文包的文件里，这就是预算制度的来源。预算在运用于企业之前，主要以“国家预算”的形式服务于政府，起费用控制的作用。

近代预算制度产生于英国，发展于美国，先应用于政府机构，再应用到企业管理。1890—1920 年，政府预算在美国实施并取得巨大成效，同时预算理念也逐渐被美国的一些大公司接受和采纳，因此这一阶段是企业预算的早期形成阶段。1921 年，美国政府颁布了《预算与会计法案》（The Budget and Accounting Act），该法案实施效果良好。它使预算管理的职能被人们了解，私营企业均采用预算强化企业管理，预算管理被提升到了一种社会性的必然地位。随后，预算管理成为一种重要的企业管理工具，其他国家如英国、日本、德国的一些企业也开始效仿和采用。西方国家企业预算管理的发展经历了以下阶段。

（一）企业预算萌芽期：财务计划阶段（19 世纪末至 20 世纪 20 年代末）

19 世纪末，美国企业首先将预算应用于广告费分配，目的是限制支出。第一次世界大战是一个鲜明的分界点。战争结束后，美国工业生产得到了快速发展，企业规模扩大，管理人员增加，产生了分权化管理需求，这时如何使管理分权而又不失去控制成为一个突出问题。同时，企业生产规模的盲目扩大也导致一些企业出现了生产过剩、产品销路不畅等问题。这些问题迫使企业管理者开始寻求对市场进行预测、对内在生产能力进行计划，以与外部市场需求相协调的方法。于是，杜邦公司和通用汽车公司率先将预算引入企业管理，以此来计划、协调、控制企业的经济活动。由于在集权条件下必须避免扼杀下级积极性，不能将下级“管死”；在分权条件下又必须避免高层失控和下级混乱，因此，必须做到无论是上级还是下级，无论在哪种情境下，都是既分散权力又共享权力，既有标准制约又留有活动空间，从而实现整合。预算正是这样的一种管理手段。

杜邦公司早期主营炸药，品种较为单一，需要在集权管理体制下实现供产销纵向整合。杜邦公司将年度经营预算（包括现金预算）和资本预算作为分部经营活动和资本资源分配的标准，然后从各分部按日或按周归集销售、工资和制造成本的数据，用来规范经营，监督生产和销售的效率。其整合的结果是供产销纵向一体化的集权化管理，是纵向整合的典范。当然，这里的集权因为包含基于经营预算与资本预算的授权和反馈，与我们正常理解的集权有本质的区别。

通用汽车公司成立于 1908 年，生产多个品牌的轿车，品种多样，需要在分权管理体制下实现横向整合。1923 年，时任总经理斯隆（Alfred P. Sloan）要求总办事处的高级主管设计出使当期产量和现有需求量相适应，并根据长远需求量分配资源的程序。产量和材料采购的预测要不断按照实际销售额进行调整，销售额的数据来自每十天一次由经销商提交的报表，以及由波尔克公司收集的每月新车登记数据。将销售额、市场占有率和投资回报率的实际数据和估计数据加以比较，能够为公司未来规划及分配资源的工作提供信息来源。由此，企业预算由过去单纯的成本控制扩展为对财务资源的规划、协调与控制。

通用汽车公司在完善预算内容和程序的同时，进一步规范决策管理权与决策控制权的划分，以提高预算管理的效率。一组财务专家与咨询顾问协助公司的高层管理人员对每个部门的当期经营情况进行分析评价，这样总部就能将注意力集中于制定整个公司的战略，而将绝大部分的经营决策交由各部门完成。总部的管理人员仅保留对公司总体战略的决策权和对各经营部门进行决策控制（监管）的权力。预算的推行为促使通用汽车公司发展成为一家现代化的多部门分权管理的企业作出了有益的贡献。

在这一时期，古典管理理论中泰勒的科学管理理论、法约尔的组织管理理论及韦伯的行政组织理论，对于预算体系构建、资源配置和行动协调等职能的发挥都有影响，而建立在科学管理理论基础上的标准成本制度、差异分析等都成为预算管理中常用的方法。1922年，麦金西（McKinsey）出版了《预算控制》（*Budgetary Control*）一书，从控制角度详细介绍了预算管理理论与方法，该书的出版标志着企业预算管理理论开始形成。这些都进一步促使预算制度在企业得到快速普及。其他国家如英国、日本、德国的一些企业开始仿效，也采用预算制度。

（二）企业预算发展期：财务资源的规划与控制阶段（20世纪30年代初至80年代中期）

20世纪20年代，预算方法在杜邦公司、通用汽车公司产生之后，很快就被大型现代工商企业普遍使用。随后的几十年中，企业预算管理先后受到会计理论及其他管理思想发展的影响，在管理方法、管理理论上都得到了一定的发展。

第二次世界大战以后，科学技术突飞猛进并大规模应用于生产，社会生产力获得迅速发展。社会化大生产促使资本主义企业进一步集中化，跨国公司大量涌现，企业的规模越来越大，生产经营日趋复杂，企业外部的市场情况瞬息万变，竞争更加激烈。这些新的环境和条件对企业管理提出了新的要求，迫切要求实施“管理的重心在经营，经营的重心在决策”的指导方针，把正确地进行经营决策放在首位。

为了使企业在激烈的竞争中处于有利地位，西方会计学吸收了自20世纪20年代发展起来的一些专门用来提高企业内部经营管理水平和经济效益的方法，如盈亏平衡点分析法、弹性预算法、变动成本计算法、差额分析法和现金流量分析法等，以帮助管理当局预测、决策、组织和控制生产经营活动，提高企业的竞争能力。这些方法的产生也促使预算制度进一步发展与完善，特别是盈亏平衡点分析理论的形成，使会计从对经济活动的事后反映和分析逐渐转向事前的预测和决策。这一时期，企业管理者根据其计划编制的预算比初始阶段更加科学合理，以达到对企业经济活动进行协调、控制的目的。盈亏平衡点分析的发展对预算管理来说具有划时代的意义。

20世纪40年代末期，企业的经营管理者逐渐认识到强化管理对企业的重要性，西方各种新的管理思想应运而生，各种新的管理学派及新的学科不断出现。这些新的管理思想和学科对预算管理理论产生了积极影响，其中影响较大的是行为科学。

行为科学学派主要由心理学家、社会学家和人类学家建立和发展起来。古典管理理论只重视组织结构和工作任务，认为管得严才能出效率；行为科学家则着重研究组织的社会心理系统，注重人的因素及人在具体组织中的行为方式，认为从人的行为本质中激发动力才能提高效率。人们开始认识到，不良的业绩不是因为管得不严，更多的是由于组织中的员工没有明确目标或者对其实现目标的行为缺乏奖励。在行为科学管理思想的影响下，企业预算管理增加了行为管理的内涵。一些实行预算管理的企业开始提倡和实行分权式的民主参与管理，也就是使预算的编制自上而下、自下而上地反复循环，形成参与性的预算管理。在预算编制过程中，由于预算执行者直接参与了编制，预算更加贴近实际，同时还提升了预算执行者对预算的认识，使其努力方向与组织的预算目标相一致，从而促使企业资源得到合理配置和有效利用。

于是，企业预算管理的职能在行为管理方面得到了扩展：（1）沟通：通过预算的编制、监控和评价程序实现组织战略和目标及现实状况在组织各层级范围内的广泛交流。（2）协调：通过预算的数字管理特点，明确界定每一个部门、经理、员工的权责，并将组织的短期计划协调一致地落实到整个组织之中。这也是一个协调、磋商和签订内部契约的过程。（3）激励：通过让员工参与预算编制，并设置更具挑战性的预算目标来激励员工不断提高业绩水平。（4）评价与奖惩：预算与实际的差异通常是业绩评价最常用的依据，评价结果还会与奖惩制度相联系。评价方法和奖惩机制会进一步影响管理者和员工以后的行为取向，因此，科学、合理的预算考评方法及其导向效应也是行为科学带给预算管理的新课题。

20 世纪 50 年代，外部环境迫使企业为了获得满意的利润开始普遍关注资本预算，更多的企业采用现金流量贴现方法。70 年代，零基预算（zero-base budgeting，ZBB）在西方国家兴起，它的产生使预算在理论和方法上又有了新的发展。1970 年，美国得州仪器公司的彼得·派尔（Peter A. Pyhrr）首先成功地将原用于政府预算的零基预算法应用于公司费用预算的编制；1971 年，该公司的所有部门预算都采用了零基预算法并取得了成功。零基预算是以零为基础编制预算的方法，它承袭了预算的计划特性，吸收了 60 年代美国国防部创建的“规划-计划编制-预算制度”（planning，programming，and budgeting system，PPBS）的优点，更注重长期与整体的观念，其本质在于认识到预算程序是一个包含关键决策事项和推动决策的管理过程。

参与性预算与零基预算的形成是预算管理在企业中普遍推广和应用的结果，预算管理的发展使企业在市场竞争中取得优势并得到迅速发展，由此也推动了国家经济的发展。

（三）企业预算成熟期：企业组织资源的规划与控制阶段（20 世纪 80 年代中期至今）

20 世纪 80 年代以后，企业管理领域又出现了企业资源计划（ERP）系统，即把企业内部划分为几个互相协作、互相支持的子系统，使企业将生产制造、质量控制、售后服务等环节全部纳入资源计划系统进行管理，从而形成了一种面向企业供应链的预算管理。在 ERP 的促进下，企业预算管理进入成熟阶段。

20 世纪 80 年代中期以后，整个社会经济开始不同程度地从工业经济向知识经济转变。企业经营环境的不确定性和竞争性大大增强，特别是90年代中期内部组织结构呈现出模块化组织（modular organization）和模块化簇群（modular cluster）的特征。这种变化动摇了传统预算管理运行的基础和前提，预算缺乏适应性、费时耗力、预算各职能之间不能很好地协调等诸多缺陷更为突出。传统预算管理进入了一个与组织外部环境及内部环境相冲突的阶段。

通常认为，全面预算管理始于20世纪20年代的美国。面对企业预算管理实务中存在的外延过宽、内涵陈旧，以及缺乏灵活性等现实问题，调整和改革预算管理制度已成为企业发展的迫切要求。从世界范围看，企业预算管理制度的改革存在两种完全不同的观点：一种是主要以美国和英国的学者与实务工作者为中心提出的“改进预算”（better budgeting），它致力于改善预算管理的环节；另一种是主要以欧洲的实务工作者为中心提出的“超越预算”（beyond budgeting），其实质是放弃预算，宣扬预算管理无用论。虽然两种观点在克服传统企业预算制度的局限性上具有相同之处，但两者的着眼点不同。前者将问题集中在预算管理计划制订的层面上，提出对预算管理环节的改善要求；后者则将问题的焦点放在预算管理的业绩评价上，提出废除企业预算制度。

1. 改进预算

预算管理实务的发展趋势之一是改进预算，它是围绕经营管理中企业预算制度及其自身的改革导向而进行各种尝试的总称。虽然其在本质上也对传统的预算管理进行了批判，但它并非对预算管理及其自身进行全面的否定，而是在维持原有框架的基础上，为寻求更好的改良策略而努力。从这个意义上讲，改进预算呈现的是一种“批判性接受”的姿态。并且，它提倡灵活应用如下一些方法：（1）滚动预测；（2）经常性地进行变动预算的编制和进行较短期间的预算修订；（3）零基预算；（4）作业基准预算（ABB）；（5）平衡计分卡（BSC）；等等。作为管理会计工具，我们在应用这些方法时应注意它们之间的协调和整合效果。换言之，改进预算本身就是要对这些管理会计工具进行有效的整合和运用，如结合平衡计分卡的预算及作业基准预算的应用，体现的正是围绕预算管理计划功能的整合而实施的改革活动，目的在于对预算管理的环节进行改善。

平衡计分卡预算是以美国为代表的改进预算主张者的重要成果之一，它是一种战略预算的管理思路。亦即，将平衡计分卡运用于预算管理，从而达到改进预算管理的目的。基于平衡计分卡的预算管理，具体表现在如下几个方面：（1）通过平衡计分卡分解战略目标，再将其引入预算，可以实现预算管理的短期目标和企业长远战略目标的衔接。（2）平衡计分卡的四个方面是一条因果链，展示了结果和结果动因之间的关系，通过将平衡计分卡的因果链导入预算管理，能使管理者很清楚地了解预算管理存在问题的根源。（3）平衡计分卡能实现企业业绩四个角度的平衡，即长期目标和短期目标的平衡；外部（股东、顾客）和内部计量（经营、创新、学习和成长）的平衡；预期业绩和业绩动因的平衡；硬性的客观指标和柔性的主观指标的平衡。在预算考评环节中引入平衡计分卡能够实现对企业预算活动的全面评价。（4）将平衡计分卡确立的预算目标导入预算管理循环中，不仅能动态地实现对财务性目标的管理，还能对非财务性目标进行有效管理，从而使预算管理系统更加完善。

作业基准预算是在传统预算方法的基础上，结合实践证明行之有效的全面质量管理、作业成本法（ABC）和作业管理（ABM）的理念设计的一种新的预算管理方法。作业基准预算是基于作业单元责任量与资源需要量的预测，而将作业成本方法应用于企业管理的预算中的。作业基准预算有助于理解作业单元的相互关联性和作业背后的动因（换句话说，是对作业单元责任量与资源需要量的预测），是基于作业基准的计划制订及应用于预算管理的具体工具，它包括企业战略投入的具体作业和各个环节的预算实施状况。从这个意义上讲，作业基准预算的确是一项改进活动，体现了“有批判地接受”的思想。典型的作业基准预算应用是施密特（Jeffrey A. Schmidt）提出的多元化预算管理框架。从流程上看，作业基准预算首先确定预算年度预计产品或服务销售量，据此确定生产过程中所涉及各作业的预计作业需求量；其次，根据资源动因率和其他相关条件确定单位作业费用率，或者说是单位作业标准成本；最后，根据前两项资料计算汇总预算年度资源需要量，将该需要量与企业实际资源量比较，进行适当调整以实现平衡，完成费用的作业基础预算。

客观地讲，在当今全球化竞争环境中，企业经营都致力于持续改进。持续改进预算是一种在最终预算中明确体现不断改进要求并实施所有改进计划的预算方法。在持续改进预算的编制程序中，预算以期望的未来经营状况为基础，而不是像传统预算那样以延续目前的活动为基础。持续改进预算反映了持续增长所需的所有变动结果。编制持续改进预算首先要分析目前的状况，找出改进点，并确定实现预期改进所需的多种变化。预算以改进的活动或程序为基础来编制。持续改进预算并不局限于企业内部的改进。许多企业期望并要求其供应商不断改进，并将改进后对成本及零部件交货计划的影响反映到生产成本预算和生产安排中。

2. 超越预算

诚然，改进预算是将问题的焦点放在计划制订的层面上，然而，相对于预算管理的改善，打破传统预算制度并重新加以构建的观点，就是代表预算管理无用论的超越预算。在以市场为导向且高度竞争的社会中，面对难以预测的环境，或者在以智力资本为主要战略资源的环境中，企业为了持续地改善业绩，提出超越预算这种理论是具有积极意义的。

超越预算是企业组织在不编制预算的情况下，管理该组织的业绩，并将各决策环节的权力以授权管理的形式分散化。超越预算理论认为传统预算管理不仅不能适应新的经营环境，还会妨碍组织的变化与创新，甚至对组织经营有危害。它主张只将预算的作用、内容和范围局限在适应性改造和应用研究的预测和计划上，而传统预算的控制与激励作用则由其他的绩效管理制度来替代。

1998 年 1 月，跨国型高新科技制造业联合会（CAMI）专门成立了一个名为“超越预算圆桌会议”（Beyond Budgeting Round Table，BBRT）的研究论坛，探讨用什么方法来替代预算管理系统的问题。BBRT 认为，在高度信息化的社会中寻求新的替代预算管理的经营管理机制是必要的，这种新的机制必须以“（1）目标制定；（2）战略；

（3）成长与改善；（4）资源管理；（5）调整；（6）成本管理；（7）预测；（8）计量与控制；（9）奖励；（10）责任、权限与委托”十个项目为理论基础，同时通过两个阶段加以推进。其中，第一阶段，在预算管理方面，提倡灵活应用建立在业务流程再造（business process re-engineering，BPR）基础上的平衡计分卡和价值基础管理（value-based management，VBM），并据此对企业进行业绩评价，消除因传统预算的业绩评价所带来的负面影响。同时，重视对竞争环境和市场需求的快速响应，积极构建以战略成效为导向的经营系统。第二阶段，在组织管理方面，提倡企业组织的彻底分权化，即将权力下放。

BBRT认为，为了维持卓越的竞争业绩，构建精简、适用、守信的企业是必要的。BBRT研究分析了那些放弃传统预算制度的企业，并根据最佳实践经验总结出了一套超越预算模式的原则和方法。杰里米·霍普（Jeremy Hope）和罗宾·弗雷泽（Robin Fraser）将组织的管理控制系统分为三个部分：第一部分是财务预测和计划，主要是通过预算预测组织未来的短期财务业绩，并设置财务业绩目标。第二部分是以综合指标为基础的业绩评价系统。与传统预算评价不同的是，综合业绩评价系统要求部门和个人更全面、更深入地了解组织特点和任务性质，明确关键成功因素，并设置既具挑战性又具可实现性的目标。综合业绩评价系统可以减少在预算控制中人为操纵短期财务报告数据或预算数据的行为。第三部分是以相对标准为基础的激励机制，主要是指运用标杆法对相对业绩水平进行奖励，而不像在传统预算中以既定的预算目标为依据，这样同样可以减少预算中的讨价还价问题。

从超越预算的分权化管理机制来看，它通过对预算管理工具的适应性、顾客满意度等视角加以整合，借助顾客关系管理工具，很好地解决了顾客忠诚度的问题。顾客关系管理的核心是将顾客作为企业最重要的资源，通过满足顾客需求来为顾客创造价值，并在此基础上实现自身的价值增值。一方面，顾客关系管理要求对顾客需求的变化作出快速反应，优化以顾客服务为核心的工作流程；另一方面，顾客关系管理要求在与顾客相关的所有领域都保持一种卓有成效的一对一关系，建立顾客驱动的产品设计和顾客服务机制，以吸引更多的顾客资源，并保持已有顾客对企业及其产品的认同感和忠诚度。

按照霍普和弗雷泽的观点，顾客关系管理模式有赖于对一系列内部流程的动态整合。这就为该模式与第一阶段的适应性流程再造提供了理论衔接点，从而将顾客关系管理整合到管理会计工具体系之中。超越预算理论下管理会计工具整合体系如图1-1所示。

综上所述，超越预算理论作为预算管理制度改革的趋势之一，基于一种新的灵活的分权管理思想，对管理会计的功能进行了相应的重塑，为企业基于管理会计功能框架导入各种现代管理会计工具提供了一种有益的思路。企业如果能够在这种框架的指导下深入分析本企业所处的环境及各种管理会计工具的特点及互补性，将它们进行有机的整合，应该可以充分发挥这些工具的管理效率，满足现代企业的管理要求。

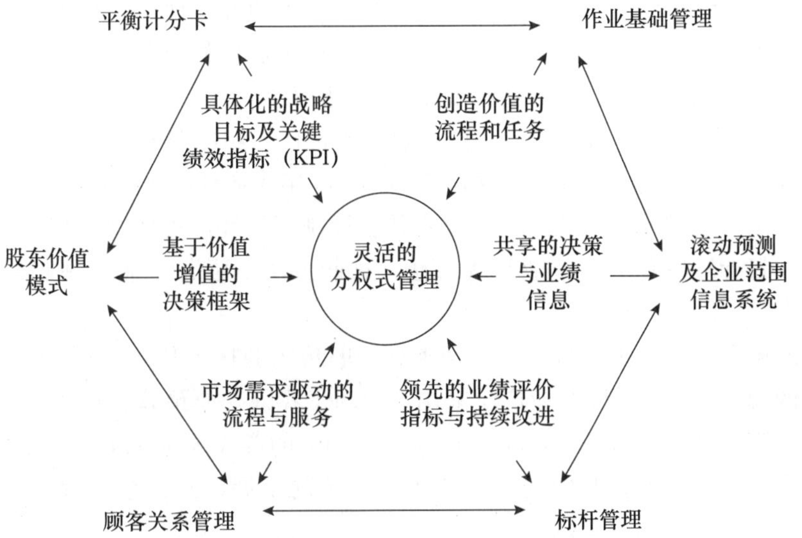

图 1-1 超越预算理论下管理会计工具整合体系

二、我国企业预算管理的发展历程

预算是以货币及其他数量形式反映企业在未来一定期间全部经营活动各项目标及相应措施的价值说明。在市场经济体制下，企业管理以财务管理为中心。全面预算管理是实现以财务管理为中心的具体方法和手段，也是促进专业管理从单纯的技术管理向技术经济管理转变的有效途径。预算管理在我国具有悠久的历史。

（一）国家预算的萌芽：新中国成立前

《礼记·中庸》云："凡事豫则立，不豫则废。"《孙子兵法·始计篇》曰："多算胜，少算不胜，而况于无算乎?"古人的名言警句均指出，预算是关乎企业存亡的大事。这些文句均是预算思维的雏形。

中国的预算制度始于晚清。戊戌变法期间，康有为在其《日本变政考》中主张仿效西方，实行预算公开。光绪皇帝予以采纳，并诏令改革财政，编制预算，但因变法失败而未及施行。

1911 年 11 月 3 日，变法维新人士提出了国家预算的思路与方针。《宪法重大信条十九条》第十四条规定："本年度预算，未经国会议决者，不得照前年度预算开支。又预算案内，不得有既定之岁出；预算案外，不得为非常财政之处分。"第十五条规定："皇室经费之限定及增减，由国会议决。"

1911 年的预算案虽然"流产"了，但我国的国家预算已经萌芽。南京国民政府时期，预算制度继续缓慢发展。1932 年 9 月 24 日，国民政府在经过较长时间准备后，颁布了中国历史上的第一部《预算法》。

（二）企业预算的探索：新中国成立至 20 世纪末

1949 年中华人民共和国成立后，从 1953 年第一个五年计划开始，我国至今已经编制了十个“五年计划”和四个“五年规划”，“十四五”规划正在实施。五年计划是我国国家预算的典型体现。与此同时，一些大型企业也积极开展了生产、技术、财务等方面的计划编制工作，进行企业预算的实践探索。

从20世纪50年代开始，我国企业开始推广班组核算管理，以班组作为业绩考评的责任中心。班组核算制的建立是20世纪50年代会计改革创新的重要方面。20世纪80年代，我国企业推行内部银行、责任会计制度及经济责任制、全面质量管理、市场预测、目标管理等多种企业管理方法，这些方法对强化企业管理起到了一定的积极作用。

改革开放后，西方的企业管理理念不断传入我国。从20世纪80年代初期开始，西方的管理会计被我国企业广泛采用，推动了我国企业预算管理的发展。预算管理以全面预算或总体预算（comprehensive budget）的形式作为管理会计的一个分支被部分企业采用，在我国企业中的应用得到了一定的发展，并在企业管理中发挥了独特的作用。

20世纪80年代末90年代初，我国企业开始积极探索预算管理模式。例如，山东华乐集团、新兴铸管公司、潍坊亚星集团、上海宝钢集团、青岛啤酒公司等都开始进行企业全面预算管理的探索和实践。其中，新兴铸管公司自1994年推行全面预算管理以来，效果显著：利润总额在1994年居第5位，1995年居第4位；人均利润在1994年居第2位，从1995年开始连续多年居第1位；2015年在全国57家钢铁骨干企业中规模居第29位。上海宝钢集团自采用预算管理模式以来，不断探索新的编制手段；其从20世纪90年代末开始实施“以现金流量为核心”的全面预算管理，在应用的第一年仅银行日平均存款额就减少约3亿元，节约利息支出达3 000多万元，成效显著。

（三）企业预算大发展：2000年至今

随着改革开放的不断深入和我国社会主义市场经济体制的建立与不断完善，预算管理愈发受到重视，在企业经营目标的实现过程中发挥了显著作用，甚至被提升到了企业经营机制和战略管理的高度，从而在实践中大力推行。2000年9月，国家经贸委发布的《国有大中型企业建立现代企业制度和加强管理的基本规范（试行）》明确提出企业应建立全面预算管理制度。2001年4月，财政部发布的《企业国有资本与财务管理暂行办法》指出企业应当实行财务预算管理制度。2002年4月，财政部发布的《关于企业实行财务预算管理的指导意见》进一步提出了企业应实行包括财务预算在内的全面预算管理。2008年6月，财政部、证监会、审计署、银监会、保监会联合制定的《企业内部控制基本规范》第三十三条要求企业实施全面预算管理制度，明确各责任单位在预算管理中的职责权限，规范预算的编制、审定、下达和执行程序，强化预算约束。2010年，财政部会同证监会、审计署、银监会、保监会制定了《企业内部控制应用指引第1号——组织架构》等18项应用指引、《企业内部控制评价指引》和《企业内部控制审计指引》，其中包括《企业内部控制应用指引第15号——全面预算》。2011年8月，国务院国资委下发《关于加强中央企业财务信息化工作的通知》，该通知明确提出了财务信息化要实现的八个系统，全面预算管理系统便是其中主要系统之一：“全面预算管理系统主要指对经营预算、投融资预算、资金预算、薪酬预算、财务预算等预算编制、预算审批、预算调整、预算执行监控以及预算考核评价等全过程的管理。”时隔不到3个月，2011年11月，国务院国资委又以独立文件的形式正式发出《关于进一步深化中央企业全面预算管理工作的通知》。该通知深刻阐述了全面预算管理对促进企业健康持续发展、做强做优提高企业国际竞争力的重要意义，指出“全面预算管理是一项全员参与、涵盖企业各类生产要素、贯穿企业经营全过程的系统工程”，并从切实加强组织领导、树立全面预算管理理念、改进预算编制方法、积极推动对标管理、加强关键指标预算控制、强化预算刚性约束、加强预算执行结果考核与大力推进信息化建设八个方面对深化中央企业全面预算管理提出了要求。

国务院国资委对预算管理一直很重视，其在2010年全国推行的经济增加值（EVA）考核指标与2015年提出的“奋斗目标”的评价指标要求中均对全面预算管理工作作出了相应的制度规范。2019年颁布的《中央企业国有资本经营预算支出执行监督管理暂行办法》、2024年颁布的《关于进一步完善国有资本经营预算制度的意见》等文件，全面深化了对央企的预算管理要求。财政部也发布了很多相关文件，比如，2016年颁布的《中央国有资本经营预算管理暂行办法》；2017年发布的《关于印发〈管理会计应用指引第100号——战略管理〉等22项管理会计应用指引的通知》，其中包括《管理会计应用指引第200号——预算管理》。

从国际层面看，2024年4月11日，国际注册专业会计师公会（AICPA & CIMA）发布新的《全球管理会计原则》中文版，或称《全球管理会计原则2.0》。结合2.0版本，关注其中的预算管理内容，可以发现亮点是提出了“有效预算管理”思想。另外，结合管理会计师（CMA）2024年考试内容大纲的要求，还可以认识到预算管理宏观化转向的重要性与必要性。

以上这些行政规章的颁布和执行，标志着全面预算管理这一科学的管理理念已在我国得到广泛认同，并进入规范和实施阶段。从行政事业单位的预算管理制度变化看，我国的预算管理制度一直在持续优化。1995年《中华人民共和国预算法》（简称《预算法》）正式颁布实施；党的十八大以来对《预算法》进行了两次修订，对预算执行情况作了更为详尽的阐述，使得政府收支更加规范，加强了预算管理。党的十九大报告对建立现代财政制度作出了重要部署，要求“加快建立现代财政制度，建立权责清晰、财力协调、区域均衡的中央和地方财政关系。建立全面规范透明、标准科学、约束有力的预算制度，全面实施绩效管理。深化税收制度改革，健全地方税体系”。2020年，国务院批准了《中华人民共和国预算法实施条例》，进一步对财政收支体制机制进行改革。2021年4月出台的《国务院关于进一步深化预算管理制度改革的意见》指出，“当前和今后一个时期，财政处于紧平衡状态，收支矛盾较为突出，加之预算管理中存在统筹力度不足、政府过紧日子意识尚未牢固树立、预算约束不够有力、资源配置使用效率有待提高、预算公开范围和内容仍需拓展等问题，影响了财政资源统筹和可持续性”，这迫切需要进一步深化预算管理制度改革，并针对这些问题强化全面预算管理，具体举措包括：加大预算收入统筹力度，增强财政保障能力；规范预算支出管理，推进财政支出标准化；严格预算编制管理，增强财政预算完整性；强化预算执行和绩效管理，增强预算约束力；加强风险防控，增强财政可持续性；增强财政透明度，提高预算管理信息化水平；等等。党的二十大报告明确指出："健全现代预算制度，优化税制结构，完善财政转移支付体系。"亦即，通过进一步优化预算管理改革的顶层设计，提高全面预算管理的效率与效果。党的二十届三中全会通过的《中共中央关于进一步全面深化改革、推进中国式现代化的决定》提出，要健全预算制度，加强财政资源和预算统筹；深化零基预算改革；完善权责发生制政府综合财务报告制度等。该决定还指出了未来五年预算管理改革的重点。

第二节 全面预算管理概述

全面预算管理（overall budget management，OBM）作为对现代工商企业成熟与发展起重大推动作用的管理系统，是企业内部管理控制的一种主要方法。它是对企业未来的生产和经营活动进行预测和监测的计划活动，是企业战略管理的重要组成部分，对于企业的长期稳定发展具有至关重要的作用，是现代企业管理中的重要环节。具体来说，全面预算管理以财务计划控制为基础，对企业的各部分、各机构的所有财务管理和其他财务活动加以配置，从而合理地组织和调整企业的生产经营活动，以实现预设的经济管理效果，其反映的是对企业在未来一定时期的全部经营活动的目标、计划和措施的具体量化内容，目的是实现企业最优化资源等的配置。亦即，利用预算管理使企业可以根据设定的目标对其运营行为中的资源配置加以控制，并对偏离目标的资源配置作出具体的改进和调整，使整个企业的总体行为服从管理，并能够实现预期目标。通过实施全面预算管理，企业能够更加科学合理地规划资源分配，控制生产成本，预测经营风险，从而提高经济效益和竞争力。在此过程中，需要所有部门共同参与，即由各部门提出有关的要求和数据，再由财务部门进行汇总，而不仅仅由财务部门来完成。这表明，全面预算管理已从最初的计划、协调发展到现在的集控制、激励、评价等功能于一体，已经成为一种综合贯彻企业经营战略的管理机制，且处于企业内部控制的核心地位。

一、全面预算管理的内涵

全面预算管理通过对企业资源的合理配置，建立了以市场价格为导向的压力传递机制，将传统企业管理的事后反映转变为事前预算、事中控制和事后考核，是全员、全过程、全方位的管理活动，实现了物流、资金流和信息流的"三流"合一，从而使企业的生产经营活动始终处于受控状态，实现提高经济效益的目标。

从内容上看，全面预算一般包括经营预算、投资预算、融资预算、财务预算。也有学者认为，全面预算由经营预算、专项预算（资本预算）、财务预算组成，而此处的专项预算（资本预算）即投融资预算，因此，一般认为全面预算在内容上包含四个模块。经营预算（operational budget）是指企业在预算期内日常发生的各项活动的预算。它主要包括销售预算、生产预算、采购预算、存货预算、生产成本预算、期间费用预算、税金预算等。投资预算，又称资本预算，是指企业在预算期内项目投资和其他投资的资本支出计划，是反映建设资金运用的预算。融资预算是指企业在预算期内需要新借入的长期借款、短期借款、经批准使用的债券以及对原有借款、债券还本付息的预算。财务预算是专门反映企业预算期内预计财务状况和经营成果，以及现金收支等各种预算的总称，具体包括预计利润表、预计资产负债表和预计现金流量表等内容。

从流程上看，全面预算是企业预算主管部门在预算与决策的基础上，按照规定的目标和内容将企业未来的销售、生产、成本费用、现金流入与流出等有关方面，以计划的形式具体系统地反映出来，以便有效地组织与协调企业的全部经济活动，实现企业的既定目标。从空间上看，它覆盖了企业供、产、销的各个经营环节和所有职能部门；从形式上看，它包含企业全部经济活动的定量总指挥和分指挥。全面预算是企业及其所属各职能部门未来全部经营活动的一种量化形式。

全面预算的“全”有三层含义，即全员、全额、全程。全员是指预算过程中的全员发动，有两层含义。一层含义是预算目标的层层分解，使人人肩上有责任，让每一个参与者学会编制预算，建立成本、效益意识。另一层含义是企业资源在各部门之间的协调和科学配置的过程。通过企业各职能管理部门和生产部门对预算过程的参与，把各部门的作业计划和公司资源通过透明的程序进行配比，可以分清轻重缓急，达到资源的有效配置和利用。

全额是指预算金额的总体性，不仅包括财务预算，更重要的是包括业务预算和资本预算。现代企业经营管理不仅关注日常经营活动，还关注投资和资本运营活动；不仅考虑资金的供给、成本的控制，还考虑市场需求、生产能力、产量、材料、人工及动力等资源的协调和配置。只有在业务预算即销售和生产预算、资本预算的基础上形成资金预算和预计的财务报表，才能合理预测、统筹安排企业的资源，才能将资源的使用与相关活动结合起来，以达到有效控制并保证目标实现。这种因业务活动而产生的预算，我们称之为作业基础上的预算。

全程是指预算管理流程的全程化，即预算管理不能仅停留在预算指标的下达、预算的编制和汇总上，更重要的是要通过预算的执行和监控、预算的分析和调整、预算的考核与评价，真正发挥预算管理的权威性和对经营活动的指导作用。这就要求企业的预算管理和会计核算系统密切配合，会计核算过程同时也就是预算的执行过程，预算执行过程中的任何反常现象都应该通过会计核算系统体现出来，通过预算的预警制度及时发现和解决预算执行过程中出现的经营问题或预算目标问题，并通过预算的考核和评价制度有效地激励经营活动按照预期的计划顺利进行。

根据财政部发布的《管理会计应用指引第200号——预算管理》（简称《预算管理指引》），预算管理的定义为：“企业以战略目标为导向，通过对未来一定期间内的经营活动和相应的财务结果进行全面预测和筹划，科学、合理配置企业各项财务和非财务资源，并对执行过程进行监督和分析，对执行结果进行评价和反馈，指导经营活动的改善和调整，进而推动实现企业战略目标的管理活动。”预算管理的定义说明了预算管理与企业战略之间的关系：（1）预算管理要以企业战略目标为导向；（2）企业战略目标要通过预算管理来实现。《预算管理指引》的制定依据是《管理会计基本指引》，而制定《预算管理指引》的目的在于促进企业加强预算管理，发挥预算管理在企业规划、决策、控制和评价活动中的作用。预算管理包括三个步骤：预算编制、预算执行、预算考核。其中，预算编制要基于对未来一定期间内经营活动和相应财务结果进行全面的预测和筹划，科学合理地配置各项资源。总之，预算管理使企业的日常管理程序化和制度化，是企业的管理控制系统的核心内容，也是实践证明行之有效的管理工具。《预算管理指引》通过明确其制定依据和目的，界定了预算管理的含义，阐述了预算管理的主要内容，指出了预算管理应当遵循的原则及可应用的管理会计工具方法，描述了预算管理的应用环境以及预算的编制、执行与考核，规定了解释权的归属。总体而言，《预算管理指引》共有6章30条的具体内容，如表1-1所示。

表1-1 《预算管理指引》的内容结构

总则（第一章）	制定目的与依据（第1条）、预算管理的定义（第2条）、预算管理的内容（第3条）、实施预算管理的原则（第4条）、管理会计工具方法（第5条）、管理会计工具方法的整合（第6条）、应用管理工具方法的程序（第7条）
应用环境（第二章）	实施预算管理的基础环境（第8条）、立足战略目标（第9条）、具体化业务计划（第10条）、设置专门机构（第11条）、建立健全内部管理制度（第12条）、利用信息技术（第13条）
预算编制（第三章）	建立预算编制工作制度（第14条）、编制流程与编制方法（第15条）、预算审批（第16条）、预算审批的注意事项（第17条）
预算执行（第四章）	一般程序（第18条）、预算控制及其定义（第19条）、建立预算授权控制制度（第20条）、建立监督与分析制度（第21条）、预算目标的分解（第22条）、分析预算执行差异（第23条）、预算调整（第24条）
预算考核（第五章）	预算考核的含义（第25条）、预算考核的原则（第26条）、建立预算考核制度（第27条）、考核主体及对象界定（第28条）、考核结果分析（第29条）
附则（第六章）	解释权的归属（第30条）

二、全面预算管理的特征

近年来，全面预算管理在我国企业中得到了广泛应用，各种创新实践也层出不穷。正确定位全面预算管理，加快预算管理工具的整合与创新，有助于促进企业管理效率与效益的提升，加快中国特色全面预算管理理论与方法体系的构建。

（一）全面预算管理的定位

基于资源配置的全面预算管理，促进专业管理从单纯的技术管理向技术与经济管理相结合的方向转变；通过提高企业在生产经营活动过程中的组织和协调能力，明确预算计划在企业资源合理配置中的管理定位，实现价值创造与价值增值的既定目标。

1. 预算管理的持续有效性

2014 年是中国管理会计开启新篇章的一年，这一年财政部颁布并正式实施了《全面推进管理会计体系建设的指导意见》，要求“推动加强管理会计基本理论、概念框架和工具方法研究，形成中国特色的管理会计理论体系”。全面预算管理作为管理会计的重要组成部分之一，能够帮助企业作出明智的决策，进而创造价值并保证企业持续成功。这种持续性的内在动因在于：

一是预算管理深受领导重视。从管理者的角度来看，预算管理是企业高层如董事会等监督、管理企业的重要手段。进入 21 世纪以来，全面预算管理已成为我国企业实践中应用最广的管理工具之一，并成为企业实现公司治理和提高科学管理水平的最基本、最有效的手段。许多公司的董事会还专门成立了预算管理委员会，公司的董事长作为委员会成员或召集人积极参与这一机构的工作，这足以表明高层管理者对此的重视程度。

二是预算是管理控制的重要工具。预算管理具有综合性的特征，它能够将企业中的一些关键问题融会贯通，有机地整合在一起并加以管理与控制。市场经济发达国家的经验表明，企业内部管理水平与预算应用水平成正比。健全、完善的预算管理体系一方面能够促进企业经营决策的科学化和民主化，提高企业综合盈利能力；另一方面能够明确企业高层的监督责任，促进各部门经济活动的协调一致，降低企业的投资与经营风险。

三是预算是制度规范的基础。在欧美企业中，全面预算管理实施较早且较成熟，已成为企业标准或作业程序的规范之一。自 1920 年美国通用汽车公司、杜邦公司将预算管理作为企业的管理工具以来，目前美国 90%、欧洲 95%以上的企业仍在使用预算管理这种工具。这足以表明，预算管理作为提升企业管理效率与效益的一项重要利器，在企业实践中不可或缺。许多国家还将预算纳入本国的公司法或其他商业法典。在这种情况下，预算的存在不再只是单纯的一种管理工具，还是企业谋求合法性和社会支持的一种证据（Alam，1997）。预算管理在企业中具有重要的地位与作用，比如，一家企业如果没有预算，就无法合理规范具体的采购、生产和销售计划，容易导致生产能力和资源使用的冲突；如果没有预算，管理人员可能因未能实施适当的控制而遭到法律、法规的指控；如果没有预算，银行和保险系统可能拒绝对企业进行信用评级，那么企业融资、并购甚至破产保护等将变得不可行。

2. 预算管理的重要性

随着我国经济进入新常态，经济增长开始放缓，产业结构调整与转型势头强劲，同时各种风险也在逐步集聚。这种新常态使经济社会发展面临不少困难和挑战，企业必须高度重视、妥善应对。比如，面对经济新常态所带来的市场竞争，必须强化预算管理，突出全面预算管理的柔性特征，在各种资源的配置上求新、求变以谋求生存。新常态下的全面预算管理必须始终以顾客增值管理（customer value added management，CVAM）为核心，积极发挥预算控制系统的合理性和先进性，努力提高预算配置资源的科学性与有效性，不断提升企业价值创造与价值增值的核心竞争力等。

全面预算管理针对传统预算体系的局限性及企业管理新模式的形成与发展，提出了权变管理的新要求，进一步突出了价值管理的地位与作用，并将预算管理功能从原来单纯的控制型导向拓宽到价值创造型导向的新视野。全面预算管理通过提高预算工具的适应性，从顾客满意度入手，强化顾客关系管理，建立顾客驱动的产品设计和顾客服务机制，在为顾客创造价值的同时，最大限度地实现企业的价值增值。也就是说，全面预算管理作为企业管理制度的重要组成部分，体现了权变管理思想的内在要求，通过对预算管理功能的重塑，为全面预算管理功能框架嵌入各种管理工具提供了一种有益的思路。或者说，结合各企业的环境特征，积极整合各种管理工具，能够有效发挥这些工具的管理效率，满足企业管理科学化的客观要求。经济新常态使全面预算管理进入了一个新的平台，而要突破这个平台，全面预算管理必须拓宽视野，努力创新。实践证明，全面预算管理是企业管理不可或缺的重要工具。在经济新常态下，预算管理工具的创新与发展首先要适应大数据时代的特征要求。其次，要与企业经营模式变迁与发展相衔接，使企业经营模式变得更好，企业竞争力进一步提高，企业对不断变化的环境具有更强的适应性等。同时，随着“互联网＋”经营模式的形成与发展，以互联网金融为代表的新经济改变了全面预算管理过程中的投融资活动，对预算管理系统的变革与创新也将带来巨大的挑战与机遇。互联网经济对全面预算管理的影响是通过“互联网—金融活动—企业活动—全面预算”这样一条路径展开的。

（二）全面预算管理的具体特征

党的十九大定调我国经济发展的主旋律是高质量发展，我国企业发展的最强音也必然是高质量发展。高质量发展必然要求高质量的经营管理决策，而高质量的经营管理决策离不开全面预算管理功能体系的支撑。全面预算管理的具体特征表现在以下几个方面。

1. 战略性

全面预算管理是公司战略实施的保障与支持系统。没有预算支撑的公司战略是不具备操作性的，是空洞的；而没有战略引导的公司预算是没有目标的，也就难以提升公司的竞争能力和价值。预算目标是企业战略目标的落地，预算管理沟通了企业战略与经营活动的关系，使企业的战略意图得以具体贯彻，长短期预算计划得以衔接；使日常的经营活动和企业的战略部署得以沟通，形成具有良好循环的预算系统。预算的战略性还体现在不同企业战略重点的差异上。不同战略导致企业发展思路与方针不同，不同企业或同一企业不同时间预算管理的目标与重点也不同。

2. 系统性

全面预算管理是公司治理结构下出资人与经理人的“游戏规则”。在现代企业制度下，出资人与经理人之间存在一种委托代理关系，经理人受制于出资人的战略要求和财务监控。企业必须也只有通过预算才能明确出资人与经理人各自的权利和义务。预算目标反映了出资人投资的目的和基本权益、对经营者的约束以及经营者对出资人的责任。公司预算不仅是出资人与经理人之间的游戏规则，还体现了各个层级的经营者与其下属员工之间的权力、责任安排，即在实现整体利益的目标下，明确各单位的权力和责任区间。全面预算管理明确了公司内部各层级的委托代理关系，形成了从上到下的委托代理关系系统。

全面预算管理是一种整合性管理系统，具有全面控制的能力。经理人需要协同各种业务活动和管理方案，使企业内部各部门、各环节均能统筹规划、协调行动；需要有效地聚集各项经济资源，包括人力、物力、财力、信息等，形成一种强有力的有序的集合。

3. 全面性

全面预算管理是全员、全过程、全方位的管理活动。全面预算管理是一项全员的管理活动，绝不是财务部门一个部门能够完成的，预算编制、预算执行与控制等环节均需要公司各部门的积极参与和配合。全面预算管理是一项全过程的管理活动，预算编制主要体现事前控制，预算执行与控制主要体现事中控制，预算考核主要体现事后控制。全面预算管理是一项全方位的管理活动，涉及企业未来一定时期内的全部活动，包括经营活动、投资活动、融资活动等。

4. 机制性

全面预算管理是企业日常经营业务、财务收支活动的控制标准，预算的显著特征在于它是一种控制机制。从全面预算管理本身看，它是一种自我约束、自我管理的机制，即全面预算管理本身是一个机制化的过程，具有鲜明的程序性，如需要编制、审批、执行、监督、考评等。设立机制的目的是降低预算风险。在企业日常运营过程中，一切成本费用支出和现金流量都必须纳入预算轨道，以预算指标为基础，不允许超预算或无预算运行；对于因特殊情况确实需要突破预算的，应先提出预算调整报告或追加申请，经批准后方可实施。

著名管理学家彼得·德鲁克曾经形象地指出，包括预算在内的经营指标不是列车时刻表，可以比作轮船航行的罗盘。罗盘是准确的，但是在实际航行中，轮船可以偏离航线很多。然而，如果没有罗盘，轮船既找不到港口，也不可能估算到达港口所需要的时间。全面预算管理早已成为西方企业日常管理和控制的最有效的机制之一。

5. 柔性（适应性）

在知识经济时代，全面预算管理不是完全刚性、一成不变的，而应保持一定的柔性或适应性。这样，当企业内外部环境有较大变化时，才能及时调整以适应变化。公司的经营管理受到内外部各种因素的影响，在编制预算时很难准确地预期未来一年或几年（投资预算）的情况，公司所建立的预算一般会偏离实际情况。为了保证预算管理的严肃性，一般情况下不允许修改预算，但如果预算实施的客观环境发生实质性变动，那么应对预算加以调整。当公司有增加经济利益的机会时，不论事前是否列入预算，公司都应对这些机会进行收益和风险分析，在控制风险的前提下抓住机会，不能因为预算而放弃额外的收益。

三、全面预算管理的功能

全面预算管理的主要功能包括对企业预算参数设置、预算管理模型搭建、预算目标制定、预算编制、预算审批、预算执行、预算调整、预算分析与评价等全过程的信息化管理。预算管理模块的主要功能如图1-2所示。

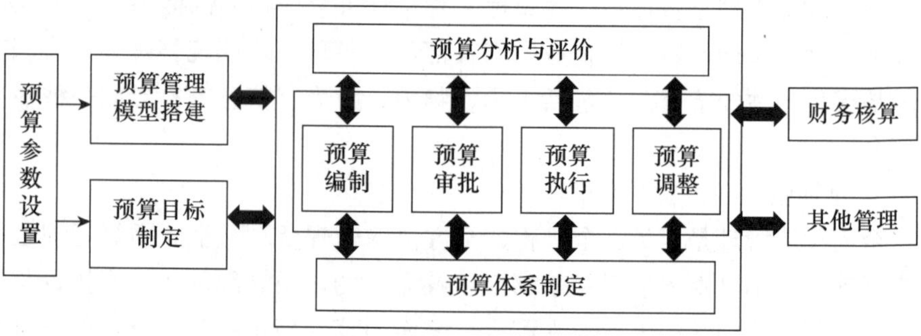

图1-2 预算管理模块的主要功能

借助预算管理信息化模块，可以实现预算的实时化管理，提高预算管理效率，增强预算对企业目标的指导作用。企业全面预算的功能具体表现在以下几个方面。

1. 规划功能

全面预算是战略规划和年度经营计划的落地，它明确细化了企业一定时期内的经营总目标，并将经营总目标在企业内部各职能部门层层分解，使经营总目标转化为各职能部门工作的具体目标。这样就保证了各部门目标之间以及部门目标与总目标之间的衔接，使全体部门和人员都知道自己应做什么、如何去做，认识到自己在实现企业总目标中的作用、地位和责任，从而最终实现企业战略规划。

此外，全面预算管理也有助于预测未来的机会与威胁。企业面临的问题错综复杂，若不预先规划，找出问题产生的原因，恐怕难以补救。预算会促使组织成员对各种环境变化加以预测，并采取相应措施。虽然规划不能完全消除风险，但有助于组织成员了解组织本身的优缺点，洞悉未来潜在的机会与威胁，将风险降至最低。此外，全面预算管理能促进资源的有效运用。企业的目标无限，但资源有限。因此，规划是一种选择过程。在多种替代方案中，选择最有利于实施的，以达到企业的最大满足程度。

2. 协调功能

全面预算将企业各部门的工作，如供、产、销等纳入统一而有序的预算体系中。企业在实现总目标的过程中，需要各部门之间相互协调配合，只有各部门或个人的奋斗目标和企业总目标保持一致，才能顺利实现预期总目标。现代企业的各职能部门的经济活动与企业整体之间存在局部与整体的关系。从系统论的观点来看，局部目标的最优化对于其他部门和企业整体来说不一定是合理的，因此，为了使企业各部门相互配合、相互合作，必须对它们的经济活动进行协调。

全面预算的编制正是发挥了这种协调功能，它通过统筹兼顾、综合平衡等技术手段，在确保企业总目标最优化的前提下，为各部门制定了科学合理的分目标，促使各部门和各环节的经济活动都能在企业总目标的统一领导下协调进行。这样，就可以避免各个部门因过分强调部门利益产生矛盾，使得各部门的预算相互衔接、环环相扣，在保证最大限度实现企业总目标的前提下，有效地组织企业各部门的生产经营活动。通过预算加强各部门间的联系，并系统地运用企业的有限资源，发挥最大的经济效益。

3. 控制功能

全面预算的核心功能在于控制。全面预算的控制功能主要有四个方面。第一，按既定的目标执行，控制的基准是制定的目标。在预算执行过程中，管理人员应随时留意一切经营活动是否背离目标，背离的行动是否被允许，如何采取必要的措施加以纠正，使行动继续朝原定的目标推进，等等。第二，通过信息反馈，了解在执行中遇到的困难。通过绩效评估及信息的有效反馈，可以了解差异产生的原因。根据问题所在，对症下药，采取纠正措施，有利于目标的达成。第三，减少浪费与无效率。由于绩效考核的实施，各部门与员工对所分配的资源往往能够善加使用，从而使资源浪费或经营不善的发生率降到最低。第四，作为今后规划的依据。公司管理层应定期回顾过去，以便于未来的决策。

4. 沟通功能

全面预算管理能减少预算执行过程中的障碍。通过让员工参与预算的编制，管理层与执行层相互沟通并达成共识，从而减少了预算执行中的阻力。强化全面预算管理的沟通功能，有助于预期目标的达成。亦即，围绕预算编制的过程，管理层能够了解员工的需求与意见，员工也能知道管理层对他们的期望与态度。因此，经过有效的交流与沟通，企业上下对预算目标的理解得以加深，进而促使广大员工努力完成预算规定的各项指标等目标要求。

5. 考核与激励功能

参与预算可以激励员工。预算是全体员工精心规划的成果，而非主管领导的单一命令。因此，企业在编制预算时，应该扩大参与范围，积极鼓励员工提出意见，促使员工目标与公司目标相结合，并顺利达成组织目标。全面预算管理使得企业目标明确、奖惩分明。预算目标应合理且具有可实现性，以有效激发员工的潜力，同时预算执行应与奖惩制度的实施相配合，如加薪、晋升、满足员工的自我实现需求等，以促使员工全力以赴，在追求个人利益最大化的同时达成企业目标。

全面预算是考核评价各部门、各员工业绩的重要“标杆”，明确了企业各个层级的考核指标。全面预算是业绩奖惩的标准以及激励和约束制度的重心，为考核评价各部门及员工工作业绩提供了依据。定期或不定期检查考评各职能部门所承担的经济责任和工作任务的完成情况，确保企业总目标的实现，是企业管理工作的重要组成部分。通过对比和分析，能够划清和落实责任，并根据责任履行情况给予一定的奖惩，促使企业各部门为完成预算目标而努力工作。

四、全面预算和全面预算管理的关系

预算是建立在对企业业务情况预测的假设基础上，运用价值管理的手段对企业可控资源进行高度整合，并用财务数字或非财务数字来表示企业在未来某一时期生产经营活动及其战略目标的事前计划，其可以提供业绩标准和促进组织内部的沟通与协调。

全面预算是在未来某一特定期间以实现企业的战略为目的，将收益计划、资金安排等按企业经济活动的内容及其相互关系有序排列组成的一个有机整体，涵盖生产经营活动各个方面，包括专门决策预算、业务预算、财务预算等内容。“全面”并不意味着预算涵盖所有的会计科目或财务报表。“全面”即一个企业根据长期决策和短期决策，分别提出自己的长期战略目标和短期经营目标；为了实现既定的目标，保证决策所确定的最优方案在实际工作中得到贯彻执行，还必须研究实现目标的途径和方法。全面预算管理是以全面预算为基础的。

全面预算管理不仅是一个全员参与、全面覆盖和全程跟踪控制的整合性管理系统，也是一种集系统化、战略化、开放性、价值化、人本化理念为一体的现代企业管理体系。它可以解决内外部各组织、资源的协调问题，从而实现整体目标最优的系统化管理。全面预算管理是基于企业预算管理的派生概念。这就要求企业用编制预算的办法来规划与控制企业未来的全部经济活动。

第三节　全面预算管理的运行基础

一、全面预算管理的运行前提

全面预算管理是现代企业的一种极为重要的工具。然而，要搞好预算，并不是一蹴而就的，比如盖房子，必须事先做好基础工作。

1. 完善的组织结构

企业实行全面预算管理，必须以良好的组织结构为基础。企业的组织结构是实现战略目标的基础和保证，也是企业全面预算管理实施的基本载体。企业预算管理组织是企业全面预算管理机制运行的基础环境，全面预算管理目标的实现必须建立在完善的预算管理组织基础上，而预算管理组织以企业的组织结构为基础。完善的企业组织结构是实施全面预算管理的必要前提，没有快捷、高效和权威的组织结构，就不能真正有效地实施企业的全面预算管理。

2. 明确的职责分工与权限划分

企业只有建立了明确的职责分工和权限划分机制，才能对全面预算管理过程中的各项活动进行有条理的管理、控制。企业应根据实际情况建立职责分工明确、权限划分清晰的财务管理机制。尤其是在财会部门分工方面，企业首先应将财务管理部门与会计部门分开设置，全面预算管理工作由财务管理部门来组织。

3. 扎实的基础管理工作

扎实的基础管理工作是企业推行全面预算管理的根本。扎实的基础管理工作要求企业建立健全业务操作标准和流程，完善业务管理工作程序与基础；加强质量控制工作，明确质量控制制度，提高企业产品质量；搞好会计基础工作，为实行全面预算管理提供良好的管理基础。会计基础工作要确保以下方面：原始记录要规范、齐全；定额工作要规范、先进；计划价格要规范、合理；等等。

4. ERP 的推行

进入 21 世纪后，知识经济日新月异，瞬息万变。近年来，电子商务飞速发展，异军突起，企业和行业的经营模式发生了变革。在这样的经济环境下，公司必须注重技术条件的投资，以提高公司的整体工作效率。公司必须拥有 ERP 系统，ERP 系统为公司各部门信息共享搭建了一个有用的平台。各种预算所需的相关信息保存在共享数据库中，公司各级人员能根据工作需要调用权限范围内的信息。这样，从信息技术条件上保证了全面预算管理在公司内部顺利推行。我国大型公司基本已进入 ERP 系统或财务软件的阶段，但中小企业尚需进一步普及。

5. 理念基础

公司从上到下必须认可全面预算管理的理念，即总经理、部门经理、员工等各层级都必须认识到全面预算管理的重要性与必要性。首先，最高领导者即总经理能够从开始就积极策划，并安排整个预算管理进度，起到总指挥的作用，这是实行全面预算管理的根本条件。其次，公司中层以上人员（如部门经理）需积极配合，各部门明确总经理下达的任务，负责履行各自的职责，这是保证全面预算管理有效运行的前提。最后，各部门员工能参与并配合部门经理完成相关的工作，这是保证全面预算管理制度有效运行的关键。

6. 培训与激励

在全公司范围内宣传推广全面预算管理，对全面预算管理的参与者进行适当的培训，为全面预算管理的顺利推行打下坚实的基础。预算执行结果必须与奖惩制度挂钩。上述这些基础工作是全面预算管理制度有效实施的重要标志。

二、预算管理系统的组成

一个完整的预算管理系统应该由编制、执行、分析、考核等模块和相应的循环系统所组成（见图 1-3）。首先，编制模块着重解决两个问题：一是管理当局将来自股东和市场的压力传递到各层级、各单位和各成员；二是将战略转化为日常可操作的业绩指标。其次，是预算管理机构和流程的设计。预算编制基于战略、股东要求和市场状况。执行模块重点关注将预算目标变成现实的过程。分析模块主要是确定和分解差异、寻找差异原因和追溯差异责任，并将预算执行的进度和结构及分析结论反馈给管理当局。考核模块（预算考核评价）是预算执行的原动力。预算执行者有了执行预算的动力，但同时也有了歪曲预算数据的内在冲动。因此，对预算考核进行报告在整个预算管理系统中扮演着重要角色，是对内对外相互沟通的重要媒介。需要说明的是，在战略与目标管理中，除了需要应用业务流程管理（BPM）、关键绩效指标（KPI）等传统工具外，还需要有效利用各种数字化工具，如预算孪生（数字映射）等编制辅助工具，以及智能搜索与分析系统，如 ChatGPT、DeepSeek 等智能预算管理工具。

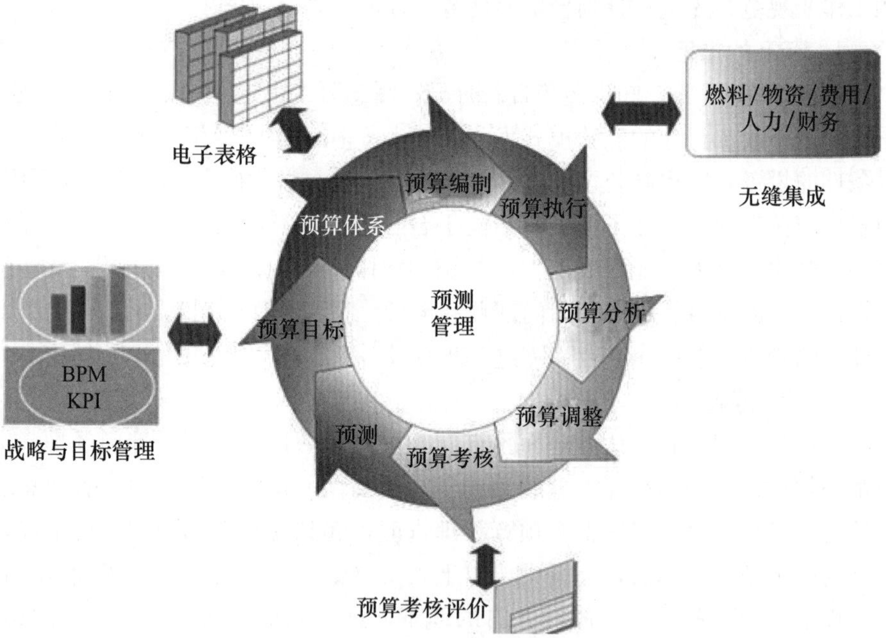

图1-3　预算管理系统模块

小　结

1. 西方企业预算管理起源较早，并于20世纪80年代进入成熟期。我国企业预算管理在20世纪80年代末90年代初开始探索并逐步推广应用，在进入21世纪后得到普及。

2. 全面预算管理是一种全员、全过程、全方位的管理活动，是一个具有战略性、系统性、全面性、机制性的柔性系统。

3. 全面预算管理具有规划、协调、控制、沟通、考核与激励等功能。

4. 全面预算管理的运行需要一定的前提和基础，如完善的组织结构、明确的职责分工与权限划分、扎实的基础管理工作、ERP的推行等。

5. 全面预算管理系统是一个有机的闭环系统，包括预算编制、预算执行（控制）、预算分析、预算考核等。

练习题

一、选择题

1. 西方预算理念的最初产生可以追溯到（　　）年由英国国王签署的《大宪章》。

A. 1215　　B. 1216　　C. 1512　　D. 1315

2. 1921 年，美国政府颁布了（　　），该法案实施效果良好。

A.《预算与会计法案》　　B.《预算法》

C.《会计法》　　D.《经济法》

3. 经过几十年的不断发展与完善，全面预算管理已从最初的计划、协调，发展到现在集（　　）等功能于一体的，贯彻企业战略的管理机制，其在企业内部控制系统中处于核心地位。

A. 控制、激励、评价　　B. 控制

C. 激励　　D. 评价

4. 预算最早应用于政府机构，20 世纪 20 年代以后，在美国的企业组织中得到广泛应用。当时的美国（　　）公司率先运用这种预算管理工具。

A. 通用汽车、杜邦　　B. 通用电气

C. 杜邦　　D. IBM

5. 从世界范围看，企业预算管理制度改革包括由美国和英国的学者与实务工作者提出的（　　），以及由欧洲的实务工作者提出的（　　）。

A. 改进预算　　B. 超越预算

C. 零基预算　　D. 作业预算

6. 中国历史上的第一部《预算法》是在（　　）提出的。

A. 民国时期　　B. 清朝

C. 明朝　　D. 新中国成立后

7. 财政部《管理会计应用指引第 200 号——预算管理》中将全面预算管理分成（　　）三个步骤。

A. 预算编制　　B. 预算执行

C. 预算评价　　D. 预算考核

8. 1922 年麦金西写了第一本关于预算的专著（　　），指出预算的职能是调节企业各部门的活动，使它们全部纳入一个正常的程序。

A.《预算控制》　　B.《管理会计入门》

C.《科学管理原理》　　D.《成本管理》

9. 推行企业预算管理的重点工作主要有两项，包括（　　）。

A. 预算着眼点选择　　B. 预算指标分解

C. 绩效管理　　D. 计划管理

10. 关于全面预算管理，能够体现“全面”特征的是（　　）。

A. 全员　　B. 全过程

C. 全方位（全额）　　D. 全员、全过程、全方位（全额）

二、简答题

1. 什么是全面预算管理？

2. 超越预算中的“超越”有哪些含义？

3. 为什么全面预算管理很重要？

三、论述题

试论新经济环境下全面预算管理的发展方向。

案例

正确看待全面预算管理

有一天，小张针对全面预算管理中的学习难题，特意去请教暨南大学的管理会计专家胡教授。

小张问胡教授：您是如何看待全面预算管理的？胡教授语重心长地对小张说："无论是在学界还是在业界，全面预算管理都存在众多'误区'。其中的许多'误区'源于当事人对全面预算管理的认知偏差。因此，理解全面预算管理（所谓'知'）是实施全面预算管理（所谓'行'）的前提。编制全面预算只是全面预算管理的起点或基础。全面预算管理要落到实处，必须设立超越企业各职能部门的预算管理委员会，为有效实施全面预算管理'保驾护航'"。

过了几天，小张又兴奋地来找胡教授，对他说："我理解了全面预算编制的规律，说给您听听：编制全面预算不是简单的'填表'，而是'平衡'全面预算数据背后的权责利。一旦'平衡'了全面预算数据背后的各种利益，剩下的全面预算编制，即'填表'工作，就只是不值得一提的'算术'问题。反之，如果无法'平衡'全面预算数据背后的各种利益，根本就无法'填表'（此时，计算机软件也无能为力）。因此，编制全面预算的重点不在如何'编制'全面预算，而在于如何'平衡'全面预算数据背后的各种利益。"

胡教授拍了拍小张的肩膀，说："编制全面预算实属不易，实施全面预算管理更难。在数字化时代，海量数据和强大算法可能会改变全面预算管理的实现形式，但并不会改变全面预算管理的本质或底层逻辑。更重要的是，全面预算管理是管理会计落地的抓手或切入点。管理会计能否落地，取决于全面预算管理能否落地。管理会计的落地可以助力企业高质量发展，进而助推中国式现代化进程。"

听了胡教授细致而富有智慧的讲解，小张满意地点点头。

思考：

1. 结合本章内容和案例，你认为应当如何发挥全面预算管理的功能作用？

2. 上述材料中提到"全面预算管理是管理会计落地的抓手或切入点"，对此你是怎样看待的？

第二章

全面预算与公司治理

本章结构图

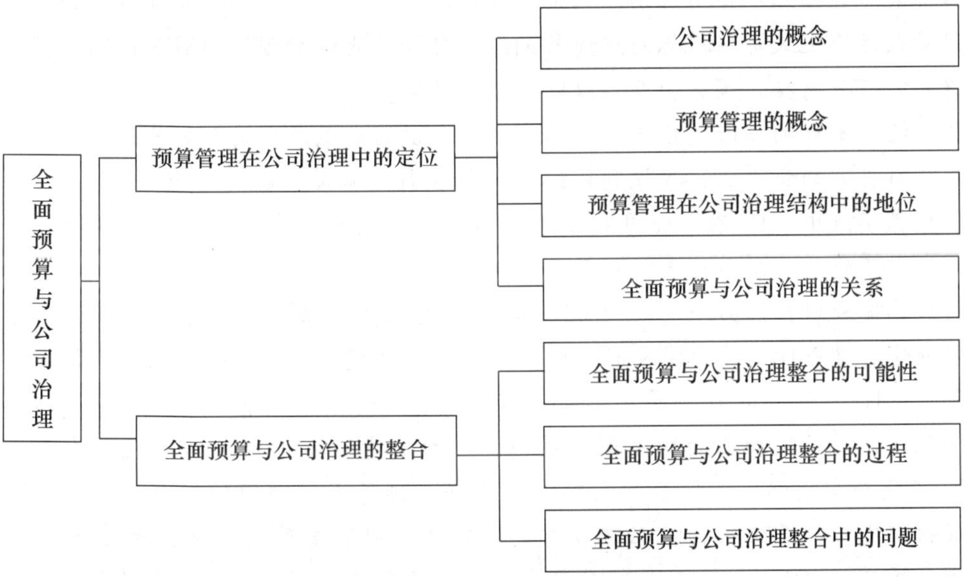

学习目标

- 掌握公司治理与预算管理的概念
- 理解全面预算与公司治理的关系
- 认识全面预算与公司治理整合的可能性
- 了解全面预算与公司治理整合的过程与方法

素养目标

- 将“人类命运共同体”理念嵌入全面预算管理的具体实践之中
- 突出全面预算管理的宏观导向，提高预算参与治理的经济效益与社会效果

引 例

全面预算管理在公司治理中的作用

JL石化公司组建于1982年，主要从事石油炼制及石化产品的加工、生产和销售。其炼油业务可追溯至20世纪50年代，是国家“一五”计划时期的重点项目。公司原油加工手段齐全，生产技术实力雄厚，是我国第三大原油加工基地和最大的清洁汽油、航空煤油生产企业，同时也是亚洲最大的洗涤剂原料生产基地。由于该公司是中石化的分公司，公司治理与预算管理的关系较为复杂，公司在实施全面预算管理中存在如下问题：

（1）公司战略与预算关系不紧密。虽然总部为公司设定了明确的战略目标，但公司未能将战略目标有效嵌入预算过程：一是预算目标游离于战略目标。公司的全面预算管理是基于中石化总部下达的考核指标，而不是自身的战略目标，导致战略目标未能在预算中全面落实。二是预算目标短期化。公司的预算期最长为一年，预算管理注重上级考核指标而忽视长期经营目标，战略对预算的引导性明显不足，二者未能有效衔接，预算管理难以取得预期效果。

（2）责权利失衡使预算执行困难。最突出的表现是公司之间苦乐不均，难以反映公司真实的竞争力。责权利匹配是预算执行的基础，也是预算目标实现的关键。在预算实践中，JL石化公司内部责任部门的责权利基本匹配，预算执行良好，但面向中石化总部层面的责权利存在失衡现象，这在一定程度上制约了预算的有效执行。具体表现在：第一，JL石化公司从理论上讲应该是成本中心，但由于中石化总部受管理手段、精力以及时间所限，该公司被视为利润中心，承担利润责任。实际上，JL石化公司80%的产品由中石化销售公司集中销售，70%的原油为直接管输配送，对产品和原油均没有决策权，权力与责任不匹配。具有成本中心权力的JL石化公司实际上承担着利润中心的责任，接受上级部门的绩效考核，一旦完不成利润指标，员工的利益必然受损，所有者、经营者和员工之间的责权利出现失衡。第二，中石化总部从宏观角度出发，经常会作出影响企业成本的重大调整，且调整范围多局限在鲁宁原油管线和甬沪宁原油管线所覆盖的企业，严重影响了这些企业的效益，导致企业吨油利润下降，并进一步影响到企业领导者的绩效薪酬和总部对企业的投资。

预算管理是企业实现其目标的重要管理方法和手段。成功的经营管理者不仅用预算来指导分配资源、实施控制、考评并奖励先进，还把它当作实施企业战略的必要手段。可以说，全面预算管理是一种以财务权力安排为主要内容的管理活动，而公司治理则是企业权力安排的一项战略安排。公司治理中的董事会、总经理和监事会需要根据各自利益趋向争取权力和最大利益，全面预算管理对于约束公司治理结构中的权力及资源优化配置具有积极的促进作用。

本案例给我们带来了深刻的思考，即公司在强化整体利益的同时，需要协调好各单位或部门的利益，通过强化制度建设优化公司的治理行为。同时，注重将全面预算管理置于公司治理的核心地位。JL 石化公司在自身的预算管理实践中也需要积极作为，主动面对已经存在的各种问题，强化应对的具体策略。

第一节　预算管理在公司治理中的定位

一、公司治理的概念

公司治理是伴随现代公司制企业的诞生而产生的，它其实是一个看似崭新实则古老、看似简单实则复杂的话题，并且它的每一步发展都是针对公司失败作出的一系列调整。虽然公司治理的概念备受关注，但是始终没有被明确。

经济合作与发展组织（OECD）对于公司治理的阐述是："公司治理结构是一种据以对工商业公司进行管理和控制的体系。公司治理结构明确了公司各个参与者的责任和权力分布，诸如董事会、经理层、股东和其他利益关系者，并且清楚地说明了决策公司事务所应遵循的规则和程序。同时，它还提供了一种结构，用以设置公司的目标，也提供了达到这些目标和监控营运的手段。"公司治理层次如图 2－1 所示。

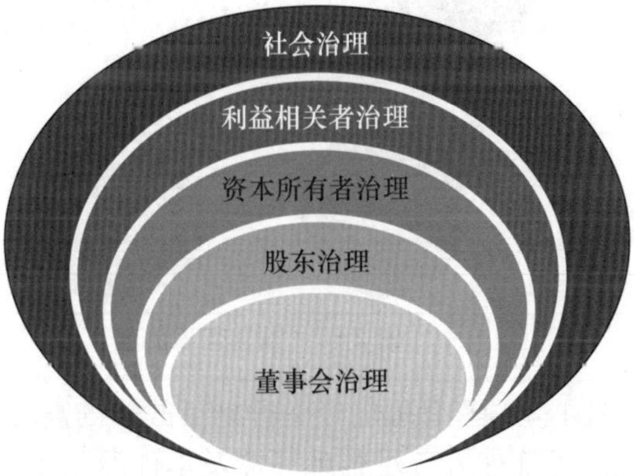

图 2－1　公司治理层次

公司治理具有多层次、多角度的含义。一方面，传统的公司治理主要解决经营权和所有权分离情况下的代理问题，它以维护、制衡各方权力为基础。但在现今的资本市场环境下，衡量公司治理结构优劣的标准是能否使公司有效运行和能否满足参与者的利益。因此，公司治理结构的重心已转移到公司的决策方面。另一方面，传统的公司治理侧重于公司内部的治理结构，关注股东会、董事会、监事会等方面的制衡。但在现代公司发展环境下，还需要一系列通过外部证券市场、政治制度、产品市场等发挥作用的外部治理结构。这是一个超越治理结构的治理机制。

二、预算管理的概念

通俗地说，早期的预算就是一种财务计划。随着企业应用环境的日益复杂，开始产生了对财务计划管理的需求，同时，“财务计划”也上升为会计的专用名词——“预算计划”。预算管理就是围绕预算计划开展的系统管理，且已经成为一项庞大的工程，即涉及面广、技术性强。企业在这个系统管理的庞大工程中，要进行预算编制、预算执行、预算分析、预算评价考核（预算考核）等一系列管理活动。从预算管理的本质特征出发，它是一种依据企业对未来定量的价值描述来进行的管理。或者说，它是一种以企业经济效益为根本出发点，以市场为导向，以企业全员参与为保障，借助企业财务管理工作推行的，旨在“全面落实企业战略、实现企业战略目标、控制企业生产经营活动”等的行为优化过程。结合预算计划的各项管理活动，可以将这些概念组合形成如图 2-2 所示的系统流程，即构建起促使企业有效运行的管理机制。

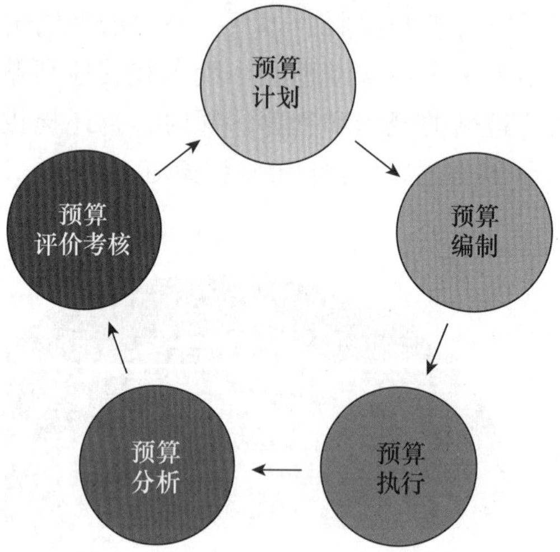

图 2-2　预算管理流程

在现代市场环境下，预算管理已经上升到了战略的高度。它作为公司战略决策的支持与保障，能使公司管理人员对各种环境及事件的变化作出系统而非茫然的反应，并且有助于将员工的卓越思想转化成相应的实际行动，从而为公司应对各种风险提供良好的平台。我们强调全面预算管理体现公司战略的要求，是就全面预算管理提供目标导向而言的。

全面预算管理超越了简单的方法与手段，并不是单纯的数字罗列，也不再仅以单一技术手段发挥管理效能，而是融入了公司治理的责权利分层体系和公司发展战略体系，最终形成了公司实物流、资金流、信息流和人力资源流一体化的体系。

三、预算管理在公司治理结构中的地位

随着现代企业制度的推行，预算管理在企业经营中扮演着极为重要的角色。作为一种有效的管理手段，预算管理正被越来越多的企业学习和合理应用。

（一）预算管理细化公司治理结构

预算管理是一种集系统化、战略化为一体的现代企业管理模式。它在公司治理结构下，从股东、经营层和员工的责权利关系出发，用量化的方式将企业的目标层层分解到责任主体，使他们各自的职责在治理结构的框架下得以明确，以此作为日常经营的准绳和业绩评价的依据。公司治理在很大程度上就是要规范公司不同利益团体的责权利关系，并以一套相应的机制作保障，尽可能消除它们之间的矛盾，进而提升公司整体效率和竞争能力。预算管理正是适应这一要求，不断实现公司治理的制衡、约束、激励功能，大大提高了公司的内部治理效率。

（二）预算管理组织体系植根于公司治理结构

预算管理与其他工作一样，有着强有力的组织结构，包括决策层、执行层和监督层三个层次。这三个层次是预算从计划、编制、执行、分析到评价考核的主体。全面预算的组织结构如图 2－3 所示。

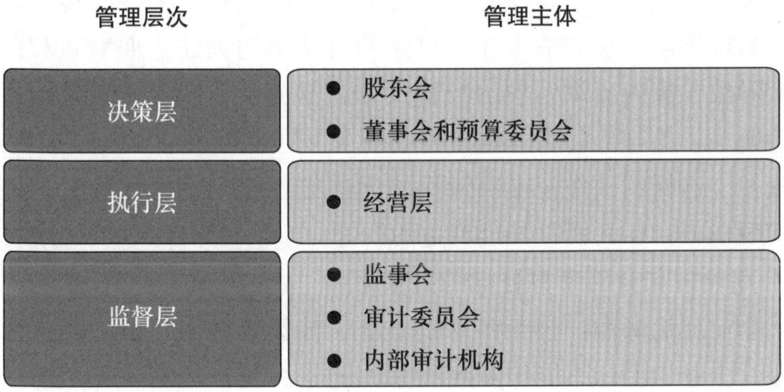

图 2－3　预算管理的组织结构

1. 决策层

决策层是预算管理组织体系的领导核心，包括股东会、董事会和预算委员会（也称预算管理委员会）。其中，股东会主要负责制定企业的经营方针和政策，以及审批公司全面预算。《中华人民共和国公司法》（简称《公司法》）规定，董事会要审批企业的全面预算，并且需要在董事会下设立预算委员会（上市公司通常不专设与预算管理相关的委员会，而是由审计委员会承担该项功能，并由其负责预算审核等工作），对公司董事会负责。

2. 执行层

执行层主要包括经营层，它在董事会和预算委员会的领导下，负责预算的具体编制、核算等相关工作。它是预算管理过程中的执行主体，具有一定的权力，同时也承担相应的经济责任。这样的责任单位主要有成本中心、利润中心和投资中心三个层次。

3. 监督层

监督层主要负责对预算的执行过程进行监督，包括监事会、审计委员会和内部审计机构。它们将执行层的自我监督和监督层的独立监督相结合，进行全面的监控。

四、全面预算与公司治理的关系

公司治理结构受股东会、董事会、监事会等利益相关方的制衡，并形成股东会、董事会、监事会等并存激励的机制，促进公司的发展。全面预算管理涉及企业内部各管理层级的责权利安排，所以，它是公司治理结构中所有者与经营者之间利益协调的重要机制。全面预算管理是在公司治理结构中，所有者对经营者进行监督和控制的细化，而预算的完成情况又可以作为公司治理结构中考核与评价的依据。因此，健全的企业预算制度可以使公司治理结构更加完善，而良好有效的预算管理又必须以规范的公司治理结构为前提。

（一）全面预算目标体现公司治理的方向

1. 传统的公司治理及全面预算目标

过去的公司治理主要推行股东至上的观点，因此，预算的目标体现的也是股东利益的最大化。但是，安然事件使这样的治理目标受到了挑战。传统的预算目标是一种单一性的目标体系，它的缺点在于只强调对结果的关注，而对过程的监控不够。这样的目标会导致预算内容体系中的经营预算、财务预算和资本预算难以协调，造成以某一目标为龙头，执行部门在保证单一目标实现的情况下，而对其他的指标进行随意的调整和操控。这样的操作使得决策机构无法进行控制，也无法对这些过程进行监控并纠正为实现单一目标而牺牲长远利益的行为。

2. 公司治理和全面预算目标的完整化

现代企业理论认为，企业在本质上是一种契约结构，是一种人力资本和非人力资本的集合。企业的目标不能仅关注股东，还要关注其他利益相关者。他们同样为公司创造了利润，他们的努力保证了公司的长远发展。经济合作与发展组织对公司治理采用的就是共同治理模式。共同治理结构下的公司目标变成了企业价值最大化。在共同治理模式下，只有利益相关者的利益得到保护，企业价值最大化，企业才能长远发展。

企业现在的预算管理是一种全面的预算管理。它通过业务、资金、信息、人才的整合，充分考虑各利益相关者的需求，进行适度的分权授权以及战略驱动的业绩评价等，来实现企业的资源合理配置并真实地反映出企业的实际需要，进而为作业协同、战略贯彻、经营现状与价值增长等方面的最终决策提供支持。

（二）全面预算管理提升公司治理结构效率

全面预算管理不同于传统意义上的计划管理，传统计划经济下的管理制度依托于计划经济体制，具有封闭的特点，不能很好地适应开放的市场，也没有良好的战略特点。全面预算管理则是与企业的发展战略相协调的一种管理模式，它具有开放性、自主化、价值最大化的特点。科学的全面预算是公司的整体经营方案，是企业的最高层对企业不同时期不同经营模式下经营思想、经营目标、经营决策的书面数量要求。

1. 全面预算通过战略指导公司治理

全面预算管理体系是企业发展战略的保障体系。企业的组织机构，如董事会与管理层，需要通过该体系展现公司的财务治理水平，完善并发展企业的预算管理。正是基于企业的战略导向和战略目标，全面预算管理才真正具备了战略意义的公司治理功能，并通过不同的约束和激励方式来实现企业的目标。具体而言，只有决策者做好企业的决策工作，执行者才能顺利地予以执行。没有战略导向性，预算管理是缺乏高度的全面预算管理；战略导向发生错误的预判，预算管理则会南辕北辙，无法发挥有效的管理作用。因此，正确地实行以战略为导向的全面预算管理是公司治理的保证。

2. 全面预算对责权利的安排与公司治理协调

全面预算管理可以作为一种内部约束机制和公司治理的手段，实现公司治理要求所必需的分权、评价和奖惩制度，并通过目标控制、程序控制和制度控制的方式来解决公司治理的分权、制衡、激励等问题，以确保公司治理的顺利进行。

良好的预算管理为优化公司治理结构提供了切实保障。从本质上讲，预算是一种与公司治理结构相适应，安排公司内部各个管理层级的权力和责任，并且进行相应的利益分配、内部监督和激励的公司内部的管理与控制机制。著名管理学家戴维·奥利认为，全面预算管理是为数不多的几种能把组织的所有关键问题融合于一个体系的管理控制方法之一。预算管理将企业外部市场竞争和风险与企业内部管理机制结合起来，形成一种有效的自平衡系统，有助于完善企业管理机制，提升公司治理结构的效率。

在全面预算管理中，必须解决各组织内外部资源与环境的协调问题。如同公司治理结构，这种协调既包括企业内部资源与外部市场要求和市场状况的协调，也包括企业内部各种资源之间的相互协调，并使责权利三结合原则能够真正落到实处。实施全面预算管理是公司实现长期经营目标的关键所在。为此，应从全局出发，综合分析企业内部组织系统与外部经济环境，明确整个公司的预算管理模式、各管理层级的预算职责，进而建立相互配合的组织结构、确定预算目标、加强预算执行过程中的管理和控制、落实预算报告和业绩考评等问题，从预算的组织、控制、考核与激励等方面与公司治理相结合，从而实现公司整体目标的最优化，加强公司对整体运作的掌控并全面提升公司治理水平。

（三）健全的公司治理是全面预算管理的基础

健全的公司治理离不开公司治理结构，公司治理结构是支撑公司治理的制度内容。狭义地讲，公司治理结构是股东对经营者的一种监督与制衡机制。在这样的机制安排下，公司治理合理配置所有者和经营者之间的责任关系。然而，公司治理结构并不局限于股东对经营者的制衡，有时还涉及广泛的利益相关者。公司治理通过一套包括正式或非正式、内部或外部的制度，协调公司与所有利益相关者的利益关系，以保证公司决策的科学性，最终维护公司的整体利益。

1. 健全的公司治理是保证全面预算管理有效实施的环境基础

全面预算内在功能的发挥必须以一定的环境基础作保证。公司治理结构的基本原则是对公司内部利益各方进行牵制，包括股东会、董事会、监事会以及经理层。全面预算管理由若干紧密联系的预算环节组成，从编制到执行，从考核到奖惩，任何一个环节的疏漏都会造成管理上的失误，严重的甚至会导致重大的经营管理失误。因此，对全面预算管理的每一个组成部分都必须给予足够的关注，这必然需要公司治理结构中的内部牵制作为全面预算管理的环境基础，这样全面预算管理才能有效实施。

2. 健全的公司治理是全面预算管理的决策支持系统

公司治理明确规定公司各个参与者的责任和权力分配，并且清楚地说明决策公司事务时所应遵循的规则和程序。全面预算管理将企业制定的发展战略目标层层分解下达到企业内部各个经济单位，通过一系列的预算、控制、协调、考核，建立一套完整的、科学的数据处理系统。全面预算管理自始至终将各个经济单位的经营目标同企业的发展战略目标联系起来，对经营活动全过程进行控制和管理，并对业绩进行考核与评价。全面预算管理的顺利实施离不开公司治理结构为其决策提供的支持。

3. 健全的公司治理是全面预算管理的制度基础

公司治理结构的本质是一种制度装置，是处理各方相互关系和权力制衡的契约，其核心就是协调各利益相关者的责权利关系。

全面预算给人们展现了未来的各种可能的前景，促使人们超前思考并制定出相应的应对措施。它明晰了企业内部各经济单位乃至每个员工的责权利关系，使企业形成一个从上到下人人有责的多层责任网络，并通过制度化使企业的决策、行为和结果得到高度的协调与统一。通过全面预算管理，企业可以规范各个经济单位对企业具体的约定投入、约定效果及约定利益；通过对全面预算过程的监控，可真实反馈各个经济单位的实际投入及其对企业的影响；最终，通过预算执行结果考评，检查契约的履行情况并实施相应的奖惩，实现事前、事中、事后的全过程的系统管理，从而使企业在既定的公司治理结构下，提高全面预算管理的有效性。

第二节　全面预算与公司治理的整合

一、全面预算与公司治理整合的可能性

健全的企业预算制度使公司治理结构更加完善，而有效的预算管理又必须以良好的公司治理结构为前提。正是基于这样紧密的联系，全面预算和公司治理可以进行整合，共同为公司的管理服务。

公司治理在很大程度上就是要规范公司不同利益团体的责权利关系，尽可能消除矛盾，进而提高公司整体效率和竞争能力，并最终形成制度性安排。全面预算管理作为一种资源，正被充分利用于企业的管理服务，使公司的治理结构得到完善。它进行严格的层次分解，使各级组织和有关员工，如股东大会、监事会、董事会、经理层和员工，明确公司战略战术、作业层次及各自的权力和责任空间等详尽规定，以此作为日常经营和业绩评价的依据，并且将之系统化地贯穿于公司整个寿命周期，从而有效地解决各种委托代理关系中的信息不对称以及效用不一致引起的代理成本问题，达到科学管理和可靠执行，使全面预算的过程和公司的治理结构得到高度协调和统一。

从另一个角度而言，全面预算明确的责权利关系使企业能够更好地进行分工与合

作，各部门协调配合，企业上下同心协力，培养整个企业的协作意识和团队精神，这正是公司治理结构良好的一个重要体现。正是全面预算融入公司治理，促进了公司的不断发展。

二、全面预算与公司治理整合的过程

公司治理结构基本上决定了公司的各利益相关者在预算目标的确定过程中发言权的大小，而全面预算管理强调协同，并使责权利三结合原则能够真正落到实处。预算管理从董事会、经营者、各部门乃至每个员工的责权利关系角度出发，明晰各自的权限，达到科学管理和可靠执行，使预算的决策、行为和结果实现高度协调和统一。对于公司治理和全面预算的整合而言，尤其要明确整个公司的预算管理模式、各管理层级的预算职责，进而梳理相互配合的治理结构，定义治理结构中关键岗位的职责，确定预算目标，在预算执行过程中加强管理和控制，落实预算报告和业绩考评等问题。

下面从全面预算管理体系中的预算组织、控制、考核与激励、监督四个方面探讨全面预算如何与公司治理相整合。

（一）公司治理与全面预算管理体系中的预算组织

实施预算控制首先要解决的一个问题是如何设计预算组织。在其设置上，必须体现董事会与经营层两个核心组织的内部权力制衡关系。

全面预算管理体系下，预算委员会是董事会授权处理和决定全面预算管理重大事宜的部门，直接受董事会管理。按照公司治理结构和全面预算的要求，预算委员会的成员由各重要职能部门经理组成，并吸收高层管理人员以及董事会、监事会成员组成办公室。预算委员会协调各部门信息，由办公室根据企业的战略目标制定最终的预算。预算的制定以及预算的实施、调整、监督等后续环节必须经过预算委员会的审批，经过严格规范的制度化途径。

预算工作组在预算委员会下主管企业预算编制、预算监控、预算协调、预算信息的揭示等日常预算管理工作。具体而言，作为全面预算的核心，财务部门通过财务预算对整个生产经营活动进行动态监控。财务部门根据某个时期、月度、年度企业的会计资料所反映的情况和各部门提供的信息，全面系统分析各部门及企业总体预算的完成情况和存在的问题，并提出纠偏的建议和措施，或者提请预算委员会及时调整、修正预算。

关于全面预算管理作业，公司根据自身特点需将其具体化，细分至季度、月度预算及车间班组预算等，由中低层管理人员以及全体员工实施。这样，一方面增强了预算的可操作性；另一方面也有利于在保持公司战略目标一致的情况下，及时进行预算调整和适时分析、评价。

预算管理只有在企业预算组织结构比较合理的基础上才能发挥公司治理的作用。良好的预算组织可以合理安排配置所有者和经营者之间的权力与责任关系，为实现公司内部治理提供相互制衡的组织结构，并形成一种有力的决策机制。

（二）公司治理与全面预算管理体系中的预算控制

预算不是目的，预算的目的是加强控制。预算作为一种控制手段，为实施公司内部的目标控制、程序控制和制度控制提供了全方位管理。预算在进行目标、程序控制过程中均有严格的制度支持。预算控制制度包括预算编制控制、预算执行控制、预算结果考评控制制度，由此来实现预算的事前、事中、事后的控制功能。

控制贯穿预算的全过程。首先，预算编制控制明确了不同责任主体在预算编制过程中的责任，明确了这种责任的表现形式，从而使预算目标得以落实和细化，为目标控制提供了良好的前提。其次，预算执行控制通过一系列制度来实现执行过程中的控制。主要包括：（1）授权制度。通过授权，各责任单位的权力得以明确体现。这种激励与约束并存的制度极大地降低了控制成本。（2）重点预算控制。重点强调对核心业务和现金流量的控制。（3）信息反馈。在预算执行过程中及时有效地反馈预算执行情况信息，对不当行为进行控制。最后，预算通过科学的考评制度来实现其结果控制，并起到进一步强化预算管理的激励和约束机制的作用。

（三）公司治理与全面预算管理体系中的预算考核与激励

预算是激励的基础，也是公司绩效考核的依据。全面预算管理中所传导的激励机制是完善公司治理的重要手段，并能进一步优化公司治理结构。

全面预算设计应体现全局观念，评价体系要科学合理，注意各项指标的内在统一。在实施过程中，以预算目标为标准，通过实际与预算的比较和差异分析，确认其责任归属，并根据奖惩制度的规定，使考评结果与责任人的利益挂钩，达到人人肩上有指标，以此激发执行者完成预算的积极性，这对于企业实现目标利润具有积极的激励和推动作用。它的奖惩要明确告诉人们有所为，有所不为。与此同时，针对不同的激励对象和激励时机，分别采取不同的方法达到有效激励的目的，如一些公司在给予物质和精神奖励的同时，更加注重人们需求层次不断提高的事实，采取升职、提供国外旅游或学习机会等方式。对于预算的激励条件，可以采用逐步提高的方法，即采取动态评价模式，概括地说，就是在增加可实现难度的同时，相应加大激励力度，使这一模式成为全体人员创造价值的动力。

（四）公司治理与全面预算管理体系中的监督

在我国许多公司中，预算管理名存实亡，更多的是一种形式，无助于公司治理的改善。显然，好的制度建立并在公司治理中发挥作用，还需有一整套切实可行的监督约束机制支撑。

作为具有监督职能的公司内部审计部门，对预算的跟踪、评价与报告是十分必要的。一方面，对于发现的问题，审计人员要与相关分部或部门经理以及预算委员会沟通，以使他们对此充分了解，并采取进一步措施；另一方面，对于其中的重大发现，以总结的形式上报高层管理人员，直至审计委员会向董事会作总结性陈述，包括预算执行带有很大的随意性、预算标准失当以及预算体系需要改进或完善的地方等。

此外，还有一个必须引起内部审计人员关注的问题：注重公司中低层管理人员与内部审计人员的对话和探讨。以往，内部审计人员与中低层管理人员分别仅对经理人员汇报工作，而他们之间缺少沟通。如果能给他们一定的交流空间，将有利于双方在合作的基础上发现问题的根本症结，而内部审计人员这一重要资源也能真正得到利用，成为各层级管理人员的参谋，有助于各个层级更好地发挥作用。

三、全面预算与公司治理整合中的问题

在我国许多公司中，预算管理存在一定问题。一方面，全面预算流于形式，相关部门对全面预算的管理职能不甚了解；另一方面，在全面预算和公司治理整合过程中也会出现一系列问题。以下从预算管理体系下预算主体、组织、控制和激励四个方面对这些问题展开讨论。

（一）预算主体

由于对预算管理存在认识上的片面性，企业往往认为其预算就是财务预测，一般由财务部门制定，其他部门很少直接参与预算编制工作，往往只是对财务部门所提交的具体结果进行确认。在极端的情况下，业务部门甚至是在公司预算正式公布的时候才获得信息，根本不了解预算编制的原则与假设前提。这样的预算往往缺乏可操作性，而且管理层无法根据所制定的预算对各部门的生产经营状况进行有效的控制与评价，预算管理形同虚设。因此，为了解决上述问题，在预算管理实践中，一方面应当让各部门参与预算的制定，促进信息最大范围地流动，使预算编制的沟通更为细致，提高预算的科学性和可操作性；另一方面，可以成立企业预算委员会，其成员可由各重要职能部门经理组成，主席团则由企业高层管理人员以及董事会、监事会成员组成。预算委员会协调各部门信息的共享，使各部门就基础假设达成一致，再由主席团根据企业的战略目标制定最终的预算。各部门对部门预算负责，管理层对企业总体预算负责，分别形成各部门与管理层的考核标准。

（二）预算组织

公司治理结构基本上决定了公司的各利益相关者在预算目标的确定过程中发言权的大小。例如，如果形成强董事会的公司治理结构，那么董事会在确定预算目标方面有较大的发言权；进一步，如果董事会由大股东操纵，则在此情形下确定的预算目标将对大股东有利而可能损害小股东的利益。再如，如果董事长与总经理由一人兼任，并且董事会中内部执行董事占多数，那么总经理在确定预算目标方面有较大的发言权，在此情形下确定的预算目标将对总经理有利而可能不利于股东和债权人等。因此，预算目标的表述很容易受到公司治理结构的制约。在公司治理结构的偏向下，预算目标往往不能很好地、全面地体现公司的发展路线。

（三）预算控制

如何充分发挥预算的控制作用？全面预算控制针对的是预算的实际执行与操作阶段，这也是全面预算管理的核心阶段。在全面预算控制中，一般由财务部门对整个生产经营活动进行动态监控。财务部门可以根据某个时期企业的会计资料和各部门提供的信息，全面、系统地分析各部门及企业总体预算的完成情况和存在的问题，并提出纠偏的建议和措施，或者提请预算委员会及时调整、修正预算。但是在财务部门进行

动态监督的过程中会出现两个问题：一个是财务部门的独立性问题，财务部门在企业中一般对管理层负责，但是财务部门监督的是企业的经营过程，这会使财务部门存在道德风险，预算约束力不足；另一个是财务部门在监控过程中与其他部门的关系问题，为解决这一问题需要对公司治理结构进行不断调整。

（四）预算激励

激励主要解决两个问题：道德风险和逆向选择。道德风险是由人的行为不可预测性引起的，如无法评价经营者工作的努力程度；逆向选择则起因于信息的不对称。公司治理结构与激励机制密切相关，良好的激励机制可以完善公司治理结构。全面预算管理为公司治理提供真实、可靠的依据，是激励的基础。预算是绩效考核的基础，科学的预算目标值可以成为公司与部门绩效考核指标的比较标杆。预算管理在为绩效考核提供参照值的同时，预算委员会也可以根据预算的实际执行结果不断修正、优化绩效考核体系，确保考核结果更加符合实际，真正发挥评价与激励的作用。这两个问题很可能成为整合过程中疏漏的环节。

小　结

1. 预算管理在公司治理结构中的地位：预算管理细化公司治理结构；预算管理组织体系植根于公司治理结构。

2. 全面预算与公司治理的关系：全面预算目标体现公司治理的方向；全面预算管理提升公司治理结构效率；健全的公司治理是全面预算管理的基础。

3. 全面预算与公司治理的整合：整合的可能性、整合过程和相关问题。全面预算与公司治理的关系密切，使得它们的整合有一定的可能性。整合过程涉及其中的预算组织、预算控制、预算考核与激励以及监督。整合的问题体现在预算主体、组织、控制和激励四个方面。

练习题

一、选择题

1. 预算管理是一项系统工程，它是由一系列工作流程构成的，具体包括（　　）。

A. 编制　　B. 执行　　C. 监督　　D. 分析

2. 现代企业制度明确了公司治理的结构层次，全面预算管理的最高决策机构是（　　）。

A. 股东会　　B. 董事会　　C. 监事会　　D. 审计委员会

3. 财政部的“预算管理”应用指引涉及（　　）。

A. 预算的概括性指引　　B. 预算的操作性指引

C. 预算的案例指引　　C. 预算的咨询指引

4. 全面预算离不开控制，控制贯穿预算的全过程。预算执行控制通过一系列制度来实现执行过程中的控制，主要包括（　　）。

A. 授权制度　　B. 重点预算控制

C. 难点预算控制　　D. 信息反馈

5. 全面预算管理中的预算委员会不是预算的最高决策部门，在实践中预算决策机构是（　　）。

A. 经理　　B. 董事会　　C. 股东会　　D. 财务部门

二、简答题

1. 简述预算管理与公司治理的相关性。

2. 简述全面预算与公司治理整合的思路。

三、论述题

如何理解全面预算管理在企业自主治理、社会治理与全球治理中的积极作用？

案　例

CFO与全面预算管理

随着现代企业制度建设的深入，财务与会计问题已经与公司治理及企业管理的其他方面紧密联系，会计的地位也发生了深刻变化。然而，由于各种原因，一些国外及国内学者对全面预算管理实践中首席财务官（CFO）的地位仍然持有不同的观点或认识。以下列举说明。

（1）前些年，普华永道会计师事务所在对亚太区400名CFO进行调查之后，对外宣称：在中国，除了一些著名的跨国公司外，大多数中国企业的财务职能仍停留在传统的记账阶段，CFO更像是账房先生。全面预算管理过程中的各个环节，尤其是预算的编制环节存在严重的官本位现象（即领导说了算），CFO的职权没有得到应有的尊重，更缺乏重视。

（2）同一时期，《首席财务官》杂志上发布的《中国CFO生存状况调查》也表明，在公司的“权力图谱”上，中国CFO的工作主要聚焦在传统财务管理问题上，缺乏全面预算管理等激励与约束机制的构建。由于责权利效不对等，企业内部的责任主体都不愿意多干、工作积极性不高，更没有持续创新的冲动……他们逼近权力核心却远未登堂入室，角色疏离且核心使命远未达成。

这两项调查均反映出我国企业的CFO地位不高，亦即，没有在现代公司治理结构中起到应有的作用。

思考：

1. 根据本章内容和案例，你认为在公司的“权力图谱”上，应当如何给CFO定位？

2. 结合上述资料，阐述CFO在公司全面预算管理中的地位与作用。

第三章

全面预算与经营模式

本章结构图

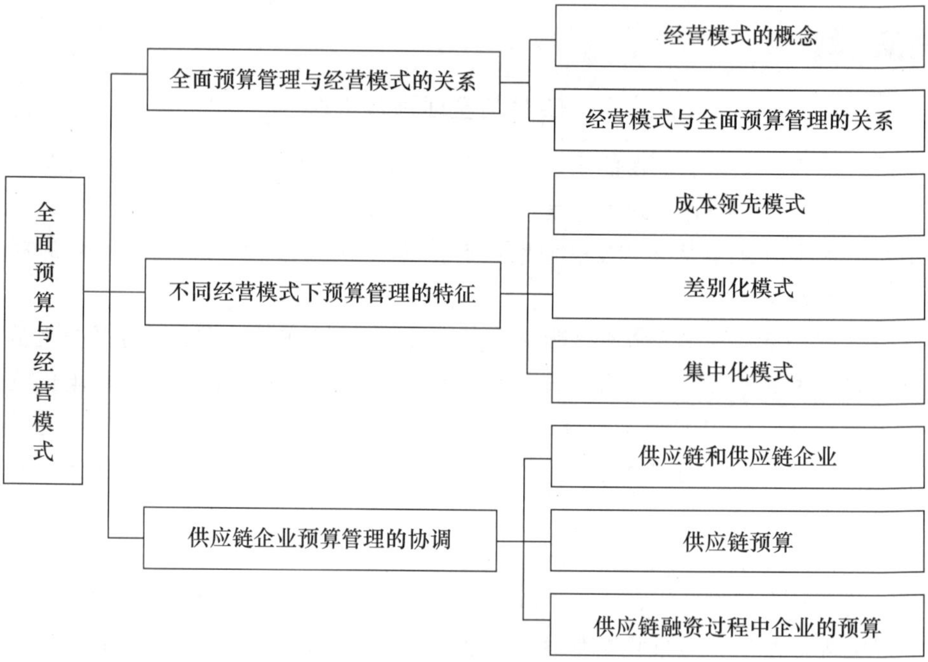

学习目标

- 理解经营模式的概念
- 分析不同经营模式下预算管理的特征
- 认识供应链企业预算管理的实践价值

素养目标

- 以中国式现代化为指引，强化全面预算管理的协同意识
- 在攀升到价值链高端的全球治理中，发挥企业全面预算管理的积极作用

引例

海尔预算管理与经营模式的结合

从经营模式观察全面预算管理，针对成本导向型企业，预算编制可以采用权威式的编制模式，即预算管理委员会直接根据战略目标下达全面预算的数值（指标）；对于收益导向型企业，可以采取参与式的预算编制模式，即由企业确定各自责任范围的全面预算数值，上报预算管理委员会审批。对于两者结合型的企业，则需要采用混合式的预算编制模式，即根据“上下结合、分级编制，逐级汇总”的原则进行预算的编制。一般而言，混合式的预算编制模式适用范围更广，大多数企业都可以采用这种模式。海尔采取的就是一种混合式的预算编制模式，其具体流程可以概括成五步。

第一步：以战略损益表为工作底稿。

根据战略规划的目标要求，海尔通过编制战略损益表为全面预算管理打“底稿”，如图 3-1 所示。

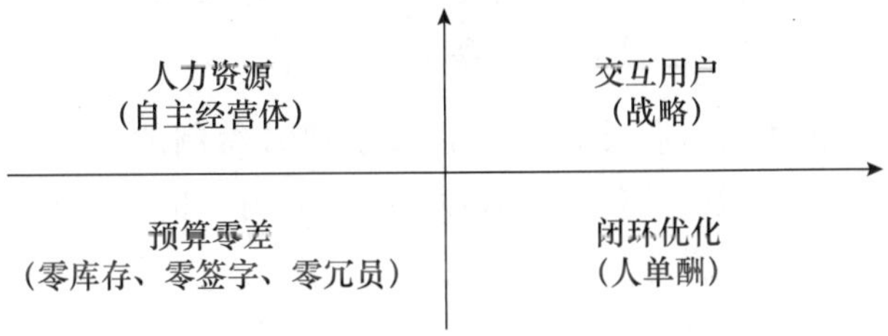

图 3-1 预算编制底稿

在图 3-1 中，第一象限体现互联网思维；第二、四象限体现收益导向；第三象限体现成本导向。传统预算管理的预测报表主要关注表内资产特别是有形资产，而战略损益表强调表外资产，特别是用户价值和人力资本的增值。

第二步：预算目标与业绩评价。

结合企业经营模式的情境特征与战略发展要求，在预算目标与业绩评价方面，海尔要求体现核心竞争力的本质要求，如图 3-2 所示。

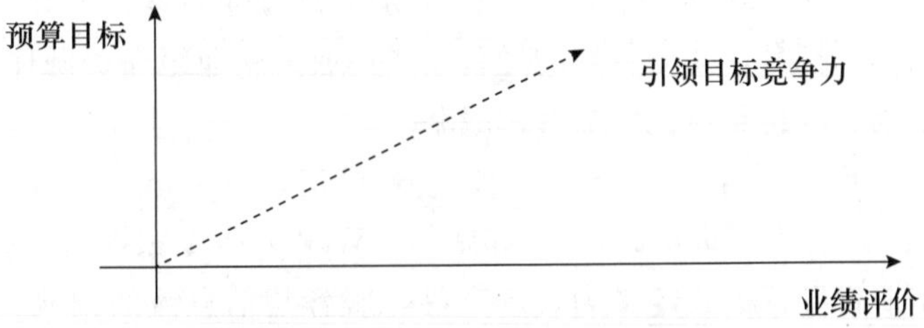

图 3-2 目标竞争力的全面预算管理

图 3-2 表明，通过将预算目标与绩效考评的有机结合，可以促进企业核心竞

争力的提升。

第三步：强调业绩的持续改进。

该环节主要通过信息化平台动态显示自主经营体的绩效和差异，由团队动态优化，持续改进绩效，努力实现预算管理目标。海尔倡导的“日事日毕，日清日高”，体现了中华文化与精益生产方式的结合。

第四步：注重激励机制的效果。

通过信息化的平台，让全员参与预算编制与管理，使各级组织与团队动态了解绩效状况，这具有较强的激励作用。也就是说，实现了“人人见数据（多少钱），个个知因果（为什么）”。

第五步：转换管理职能与人员角色。

将管理职能转向“三预”与“三赢”；人员角色由“工人”转换为“知识员工”。“三预”，即在全面预算管理中将预估、预案、预酬相结合，体现的是一种动态融合的全面预算观念。“三赢”，即事前算赢、事中调赢、事后双赢，形成预算、执行、绩效和激励全流程闭环优化的体系，体现了企业内部控制的全方位思想，即事前、事中与事后相互结合，反馈与前馈机制有机融合。“知识员工”体现了全面预算管理的自主性与权变性等内在要求。

本案例带来的思考有很多，重点是海尔通过编制战略损益表为全面预算管理打“底稿”，提高了预算编制的效率与效益；同时，海尔的全面预算管理很好地诠释了企业文化对战略发展的积极意义。

第一节　全面预算管理与经营模式的关系

一、经营模式的概念

随着新经济的快速发展，企业外部经营环境发生了巨大变化，这种变化催生了各种各样的经营模式，经营模式及其创新已经成为企业构建、维持竞争优势的依托。著名管理学家彼得·德鲁克认为，当今企业之间的竞争已经不是产品的竞争，而是经营模式的竞争。经营模式作为企业的“能力场”，既是企业能力的显示器和孵化器，也是企业能力的作用杠杆。建立合理的经营模式，成为企业组建资源体系、组织企业架构、划分营销市场、维持竞争优势的首选战略。

关于经营模式的解读，学界主要有蒂姆尔斯（Timmers）、文卡特拉曼（Venkatraman）、哈德万（Mahadevan）和威尔（Weill）等专家提出的观点。

蒂姆尔斯将经营模式定义为表示产品、服务与信息流的架构，包含对各个商业参与者及其角色、各个商业参与者潜在利益以及获利来源的描述，且经营模式本身并不涉及商业可行性的问题。

文卡特拉曼等认为，经营模式是虚拟组织在顾客交互、资产配置和知识利用这三个方向上的架构。

哈德万认为，经营模式是企业与合作伙伴及买方之间的三种流——价值流、收益流以及物流的独特组合，一个企业的经营模式就是由这三种流组合而成的。

威尔等将经营模式定义为对一个公司的消费者、联盟伙伴和供货商之间关系与角色的描述，从中能辨认主要产品、信息与资金的流向以及参与者获得的主要利益。

对经营模式本质与定义的阐述表明，经营模式的内涵与外延正由经济、运营层次向战略层次延伸，即由初期从企业自身出发关注产品、营销、利润和流程，逐渐转向关注顾客关系、价值提供乃至市场细分、战略目标、价值主张等。

二、经营模式与全面预算管理的关系

经营模式不是一个僵化的行动框架，而是一种集思维和行为于一体的互动方式。企业需要不断反思经营模式所要回答的三个基本问题：谁是企业的顾客？顾客需要什么？如何满足顾客需要？

随着经营模式概念从经济、运营层次向战略层次延伸，企业正在不断反思关于顾客的三个问题。这三个问题是战略层次的细化，为回答这三个问题特别是“顾客需要什么”“如何满足顾客需要”，企业需要做好相关的产品销售预算和产品生产预算。经营模式的战略层次也同样与预算有着很密切的联系和内在互补性。下面分别从不同方面介绍经营模式与全面预算管理的相互关系。

（一）经营模式下顾客关系与全面预算管理的联系

企业的不同经营模式都回答了关于顾客价值实现的问题。顾客价值是指顾客在购买和使用产品或服务过程中所获得的总利益与所支付的总成本之间的差额。具体来说，顾客价值是顾客从产品或服务中所期望得到的所有利益，与在购买活动中所支付的货币成本、时间成本、体力成本和精神成本之间的差额。关于顾客价值，首先需要了解顾客的需求。一方面，对于长期合作的顾客，整个过程建立在与顾客合作的基础之上。正是由于一贯性的合作，企业才可以根据以往的情况，作出相应的销售预算。所谓销售预算，是全面预算的起点，预算内容包括产品的名称、销售量、单价、销售额等。另一方面，对于新发展的顾客，企业可以根据之前与其合作的相关企业的销售情况编制预算，但是不同的企业情况不尽相同，在双方合作的过程中还需要不断调整预算。

在了解顾客需求的情况下，接下来企业需要考虑的是如何满足顾客需求。在了解需求、制定销售预算的基础上，企业可以编制相应的生产预算。生产预算是根据计划销售量制定的。由于企业一般都有一定数量的存货以应对临时需要，每期的生产数量与当期的销售量不一定相等，同时，企业还要满足一定的保险储备要求，因此，在制定生产预算后，企业可以有计划地满足顾客的需求。

（二）经营模式的战略层次与全面预算管理的联系

（1）经营模式的内涵与外延向战略层次延伸，全面预算管理唯有契合企业的经营模式才能更好地发挥作用，这是因为企业经营模式的战略延伸性从一个侧面决定了预算目标，预算目标应该体现企业战略目标，预算目标是对企业战略重点与经营量化的基本描述。

（2）全面预算管理沟通了企业战略与经营模式的关系，使企业的经营模式得以具体贯彻，长短期预算计划得以衔接。一般来说，企业经营模式由企业的战略得以体现，而全面预算管理作为一种行动的安排，使日常的经营模式和企业的战略部署得以沟通，形成了具有良好循环的预算系统。

（3）全面预算管理是实现企业整体战略的工具，是企业战略实施的保障与支持系统。即以企业的整体战略为出发点和归宿点，通过全面预算管理将企业的整体战略目标转化、分解、落实为企业的经营目标和业务计划，使各经营单位能够自下而上执行企业整体战略，保证企业战略目标的实现。虽然战略明确了未来的具体目标，但只有通过预算量化的指标体系才能完成。

（4）全面预算管理是综合协调各单位经营活动过程，监测业务运行和战略执行过程，并推进企业经营目标实现的工具和手段。即通过各单位的全方位、全过程、全员的参与和充分沟通，围绕企业整体战略目标，将企业的经营目标逐级分解，保证各单位环境、市场、投资、人力、资金等各方面的预算互相联系、互相配比、协调一致，合理配置各项资源，使经营模式得以正确运行。

（5）经营模式起始于为顾客创造价值，并围绕价值来构建；而全面预算管理不仅关注企业的价值获取，还关注企业的可持续发展。企业全面预算详细地说明了经营模式如何应用于企业内部，从而使经营模式更好地适应企业内部环境，更好地应对企业的外部竞争。

第二节　不同经营模式下预算管理的特征

经营模式是企业根据企业的经营宗旨，为实现企业所确认的价值定位而采取的某一类方式方法的总称。其包括企业为实现价值定位所规定的业务范围、企业在产业链中的位置，以及在这样的定位下实现价值的方式和方法。

根据经营模式的定义，企业首先要明确其价值定位。在现有的技术条件下，企业实现价值主要是借助于战略，因此实现价值的竞争战略也是一种经营模式。此类经营模式主要有成本领先、差别化、集中化三种。下面我们分析这几种经营模式下预算管理的特征。

一、成本领先模式

（一）成本领先模式的内涵

成本领先模式是指企业努力发现和挖掘所有的资源优势，特别强调生产和出售一种标准化的产品，在行业内保持整体成本领先，从而以行业最低价格为其产品定价。

成本领先模式要求建立高效的生产设施，在经验的基础上全力以赴降低成本，加强对成本与管理费用的控制，以及最大限度地减少研发、服务、推销、广告等方面的成本费用。

（二）成本领先模式下预算管理的特征

在成本领先模式下，企业的预算管理要与成本领先模式相适应，在进行企业的全面预算过程中要加强对经营成本的预算管理。精细化的预算可以为企业生产提供标准，在一定程度上指导生产过程中的成本支出，并促使企业不断朝着成本领先的目标前行。

在预算管理过程中，除了生产成本外，企业还要对经营管理成本作出详尽的计划，这些成本的大小同样对企业整体的成本领先模式有影响。

二、差别化模式

（一）差别化模式的内涵

差别化模式是指企业向顾客提供的产品和服务在行业内独具特色，这种特色足以给产品带来额外的溢价。如果一个企业的产品和服务的溢价超过其独特产品所增加的成本，那么拥有这种差别化的企业将取得竞争优势。

实现差别化模式可以采用许多方法。比如，设计独特的品牌形象、拥有独特的技术优势、展现突出的性能特点、提供卓越的顾客服务以及构建强大的商业网络等。

（二）差别化模式下预算管理的特征

差别化将目标集中于产品和服务，这类模式的企业盈利也来源于此。企业的预算管理同样要关注产品和服务。具体而言，首先要对企业的产品革新做好充分的计划，重点关注产品不同部分的创新点，尽量用预算的方式量化产品的更新；其次，企业要特别关注服务质量，量化工作人员的服务质量，为实际的生产活动提供指导。在重点关注之外，同样也要做好企业其他方面的预算计划，这样企业才能通过采用差别化模式保持行业内的竞争优势。

三、集中化模式

（一）集中化模式的内涵

集中化模式是指在特定的顾客范围或者地理区域内，也就是在行业很小的竞争范围内建立独特的竞争优势，比竞争对手更有效地为其狭窄的顾客群体服务。该模式有两种类型：成本集中和差异化集中。

集中化模式能以更高的效率、更好的效果为某一个狭窄的群体服务。

（二）集中化模式下预算管理的特征

集中化模式的集中性常常限制企业获得整体市场的份额，所以必须在利润率和销售额之间进行权衡。在预算管理过程中，首先，集中化模式将企业目标集中于某一方面，因此，其预算要根据企业集中的竞争范围进行统一细致的计划，包括经营预算、销售预算、生产预算、制造成本预算等。要根据具体的类型，对成本、产品、服务进行着重计划。其次，还需要根据销售预算和相关的预计利润表计算销售额和利润率并进行相关的决策。

此外，企业实现价值还有其他的途径，这些途径可以解决如资本、空间障碍等问题。因此，从为实现价值解决资本问题的角度来看，经营模式可以分为独资和合资两种；从解决空间障碍问题的角度来看，经营模式可以分为跨国经营和区域经营两种。这些不同的经营模式同样也有相应的预算予以支撑。正是进行全面的预算管理，公司才能更好地朝自己的经营模式发展。

第三节　供应链企业预算管理的协调

一、供应链和供应链企业

供应链（supply chain）的概念是在20世纪80年代末提出的，是围绕核心企业，通过对信息流、物流、资金流的控制，从采购原材料开始，制成中间产品以及最终产品，最后由销售网络把产品送到消费者手中，将供应商、制造商、分销商、零售商直到最终用户连成一个整体的结构。供应链的目的是要使整个供应链产生的价值最大。随着制造全球化的出现，供应链模式在制造业管理中得到普遍应用，已成为一种新的管理模式。供应链示意图如图3-3所示。

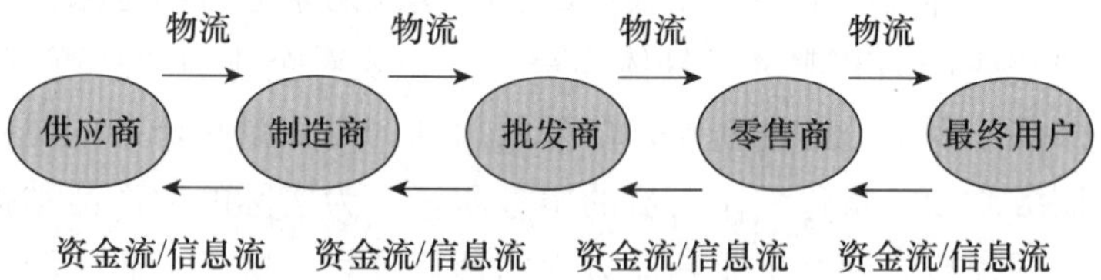

图3-3　供应链示意图

供应链企业包括供应链上的核心企业，以及整条供应链上的各类上下游配套服务企业。

供应链管理是通过前馈的信息流和反馈的物流及信息流，将供应商、制造商、批发商、零售商直到最终用户连成一个整体的结构模式，能够建立起一种跨企业的协作。它通过网络、电子商务把过去分离的业务过程集成起来，包括原材料供应、生产制造、运输、批发、零售、客户服务等，覆盖了从生产领域到流通领域的全部业务过程。

二、供应链预算

供应链管理的目标是将供应链上各组织之间的物流、资金流和信息流集中管理以获得最大的供应链价值。每条供应链都要制定相应的计划，以控制供应链的短期运营。预算作为一种对企业一定经营情况的量化表述，通过计划的编制、实施，同时提供相关的业绩标准，提高企业的经营业绩。著名管理学家彼得·德鲁克认为预算在整个企业的计划中至关重要。当然，对于供应链而言，预算的重要性同样不言而喻。供应链是一个企业联盟，从经营角度看，这些企业集制造、流通、科研、贸易、资本运作于一体，因此在管理上具有复杂性。预算作为一种控制手段，是供应链管理的必然选择。

（一）供应链预算的概念

供应链预算指的是供应链在未来一定时期内经营、资本、财务等各方面的收入、支出、现金流的总体计划。它是供应链战略发展计划和运营计划的综合货币化反映，并用于对供应链进行实时控制管理。供应链预算利用预算手段对供应链及其链上企业实施管理控制，在充分协调的基础上，把供应链的战略目标具体化，制定出预算期内供应链的具体目标。链上的各企业在考虑这个目标的基础上，结合自身发展的需要，制定出本企业的具体目标，并据此形成供应链企业预算，通过预算的实施和考评达到管理的目的。实现供应链预算的功能还需要协调两方面的工作：一方面是供应链横向的整合，它包括协调供应链企业的预算，将其工作流和运营过程全面整合，以达成对共同战略的认同；另一方面是纵向的整合，即宏观的战略层次、预算层次、运营层次的相互联结，确保运营的效果能体现整体的战略。

（二）供应链预算的特点及目标

1. 供应链预算的特点

供应链预算通过供应链系统进行计划和编制，然后被传递给供应链上的不同企业。这些企业根据各自的发展状况对预算进行合理修正和更改，使其符合供应链的整体战略。这样的预算方式相比一般的全面预算，具有以下特点：

（1）供应链预算具有战略导向性。在供应链预算管理的条件下，企业根据长期的、共同的战略目标，同时结合顾客的需求来计划和编制全面预算。在预算执行过程中，需要不断对企业整体的运营业绩进行考核、反馈和分析，并据此调整供应链战略，以确保公司运营层次能够与战略层次更好地融合。通过持续优化和调整，战略目标能够更好地与公司发展相适应。

（2）供应链预算能实现企业内外部紧密结合。供应链预算对内能使企业的业务朝着相应的战略发展。供应链上的企业可能处于不同的位置，但是通过供应链信息的交换和协同，这些企业可以从封闭的状态转向开放状态。这样的开放状态、信息的交换协同，使得供应链企业间形成共同发展的态势，大大提升了供应链的价值。

（3）供应链预算符合效益最大化的原则。供应链上的企业最终面对顾客的需求，进行全面预算的计划。然而，对于一般的预算活动，需要收集不同企业的相关信息。对于供应链企业而言，其先进的技术大大降低了它们与顾客之间进行信息交换和获取的成本。供应链企业通过构建预算整体信息平台、数据信息中心、查询和决策系统，在降低信息成本的同时提高了信息的准确性和效率。

供应链预算特点显著，在这样的特点下，供应链预算能实现以下一些目标。

2. 供应链预算的目标

（1）通过供应链预算，核心企业和上下游企业相互协调，充分利用整个供应链的资源，通过资源的合理配置，提高企业的效益，并通过预算落实到企业的运营过程中。

（2）通过供应链预算，可以实现企业经营目标控制和成本控制。经营目标涉及企业的收入、成本、费用等。预算控制同时将成本控制引入供应链，供应链不同环节都可以了解成本目标，实现成本控制。

（3）供应链预算为供应链企业的业绩评价提供了基础。这些企业可以通过将实际的业绩和预算进行对比，寻找与供应链上其他企业的差异以及自身的问题和不足，并在不同程度上促进供应链的稳定和长期化。

（三）供应链预算的编制流程

1. 制定计划大纲

供应链上的企业较多，也包括各个环节和部门，如计划、采购、生产、销售、财务等。整合这些环节和部门，编制整体的预算是非常重要的，这样的整体预算有利于供应链企业的应用。

首先需要编制预算工作的计划大纲，计划大纲的内容主要包括：预算组织的设立、预算的内容、预算的执行、预算的分析过程、预算的考核方式、预算的监控过程。计划大纲的编制为预算工作提供了很好的支撑。具体的预算工作围绕这一计划大纲开展。计划大纲只是对预算工作的宏观安排，具体的实施策略还需要根据预算编制的具体情况确定。

2. 编制供应链企业的全面预算

（1）预算的组织机构。预算执行需要相应的组织机构，供应链预算工作不同于一般的预算，在一般预算机构的基础上，还需要一个由代表供应链企业管理层的人员共同组成的协调机构。这个机构的设立具有很重要的意义。首先，它负责制定整个供应链的战略和预算，并在协调供应链企业利益的基础上将整体目标分解到各个企业。其次，它负责整个供应链的监督评价，同时根据各个供应链企业反馈的信息对整体战略进行调整，从而继续向供应链企业进行传达。最后，它负责对不同供应链企业的预算执行情况进行协调，使得这些企业的预算目标都是为了实现整个供应链的目标。

（2）预算的编制。供应链预算首先根据供应链战略和反映战略的指标确定供应链整体目标和相关制度，这些指标是由供应链企业管理层组成的协调机构制定的。简单来说，就是将供应链的物流、信息流和资金流汇集，并根据这些信息编制供应链企业的业务预算和财务预算。在协商的基础上，可以确定每个供应链企业各自的预算，并向这些企业传达，要求它们编制独立的预算。这些预算目标的制定是为整个供应链预算服务的。在供应链内部，预算首先由预算委员会进行汇总分析，然后传达给具体负责运营的预算机构。这些运营机构负责制定具体的部门预算，并提交给预算委员会进行审批，审批通过后才能具体执行。

在确定整个供应链预算目标的过程中，要关注预算信息。这些信息很复杂，其中包括预算的假设。这些假设的确定与市场环境有关，如经济增长、居民消费价格指数、通货膨胀、税收政策、各种能源资源的价格等。在供应链企业职能部门层面，还需要考虑各种相关的成本要素，如产量、价格、效率等。一般而言，生产的效率在一定区间不会发生很大的变化，对于产量、价格等指标的设定需要考虑各种宏观和微观的环境因素。同时，这些指标不仅会影响现实的情况，还会影响预期的情况。具体的编制流程如图 3－4 所示。

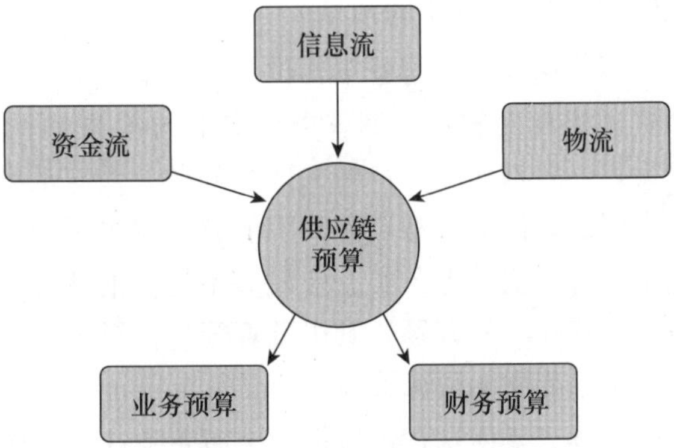

图 3－4　供应链预算编制流程

三、供应链融资过程中企业的预算

（一）供应链融资在供应链系统中的重要性

供应链融资是从供应链角度对中小企业进行综合信用授权，将供应链上下游企业的风险分散，使得单个企业的风险管理转变为对供应链的风险管理，减少上下游企业的风险。供应链融资在供应链系统中意义重大，如果没有有效的融资支持，供应链下游企业的发展将举步维艰。

1. 供应链融资有利于提高核心企业的市场竞争力

供应链核心企业的市场竞争力主要体现在其产品的竞争力和综合实力上。然而，其产品的竞争力主要体现在整个产品生产过程中，包括原材料的供应、经销商的销售和售后服务。这是整个供应链的过程。企业要想提升综合实力，必须迅速提升市场应对能力，并促使整个供应链稳定发展。供应链上下游企业主要面临的风险是资金筹集困难，这离不开银行的支持。核心企业可以利用自身的信用度和与银行的合作，帮助上下游企业缓解融资问题，这样也有利于核心企业自身市场竞争力的提升。

2. 供应链融资能加深对上下游企业的联系和了解

供应链融资为缓解上下游企业的资金问题提供了新的渠道，能有效地缓解资金短缺的压力。一方面，这样的融资方式着重以存货和应收账款为基础展开，可以将这些企业的生产、销售有效连接，加快资金周转，降低上下游企业的运营成本，提升整个供应链的效率。另一方面，这样的融资方式可使银行加深对上下游企业的了解。银行在评估这些企业的风险时，还会关注整个供应链的情况，这样减少了银行的贷款风险，同时也使供应链企业获得发展所需的资金。供应链因此也不断发展，降低了违约风险，反过来也不会使银行进入恶性贷款的循环。

3. 供应链融资使得供应链企业的关系更加融洽，目标更加明确

供应链融资使得核心企业与上下游企业的长期合作更加融洽。上下游企业为核心企业提供稳定的货源和销货渠道，使整个供应链相互配合且安全运行，目标也更加明确。在核心企业的帮助下，上下游企业的融资问题得到了缓解。这样，供应链中各企业之间的关系更加融洽和紧密，从而有助于供应链的不断发展壮大。

（二）供应链企业融资过程中的预算

在现代城市商圈快速发展的背景下，供应链上的核心企业由于规模较大、与银行的关系较好，融资困难相对较小；而整条供应链的各类上下游企业，规模一般较小，经营风险往往较大，一般都面临着严峻的融资问题。供应链融资方式正是在这样的背景下出现并不断发展的。供应链融资方式不但有效解决了上下游企业资金周转困难的问题，而且有利于缓解供应链上各类企业发展不均衡的状况。但是由于供应链融资方式的出现时间较晚，存在各种问题，其中预算管理问题就是一个很重要的方面，因此要协调好供应链融资过程中的预算管理。

供应链融资的预算主要体现在供应链上下游企业在进行融资过程中对资金需求的预算上。资金短缺是因为企业的自有资金不能满足生产的需求，牵动生产的因素在于核心企业的业务量。因此在融资预算中，上下游企业还需优先考虑核心企业的生产状况，参照核心企业的业务量做好自身的生产预算，并掌握资金需求大小。

小　结

1. 全面预算管理与经营模式的关系：不同经营模式下的企业都需要实现顾客价值，做好预算管理工作才能更好地实现顾客价值；经营模式的内涵与外延向战略层次延伸，全面预算管理沟通了企业战略与经营模式的关系。

2. 不同经营模式下的预算管理的特征：成本领先模式的预算管理重点关注成本预算；差别化模式的预算管理主要关注产品和服务；集中化模式将重点放在集中范围的预算上。

3. 供应链企业预算管理的协调：供应链预算的特点在于具有战略导向性，能实现企业内外部紧密结合，符合效益最大化的原则。供应链融资关乎供应链的发展，应重点关注，做好相关的预算工作。

练习题

一、选择题

1. 著名管理学家彼得·德鲁克认为，当今企业之间的竞争已经不是产品的竞争，而是（　　）的竞争。

A. 经营模式　　　　B. 核心竞争力

C. 技术创新能力　　D. 组织管理能力

2. 全面预算管理与经营模式之间的关系，通过（　　）更加紧密。

A. 顾客关系　　B. 价值增值

C. 战略层次　　D. 顾客与战略的目标导向性

3. 供应链预算通过供应链系统进行计划和编制，然后被传递给供应链上的不同企业。这些企业根据各自的发展状况对预算进行合理修正和更改，使其符合供应链的（　　）。

A. 整体战略　　B. 顾客需求

C. 管理要求　　C. 控制目标

4. 经营模式起始于（　　），它不仅关注企业的价值获取，还关注企业的可持续发展。

A. 顾客价值创造　　B. 企业价值增值

C. 现金收支实现　　D. 成本管理与控制

5. 成本领先模式的预算重点关注（　　）；差别化模式的预算主要关注（　　）；集中化模式将重点放在集中范围的预算上。

A. 成本预算　　B. 差异预算

C. 产品和服务　　D. 集中预算

二、简答题

1. 为什么需要从经营模式视角研究全面预算管理？

2. 不同经营模式下的全面预算管理有何特征？

三、论述题

试论在新经济环境下供应链企业预算管理的重点与难点。

案例

沃尔玛的供应链预算

1. 公司背景介绍

沃尔玛是美国著名的零售企业。1962年，山姆·沃尔顿在美国中西部的本顿威尔小镇成立了沃尔玛百货公司，以“售价最低、保证满意”的经营策略吸引了成千上万的顾客，获得了巨大成功。1970年10月1日，沃尔玛的股票在纽约证券交易所上市，其正式成为上市公司。截至1980年，分店数量已达276家，总营业面积为117万平方米，年销售收入达12.48亿美元，净收入为4 100万美元，分别是10年前的40倍和35倍。到了1990年，沃尔玛已有1 402家分店，分布在29个州，年销售收入为258亿美元，净收入为10亿美元，总营业面积近1 000万平方米。在这10年间，其增速位居全美零售业之首。此外，其销售收入连续多年保持在260亿美元左右。

2001年，沃尔玛以2 189亿美元的销售额超过埃克森美孚，位居世界500强企业首位，并四年蝉联冠军宝座。经过多年的发展，沃尔玛已经成为美国最大的私人雇主和世界上最大的连锁零售商之一。进入2020年以来，沃尔玛在全球已经开设了超过7 000家门店，员工总数达190多万人，分布在全球14个国家和地区。每周光临沃尔玛的顾客达1.76亿人次。沃尔玛在中国也取得了较快的发展，在深圳、昆明、福州、大连、厦门等55个城市开设了104家门店，提供了超过50 000个就业机会，为促进中国经济和外贸发展作出了积极的贡献。

2. 供应链预算过程

沃尔玛从一个名不见经传的小镇杂货店发展成为一个遍布全球、销售总量稳居世界榜首的商业巨头。取得如此辉煌的成功，得益于沃尔玛成功的供应链预算管理实践。在供应链预算的编制过程中，沃尔玛非常重视对顾客的需求管理。沃尔玛的供应链预算体现了“天天低价”的经营理念，即通过更多地让利于顾客，获得顾客的青睐。沃尔顿的名言是：“一件商品，成本8角，如果标价1元，销售数量就是标价1.2元的3倍。”他在预算编制中强调的指导思想是薄利多销，即尽管在一件商品上赚得不多，但销售量大了，就会有利可图。沃尔玛结合供应链管理，从整体利益及企业整体战略视角思考预算，并开展预算的编制工作。因此，沃尔玛通过供应链预算管理，实现了“销售的商品总是最低的价格”的承诺。

由于沃尔玛在中国的供应链部门规模庞大且复杂，供应链的预算工作从每年的5月份开始，一直持续到10月份结束。通常，大家认为的预算都是针对下一年的，但因为时间相对较短，这里会面临短期预算（1年）如何与公司的长期战略（3～5年）相融合的问题。沃尔玛供应链预算管理的关键是实现供应链上下游企业的无缝连接与合作。也就是说，沃尔玛从进货渠道、分销方式等供应链视角出发，并结合企业的营销费用、行政开支等，采取一切措施节省资金，以便将利润让给顾客，从而成功地锁定顾客群体，使销售量保持一个平稳的增长趋势。沃尔玛在编制供应链预算之前，需要以当年的数据为基础，制订未来五年的战略计划。这个战略计划包括使用高效的信息技术系统（如租用通信卫星）等，其中的战略数据需要与销售部门的未来销售战略相吻合，以配合沃尔玛的整体发展战略。在此基础上，确保供应链的发展战略与整个组织乃至全球的战略相吻合。当然，与其他的长期战略一样，这些数据都是概括性的。

在有了五年战略计划之后，接下来就是依据五年计划制定次年的预算。总体而言，在不发生大的变动的情况下，预算的数据应当与五年计划中相应年份的数据接近。从这个角度来看，就实现了长期战略与短期预算的融合。预算的制定涉及巨量的信息以及相应的估计工作，包括预算假设的设定（如不同区域的成本收入情况等），以及通货膨胀的预测和税收征收率的预测（如出口退税等）。此外，各职能部门需要负责各自的相关成本要素，如产量、人员、价格、效率等。这些预算指标的设定，除了需要考虑目前的实际水平外，还需要考虑预算期间可能对预算指标产生影响的因素，这样才能最大限度地反映实际情况。

预算假设应包括以下信息：中国经济增长率（通常为GDP增长率）、居民消费价格指数（CPI）、工业生产者出厂价格指数（PPI）、中国市场进一步开放的程度，以及汇率、利率与税率。其中，税率的估计需要考虑中国的进出口形势。在确定以上信息之后，接下来就是制定各种商品的标准成本，沃尔玛采用作业成本法来计算标准成本。

思考：

1. 沃尔玛供应链预算有什么特点？
2. 沃尔玛的案例对于中国零售企业供应链预算有什么启示？
3. 结合沃尔玛的案例谈谈供应链预算在中国市场的新发展。

第四章

全面预算与管理导向

本章结构图

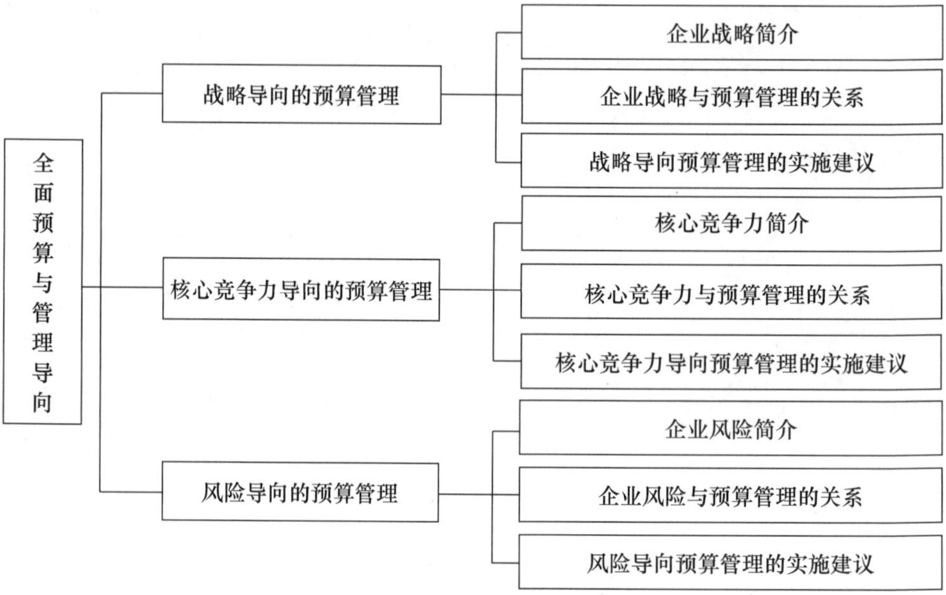

学习目标

- 理解战略导向预算管理的意义
- 明确核心竞争力导向预算管理的内在价值
- 认识风险导向预算管理的重要性

素养目标

- 结合新质生产力的价值驱动构建战略导向的全面预算管理
- 在全国统一大市场背景下探索核心竞争力导向下的企业全面预算管理实践
- 在全面预算管理中脚踏实地，始终将风险控制放在首位

引例

风险导向预算管理的重要性

明朝万历年间，有一位小说家，名叫江盈科。他写了一部名为《雪涛小说》的作品，其中记载了一个故事：一市人贫甚，朝不谋夕。偶一日拾得一鸡卵，喜而告其妻曰：我有家当矣。妻问安在，持卵示之，曰：此是。然须十年，家当乃就。因与妻计曰：我持此卵，借邻人伏鸡乳之，待彼雏成，就中取一雌者，归而生卵，一月可得十五鸡，两年之内，鸡又生鸡，可得鸡三百，堪易十金。我以十金易五牸，牸复生牸，三年可得二十五牛；牸所生者，又复生牸，三年可得百五十牛，堪易三百金矣。吾持此金举责，三年间，半千金可得也。

这篇古文看似简单，实则具有很深的哲理。从产业升级角度分析，该市人“拾得一鸡卵，想借邻人伏鸡乳之，取一雌者，归而生卵，一月可得十五鸡”的行为，属于商品经营的范畴，其经营理念是“鸡生蛋，蛋变鸡”。这是第一阶段的产业发展，可以视为初级产业。随着“以十金易五牸，牸复生牸”等经营行为的推进，开始由“鸡”的产业转型为“牛”的产业，明显开始向更高层次发展，即进入了中级产业。再进一步，通过“三年可得百五十牛，堪易三百金矣。吾持此金举责，三年间，半千金可得也”的投资活动，开始迈入金融产业，开展资本经营的盈利活动。这也是该市人追求的终极发展目标。

该案例给我们提供了很多启示。首先，战略规划下的产业发展必须依赖预算的有效配合，否则空想难以真正转化为实践（一个人的设想，需要全家的支持与努力）；其次，该市人缺乏风险意识，对一鸡卵能否变成鸡，以及如何在鸡卵不受损情况下进行预算的安排等问题考虑不周（原文中因其与妻子在后续的生活安排上发生争执，鸡卵被其妻子摔碎了），导致“产业”发展的根基不稳，最终设想只能成为黄粱美梦。

第一节 战略导向的预算管理

一、企业战略简介

（一）企业战略的内涵

1965 年美国管理学家安索夫在《企业战略》中最早提出企业战略的概念。经过多年的发展，目前企业战略是指企业为谋求长期生存和发展，在对外部环境和内部资源条件分析研究的基础上，对企业的目标、经营方向、重大经营方针、实施步骤作出的总体性谋划。企业战略是用管理手段对管理进行界定，其对象为企业整体以及与企业有关的全部活动，应是综观整体市场的结果，其中包含对所有企业运作的商业元素与关系的透视性、相关性、前瞻性、客观性的思维。

企业战略是对企业各种战略的统称，包括竞争战略、营销战略、发展战略、品牌战略、融资战略、技术开发战略、人才开发战略、资源开发战略等。企业战略层出不穷，如信息化就是一个重要战略。企业战略虽然有多种，但基本属性相同，都是对企业的谋略，都是对企业整体性、长期性、基本性问题的计谋；不同之处在于谋划问题的层次与角度。总之，无论哪个方面的计谋，只要涉及的是企业整体性、长期性、基本性问题，就属于企业战略的范畴。企业战略由以下四个要素组成。

（1）经营范围。经营范围是指企业从事生产经营活动的领域。它是企业所处的行业、自身的产品和市场等所涉及的生产经营范围，反映企业目前与外部环境相互作用的程度，也反映企业计划与外部环境发生作用的要求。

（2）资源配置。资源是企业从事生产经营活动的基础，包括实物资源、货币资源、人力资源、技术专利、商标信誉等。资源配置是指企业过去和目前资源和技能配置所达到的水平和模式。资源配置的优劣会极大地影响企业实现目标的程度。因此，资源配置又称为企业的特殊能力。资源配置的目的是通过适当地使用资源来形成特殊技能，以便更好地开展生产经营活动。反之，如果企业资源配置不当，就会影响企业的经营能力，影响企业的生产和发展。

（3）竞争优势。竞争优势是指企业通过其资源配置的模式与经营范围的决策，在市场上形成的与其竞争对手不同的竞争地位。竞争优势既可以来自企业在产品和市场上的地位，也可以来自企业对特殊资源的正确运用。一般来说，产品和市场的定位对于企业总体战略相当重要，而资源配置则对经营战略起着十分重要的作用。

（4）协同作用。在制定战略时，企业力求利用已有的设备、专利、生产技术、销售网络、商标等进行合理组合，以形成相互协同效应。即要实现各经营单位之间的优势互补，达到“1＋1＞2”的整体效应，也就是企业总体资源协同所带来的总收益要大于各部分资源收益之和。一般来说，企业的协同可分为内部协同和外部协同。内部协同主要包括以下几项：投资协同，如共同进行研究开发、共同出资开发新领域等；共享资源，如共同利用人员与设备；销售协同，如共同利用现有销售网络；管理协同，如共同利用先进管理方法和经验。

在规范、有序的市场环境中，企业要想在竞争中取胜，取得长远的发展，必须制定一套清晰的战略。没有战略的企业通常只能着眼于当下，为短期的物质利益而疲于经营，最终往往销声匿迹。战略定义并决定了企业的核心竞争力，使企业明确自身需要搭建什么样的架构、需要建设什么样的文化，以及如何去吸引和培养人才。战略源自组织的使命和愿景。只有明确了组织存在的根本理由和价值，预见并逐步明确组织要达到的目标状态，才能制定出相应的战略。

战略本身也是一种构想，是对未来的预测，以及对现在的指导。企业的战略构想通常形成于企业的领导者，他们在理解企业的使命和愿景的基础上，综合考虑企业外部的政治、经济、社会环境以及企业的现状，通过一系列非因果决定的逻辑、非线性思考进行战略分析，从而确定企业的战略。战略制定之后，就需要考虑如何落实战略。

（二）企业战略的落实

战略通常以目标的形式表现出来，因为目标是可见的，便于传递和理解，从而使企业所有成员都能够朝一个共同的方向努力，实现领导者的战略意图。但在现实中，企业即使有了好的战略，制定了相应的目标，也往往难以落实。这样的例子屡见不鲜，其原因何在？影响战略落实的因素有很多，包括外部环境的变化、企业成员的素质、企业文化等。而从目标本身来看，它得到有效的传递，是战略能够落实的极为重要的先决条件。

决定战略成功的根本要素包括：（1）企业核心竞争力与行业关键成功要素相匹配。（2）企业战略方向与规划必须以核心竞争力为依托或者是在强化自身的核心竞争力，而这一竞争力必须能够同行业成功关键要素整合在一起。（3）必须解决企业在战略方面存在盲目性等问题。这一点非常关键，一定要分析核心竞争力和关键成功要素，然后才有成功的可能。在战略管理上有这样一句话：战略要一次做成。从这个角度看，我们就不难理解了，这是战略的规律。

需要注意的是，行业的关键成功要素是在不断变化与发展的。在行业的不同阶段，行业的关键成功要素是不同的，所以企业要不断发展新的核心竞争力，要考虑怎样同行业未来的成功要素相匹配。这一点不难理解，当行业竞争发展到一定阶段，同一竞争领域的企业之间的核心竞争力相差无几的时候，决定企业突围的行业关键成功要素一定会发生变化。

战略的形成是一个科学的规划过程，只要内外部环境没有发生根本性的改变，行业竞争制胜的关键要素没有改变，企业的战略就不需要调整。只要坚持下去就会实现既定的目标，不能被眼前的一些变化所左右。战略目标的实现有一个过程，并非一蹴而就。很多跨国企业刚进入中国市场时，连年亏损，但它们仍然坚持下来，最后取得了不错的成绩。当然，在经济全球化时代，环境的变化日新月异，技术升级越来越快，资金流动愈加频繁，因此企业必须密切关注环境的变化。

二、企业战略与预算管理的关系

（一）相关研究概述

20 世纪 80 年代，人类社会进入信息时代，消费者市场逐步取代生产者市场占据主导地位，企业外部经营环境不确定性逐渐提升，企业需要增强预测未来经营状况的能力。国外企业开始谋求新的管理控制方法，主要就是对企业管理控制的核心方法——企业全面预算管理进行了转变。

20 世纪 80 年代初，英国学者肯尼斯·西蒙兹（Kenneth Simmonds）在《战略管理会计》一书中提出了战略管理会计概念。战略管理会计是对关于企业及其竞争者管理会计数据的准备和分析，用来建立和控制企业战略。它认为企业应侧重于与竞争对手的比较，收集对方关于市场份额、定价、成本、产量等方面的信息，并着重强调管理会计与企业战略结合的重要性。

加拿大管理学家亨利·明茨伯格（Henry Mintzberg）指出，预算几乎是每个组织中的决定性因素，预算是进行资源配置与控制不可或缺的基本方法。目前在绝大多数企业中，预算与战略基本上没有紧密的联系，很多预算都不能明确反映企业战略。明茨伯格认为，对计划制订理论的相关学者来说，他们很少去解释如何纠正这一状况。他指出，行动计划制订与预算制定之间在结构和内容上的衔接是最薄弱的。

有些学者（Kowalczyk，Rafai & Taylor，2006）将战略预算方法与传统预算方法进行了比较研究，发现使用战略预算方法的实际开支远远小于使用传统预算方法的实际开支，从而在一定程度上证明了以战略为导向的预算管理更为合理有效。

“战略管理会计”这一术语在文献中经常出现，但其内涵往往不一致。对战略管理会计的理解存在两种不同的角度：一种偏重技术方法，认为战略管理会计是一组创新的工具，服务于特定的战略管理目标；另一种则将管理会计与战略相结合，主张拓宽管理会计的视野和范围，改进传统理念和方法，以战略性管理服务于会计。

（二）相关实务现状

我国很多企业过多地关注短期经营，忽略预算与企业长期战略的关系，致使企业发展缺乏战略的支持。实践中，企业预算管理一般以目标利润为导向，将预算编制作为全面预算管理的起点。但是，预算以短期年度预算为核心，编制预算时各指标的依据与企业战略脱节，预算无法与企业战略相结合，预算难以为实现战略目标服务，导致企业行为的短期性和资源的浪费，预算成为管理中的“鸡肋”。主要问题在于预算与企业战略、考评激励制度、非财务指标等脱节。

许多企业将战略导向作为预算目标制定和预算编制的原则，然而，对于如何将战略与预算有效连接起来的问题，企业的做法可谓五花八门。但对更多的企业来讲，两者往往是脱节的。战略的执行能力比战略本身更重要，多数企业在战略执行上有困难，原因在于用来衡量战略的工具没有及时跟上变化。在工业经济阶段，公司通过有形资产创造价值，如将原材料转变为产品，有形资产的账面价值大约代表了工业组织62%的市场价值；而20世纪末的研究显示，有形资产往往只占整个企业市值的10%～15%。在有形资产占主导的经济中，财务指标足以记录公司在库存、资产、厂房和设备方面的投资，财务体系可以反映公司使用这些有形资产获取收入和利润的成本。进入21世纪后，无形资产已成为竞争优势的主要来源，这就迫切需要阐述这些无形资产是如何创造价值的，也就是企业的战略到底是怎样的。

我国大多数企业在预算管理体系中关注的仍然是一些财务指标，如收入利润率、收入增长率等，而忽视了对企业战略有着重要影响的其他方面，如客户关系、内部流程、员工培训和激励、创新型产品和服务、高质量和快速响应的运营流程、信息系统等。这就使得预算管理系统与企业战略规划严重脱节。

（三）企业战略与预算管理的关系

预算管理必须突破片面追求短期利润的短期思维，企业只有坚持短期目标与长期发展相结合，以战略为导向，将平衡计分卡、作业成本法等工具与预算管理实践紧密结合，才能使预算管理重新焕发生命力。在全面预算管理中，企业战略已成为重要一环，引导着预算管理的方向和路径。

预算目标是企业战略在短期内的具体化和细化，是实施企业战略管理的重要手段，因此相近时期的预算目标应具有整体性和一定的连贯性。预算目标和预算指标的选择应与战略保持一致，适应企业战略的变化。预算管理沟通了企业战略与经营活动的关系，使企业战略能够具体并细化为可实施的行动方案。预算编制的过程就是企业战略落地的过程，各项预算最初目标值的确定都应以企业战略为导向。预算的审批、追加等都应注重预算草案的编制假设或编制依据是否与企业战略一致。

预算管理是战略管理的细化和落实，而战略管理能够很好地指导预算管理。

（1）预算管理与战略管理中的实施和控制环节紧密联系。在企业战略的指导下，完整有效的预算管理必须首先进行相应的战略资源配置和组织结构调整；其次，将战略目标量化，进一步实现战略资源在各个阶段和职能部门的优化配置；再次，对战略的真正实施进行有效的监督和调整，将最终成果与相应的预算标准对比分析，查看是否存在偏差，并采取相应的解决措施，充分发挥预算管理的监督功能；最后，当由于环境变化等因素而产生一定程度差异的时候，就需要适应这种变化进行相应的变革。这也就在一定程度上要求企业的战略管理和预算管理与这种变革相适应而重新开始。

（2）预算管理是进行战略管理的良好途径。预算管理在一定程度上对战略进行约束，它能够协助企业实现战略目标。一方面，预算管理反映了企业的历史业绩，同时在一定程度上也预示着企业在未来可以实现的预算指标，是企业合理制定发展战略的基础；另一方面，预算管理又以企业战略为出发点，是企业战略的定量指标，使企业各部门能够更明确地执行战略，实现战略目标。

（3）预算管理是企业战略过渡到企业具体经营活动的桥梁。一般来说，企业战略决定企业的经营活动，体现在全面预算和业绩目标中。而预算作为未来一段时期内各项资源及资金收支情况的总体计划，使经营活动与企业战略部署得以衔接，从而使二者更加和谐一致，实现共赢。

（4）预算管理可以帮助企业进行相应的考核与评价工作。通过预算管理，各执行部门更加清楚自身的责任、权力和利益关系。在整个管理过程中，总体目标被细化，从而使各部门明确了执行预算的具体安排及相应的责任和权力。执行部门以其所负责的具体预算目标为依据来获取相应的资源，最后又以预算目标为标准对实际经营结果进行考核和评价。

三、战略导向预算管理的实施建议

预算管理是企业战略的核心环节，同时也是动态情景战略的延伸，它将企业战略与运营的各个模块连接起来。时至今日，上海财经大学等不少机构与学者均提出应以战略为导向构建企业的预算管理体系，以平衡计分卡来衔接战略管理与预算管理。

（一）将平衡计分卡植入预算管理

平衡计分卡（balanced scorecard，BSC）于 1992 年由哈佛大学著名教授罗伯特·卡普兰和戴维·诺顿提出，其内容包括财务、客户、内部流程、学习与成长四个层面，是根据企业组织的战略要求精心设计的指标体系（见图 4-1）。按照卡普兰和诺顿的观点，“平衡计分卡是一种绩效管理的工具。它将企业战略目标逐层分解转化为各种具体的相互平衡的绩效考核指标，并对这些指标的实现状况进行不同时段的考核，从而为企业战略目标的完成建立起可靠的执行基础”。2003 年，平衡计分卡被《哈佛商业评论》评为“75 年来最具影响力的管理工具之一”，它打破了传统的使用单一财务指标衡量业绩的局面，在财务指标的基础上加入了其他因素，即客户、内部流程以及学习与成长，在企业战略规划与执行管理方面发挥了重要的作用。

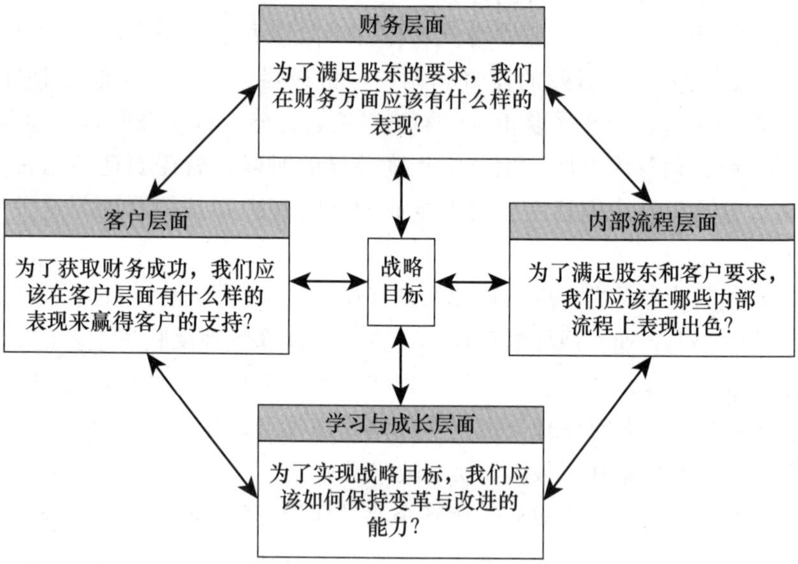

图 4-1 平衡计分卡体系

平衡计分卡不仅是企业战略分解与贯彻的理想工具，而且是企业战略与预算管理之间的桥梁，将二者连接为一个整体，从而使预算对企业战略的贯彻和支持得到充分保证。平衡计分卡可以将企业的战略与预算密切结合，同时弥补企业预算体系中过于偏重财务指标的不足。在建立企业执行标准的过程中，企业管理人员拓展了预算程序，将战略目标与财务指标结合的同时，注重与平衡计分卡中其他层面的协调。在企业战略规划与预算制定过程中，管理人员不仅从财务层面拟定预算，还将客户、内部流程以及学习与成长的考核指标纳入企业短期目标。在这些具体目标的指引下，企业管理者可以不断对企业的经营过程进行监控和修正。企业战略通过平衡计分卡和预算工具得以量化，并最终反映到企业财务报告中，这就是战略导向的预算管理的实质。

许多企业的战略执行失败是由于缺乏适当的人力与财力支持，未将战略预算与运营预算区分开来，同时没有根据企业战略进行合理的预算分配。平衡计分卡可以帮助我们把战略执行所需的人力、财力纳入企业预算，并清晰地将这些预算与传统的费用预算分开管理，实现战略资源的合理配置，使企业战略的实现机会大大增加。平衡计分卡除将传统预算融入其预算体系，还通过四个层面进一步扩展预算职能。图 4-2 展现了平衡计分卡如何将预算与战略很好地联系起来，从而构建了两个循环模式。这样就将预算和战略进行了很好的融合，有利于将二者在企业管理中的作用充分发挥出来。

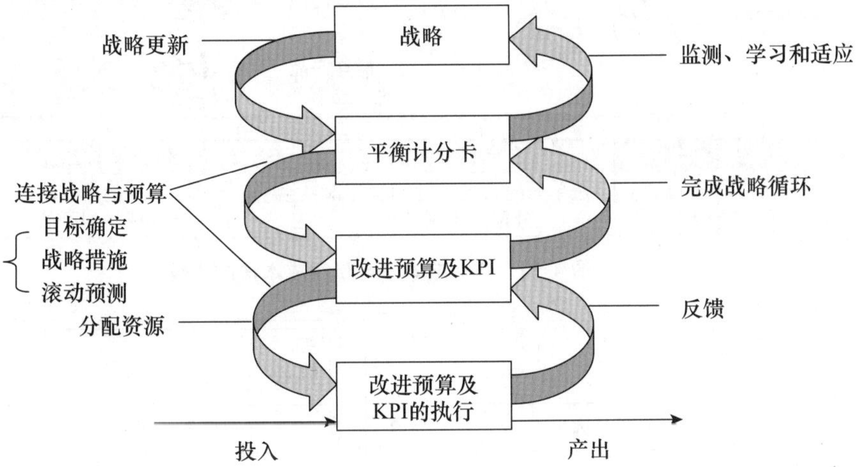

图 4-2　导入平衡计分卡的预算体系

（二）强化作业预算

作业基础预算（activity-based budget，ABB）是以作业成本计算（activity-based cost，ABC）为基础的一种新型预算管理方法。作业基础预算方法是由库珀斯·莱布兰·德勤（Coopers Lybrand Deloitte）在传统预算方法的基础上，结合实践证明行之有效的全面质量管理、作业成本法、作业管理的理念而设计的一种新的预算管理方法。

作业基础预算是以作业管理为基础，以企业价值增值为目的的预算管理形式。它在作业分析和业务流程改进的基础上，结合企业战略目标和据此预测的作业量，确定企业在每一个部门的作业所发生的成本，并运用该信息在预算中规定每一项作业所允许的资源耗费量，实施有效的控制、绩效评价和考核。建立在作业层次上的预算制度是支持持续改进和过程管理的有效工具。作业成本法与传统成本法的比较如图 4-3 所示，作业预算模型如图 4-4 所示。

与传统预算不同，作业基础预算在战略与预算之间增加了作业和流程分析及可能的改进措施，并在改进的基础上预测作业的工作量以及相应的资源需求，通过预算来满足。作业预算程序是一个动态过程，其目的是追求持续的改进。作业预算平衡流程如图 4-5 所示。

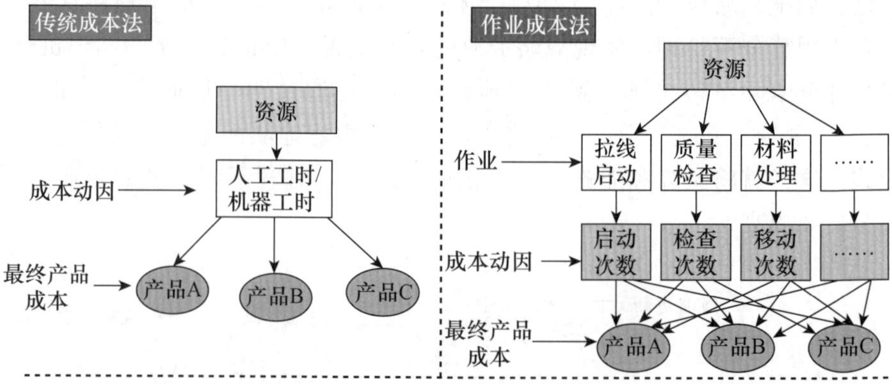

主要区别	传统成本法	作业成本法
成本分配动因不同	按单一的人工工时/机器工时分配成本到产品	基于不同的成本动因分配成本到产品

图4-3　作业成本法与传统成本法的比较

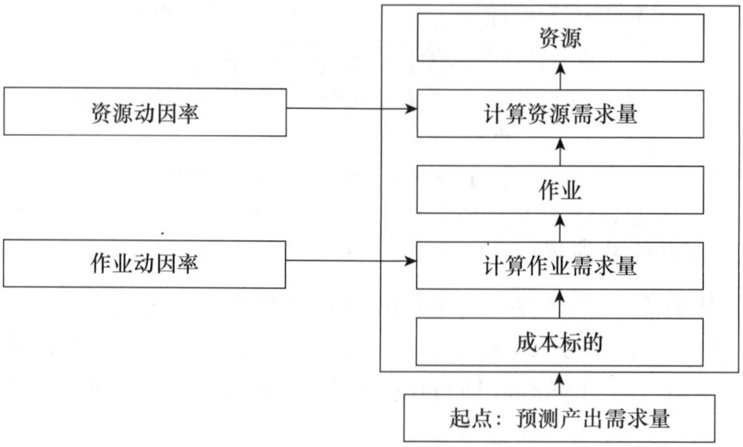

图4-4　作业预算模型

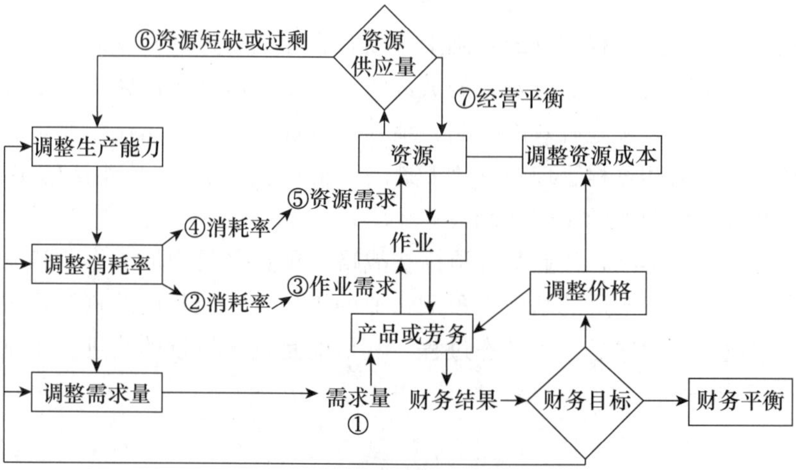

图4-5　作业预算平衡流程

第二节　核心竞争力导向的预算管理

一、核心竞争力简介

（一）核心竞争力的内涵

核心竞争力也称核心能力（core competence），由美国管理学者普拉哈拉德和哈默尔于1990年在《企业的核心竞争力》（发表于《哈佛商业评论》）一文中提出。他们将核心竞争力定义为“企业组织中的集合性知识，特别是关于如何协调多样化生产经营技术和有机结合多种技术流的知识”。核心竞争力具有价值性、独特性、生命周期性、延展性等特点。

核心竞争力是企业在长期生产经营过程中的知识积累和特殊的技能（包括技术的、管理的等）以及相关的资源（如人力资源、财务资源、品牌资源、企业文化等）组合而成的一个综合体系，是企业独有的、与众不同的一种能力。根据麦肯锡咨询公司的观点，所谓核心竞争力，是指某一组织内部一系列互补的技能和知识的结合，它可以使一项或多项业务达到竞争领域的一流水平。企业核心竞争力是企业的整体资源，它涉及企业的技术、人才、管理、文化和凝聚力等各方面，是企业各部门和全体员工的共同行为体现。企业核心竞争力钻石模型如图4-6所示。

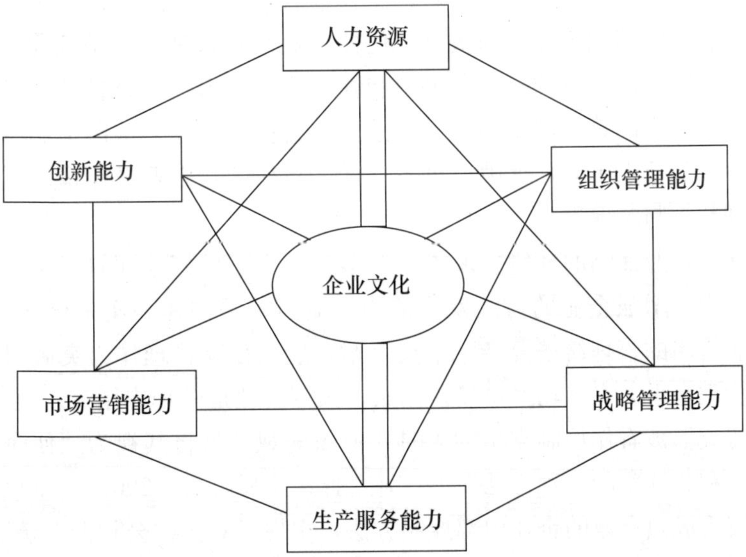

图4-6　企业核心竞争力钻石模型

（二）核心竞争力的识别

企业核心竞争力的识别标准有四个：（1）价值性。这种能力首先能很好地实现顾客所看重的价值，如能显著地降低成本，提高产品质量，提升服务效率，增加顾客的效用，从而给企业带来竞争优势。（2）稀缺性。这种能力必须是稀缺的，只有少数企业拥有。（3）不可替代性。竞争对手无法通过其他能力来替代它，它在为顾客创造价值的过程中具有不可替代的作用。（4）难以模仿性。核心竞争力还必须是企业所特有的，并且是竞争对手难以模仿的，也就是说，它不像材料、机器设备那样能在市场上购买到，而是难以转移或复制的。这种难以模仿的能力能为企业带来超过平均水平的利润。

识别核心竞争力的三项测试包括：（1）为企业提供通向广阔的多样化市场的潜在途径。（2）使企业能够从生产顾客所需产品中获得巨大回报。（3）竞争者难以复制。

二、核心竞争力与预算管理的关系

（一）相关研究概述

进入 21 世纪，科学的管理逐步成为企业提升核心竞争力的重要手段。预算管理作为为数不多的能把组织的所有关键问题融合于一个体系的科学的管理控制手段之一，能够帮助企业提高管理水平，提升核心竞争力。

汤谷良和杜菲（2004）提出，预算目标应从持续成长、投资回报和风险控制三个角度考虑，并建立包含关键绩效指标的战略导向预算管理模型，促使企业形成核心竞争力，确保企业长远发展。

管理创新是企业发展的一个永恒话题。管理创新是指根据经济发展的客观规律，运用科学的管理方法，通过构建新的工作模式、程序、途径以及组织保障制度，使企业有效地利用内部优势和外部机会，促使企业经营管理走上精细化、规范化、科学化的轨道，不断提高企业的核心竞争力和综合管理能力。预算管理本身就是管理创新的产物，包含丰富的管理理念和管理方法。实施预算管理要求因地制宜，不同的企业实施全面预算的重点不同，突破口也不一样，必须结合企业具体情况，对相关的管理手段进行创新，与时俱进。

当前，企业面临的环境越来越复杂多变，为了更好地配置经济资源，提高企业的核心竞争力，增强企业的持续发展能力，应当着手构建和实施科学的预算管理体系。大型企业集团的管理纷繁复杂、千头万绪，应以预算管理作为突破口来全面提升企业集团的管理水平。在市场经济发达国家，预算管理是一种应用最广泛的企业管理方法。预算在传统上被看作控制支出的工具，但新的观念是将其视为“使企业的资源获得最佳生产率和获利率的一种方法”（中国注册会计师协会，2007）。全面预算管理体系作为一种较为成熟有效的企业内部控制方法，实现了对集团公司业务流、信息流的整合，是企业规划战略目标、控制日常活动、分散经营风险以及优化资源配置的重要手段。它可以使企业集团形成强大的、秩序性的聚合力，凸显企业集团的竞争优势，构建企业集团的核心竞争力。

（二）相关的实务现状

20 世纪 80 年代的一项对美国 400 家大型公司的调查研究表明，当时几乎所有美国大型公司都运用了全面预算管理这一方法。美国专家在《现代商贸》杂志上发布了一份权威的调查报告，指出在当时的美国，全面预算管理在90%以上的大型公司得到了实施。推行全面预算管理是发达国家成功企业多年积累的经验之一，对建立现代企业制度、提高管理水平、增强竞争力有着十分重要的意义。全面预算管理在制造企业的实施比例最高，选取的56家制造企业实施全面预算管理的比例是100%，批发和零售企业以及交通运输企业实行全面预算管理的比例也分别高达96%和92%。这份报告表明，几十年的实践证明，全面预算管理作为一种含金量极高的管理工具，早已融入美国大型企业管理文化的血脉之中，是它们赢得市场（核心）竞争力的必备工具之一。至今，它已发展成为一种兼具控制、激励、评价等功能的综合贯彻企业战略方针的经营机制，从而处于企业内部控制系统的核心位置。

从我国目前的预算管理实践来看，虽然大多数企业都认识到了实施预算管理的重要性，全面预算管理在我国一些大型企业中的应用也比较成功，但是在将企业预算管理与相关的管理工具相结合，形成全面预算管理体系，提升企业核心竞争力，确保企业经营目标达成方面尚需进一步探索。此外，在将预算管理与管理信息系统结合，确保预算的各项指标参数植入ERP系统以及组织与个人KPI中，建立有效的内部控制体系方面尚需进行更多的实践。例如，从总体上观察，将全面预算与目标管理、平衡计分卡等结合，将预算指标植入ERP系统，深入日常管理各个细节，建成从愿景到战略目标、预算编制、控制、差异分析、绩效评价、提升企业核心竞争力的全面预算管理体系还有很多工作要做。尤其是将全面预算与ERP系统结合形成整套的控制体系，更是需要长时间的实践与总结。

（三）核心竞争力与预算管理的关系

企业战略制定的出发点是竞争，实施的根本则在于创造并不断提升核心竞争力。因此，战略就是企业制定的关于培养、利用并不断提升核心竞争力及其核心产品的长期框架。企业战略的实现，关键在于形成和保持企业的核心竞争力。

预算管理则是以预算编制为起点，用预算这一主线对企业内各部门财务及非财务资源进行控制、反映、考核与评价等的一系列管理活动，用于提高管理水平和效益。预算管理是企业战略管理的重要组成部分。首先，预算管理目标应以企业战略目标为导向，预算目标应是对企业战略重点的基本描述，没有战略意识的预算管理不可能提升企业的核心竞争力。其次，在企业生命周期的不同阶段，企业战略和预算管理的重点不同。企业战略的核心在于核心竞争力，而核心竞争力具有生命周期。

从宏观上说，21世纪的世界经济的基本特征是国际化、金融化和知识化；从微观上说，人类社会正从工业社会进入信息社会。企业竞争环境的不确定性增大了企业决策与控制的风险，深刻影响着企业组织结构从刚性转向柔性，企业经营管理的实践活动也从追求效率、效益转而关注核心竞争力的构建。如果预算管理要继续处于企业的核心管理地位，一是预算需要战略化以更有效地引导和控制企业的生产经营，二是预算需要柔性化发展以更加灵活地应对企业面临的各种机遇和挑战。因此，预算管理要向以提升企业核心竞争力为主线的公司预算体系发展。

进入21世纪，知识经济发展愈发迅速，管理创新愈发活跃，经营模式革命不断出现，企业之间竞争日益激烈。企业要想实现可持续发展，就必须提升自身核心竞争力。全面预算管理是提升企业核心竞争力的现实路径，无论是大企业还是中小企业都需要进行全面预算管理。全面预算管理是企业完善现代企业制度、提升核心竞争力、紧跟行业发展步伐的现实需要；全面预算管理是管理升级的首选，它对财务系统及各部门管理水平提出了更高的要求，财务系统及各部门要从提升公司战略管理、绩效管理及市场运营水平的角度全力推进全面预算管理工作。

三、核心竞争力导向预算管理的实施建议

在全面预算管理工作中，要力争使各企业从单纯追求财务指标向自觉追求企业核心经营能力增强转变；突出全面预算的资源配置功能，按照投入产出原则和收益风险匹配原则核定各单位预算，并跟踪资源流向和占用状况，严格审核超预算资源配置，使资源向核心经营能力强、投入产出水平高、成长性高的企业（部门）倾斜。这关系到企业的长远发展与核心竞争力的形成，全面预算应主要结合企业战略目标编制而较少参考年度预算目标。

（一）从企业生命周期角度，通过预算提升核心竞争力

企业生命周期理论由美国最具影响力的管理学家之一伊查克·爱迪思（Ichak Adizes）创立。美国主流媒体评价爱迪思是20世纪90年代“唯一处于管理尖端领域的人”。爱迪思曾用20多年的时间研究企业如何发展、老化和衰亡。他在《企业生命周期》一书中将企业生命周期分为十个阶段，即孕育期、婴儿期、学步期、青春期、盛年期、成熟与衰退期、贵族期、官僚初期、官僚后期、死亡期（见图4-7）。爱迪思准确且生动地概括了企业生命不同阶段的特征，并提出了相应的对策，揭示了企业生命周期的基本规律，提出了企业生存过程中基本发展与制约的关系。为了简化描述，本书从初创期、成长期、成熟期和衰退期四个阶段来揭示企业不同生命周期的预算管理特征。

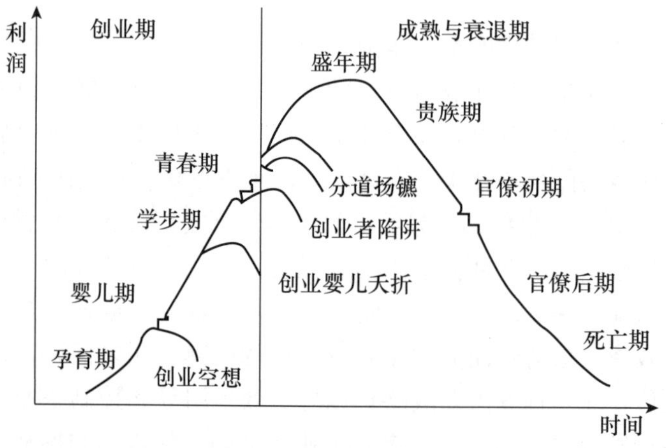

图4-7 企业生命周期

1. 核心能力孕育期：企业初创期

在企业初创期，企业的核心竞争力尚未形成，销售额低，市场占有率低，经营未形成规模经济效益，成本高，培育核心竞争力需要大量资金，开拓市场也需要大量投入，因此企业利润偏低，甚至亏损。此阶段是构建核心竞争力的关键时期，决定着核心竞争力的发展方向，需要克服的困难和解决的问题很多。比如，重点发展的业务前景不佳，浪费了资金及时间，导致核心竞争力培养失误；企业利润低、没有利润甚至亏损，投资者可能会撤资或改变经营领域等。

首先，企业应把主要的预算资源和精力集中到一项或少数几项容易形成核心竞争力的业务上，在短期内增加这些业务的销售额，抢占市场份额，提升企业在市场中的地位。集中企业预算资源的目的是集中利用现有资源在关键领域迅速扩大市场份额，并为企业核心竞争力的进一步提升积累所需资源。其次，由于此阶段企业经营风险非常高，在预算执行和控制过程中，要重点关注财务风险，将财务风险控制在较低水平，从而避免企业总风险过高。最后，企业普遍流动资金不足，抗风险能力差，需要大量资金进行新市场开发和新产品研制，因此，在利润分配预算中，应采取不分配股利或低股利支付率政策。

2. 核心能力成长期：企业成长期

在企业成长期，企业的核心产品技术迅速发展，市场对产品的需求快速增加，企业开始盈利，但仍面临较高的经营风险。为了快速扩大经营规模，企业急于提高市场占有率、开发市场潜力，这都需要大量的营销费用投入。此时，现金流入仍不确定，净现金流量较低或为负数。企业应充分发挥现有核心竞争力，继续扩大现有核心竞争力的优势。企业可利用内部资源进行深入挖潜，使其与核心价值协同发展；同时，企业应在现有业务基础上，实施业务扩展，寻求核心竞争力的突破。

首先，在企业融资预算中，应考虑以债务融资为主来解决企业本阶段的资金需求。在进行债务融资的同时，企业的利润分配预算中，应将绝大多数经营利润用于再投资。其次，企业需要警惕盲目扩张，投资预算不宜过度分散。企业应该谨慎选择投资项目，将支柱产业做大做强；如果盲目扩张，可能使企业支出不断超出预算，无法实现既定投资目标，最终企业资源无以为继，影响核心竞争力的发展。最后，企业现金流入与流出之间的差额大幅减少，但企业依然存在现金流出量大、筹资能力不强的情况。因此，在利润分配预算中，应采用低股利支付率甚至不分配股利的政策。

3. 核心能力成熟期：企业成熟期

在企业成熟期，企业的核心竞争力也走向成熟，企业在市场中具有明显的竞争优势，产品有很强的品牌效应，销售量上升到较高的水平，消费者的购买行为越来越常见。同时，竞争者也看到了市场前景开始模仿，出现追随者，对企业的经营造成一定影响，但没有构成根本威胁。这一时期是企业的黄金时期，产品知名度高，销售状况好，利润可观，企业充满活力，有大量的现金流入，员工也充满工作热情。

首先，企业应尽力延长核心竞争力的成熟期，以便在较长的时间内持续保持竞争优势。众多竞争对手的关注、模仿、追随和加入，使得竞争白热化。此时，企业应重点关注成本费用预算，通过成本费用预算加强内部管理，降低产品成本，增加产品价值，提高产品的附加值率。其次，企业应分散投资预算，考虑多元化发展。鉴于现有产业已进入成熟期，为了企业后续发展，应考虑涉足其他增长潜力大的行业。企业需考虑投资何种新行业，以及从哪个行业退出，以避免资本过度集中于一个行业的风险。最后，此阶段的企业融资能力较强，为了维护在资本市场上的形象、向股东传递积极信号，在利润分配预算中，可选择稳定增长的股利政策。

4. 核心能力衰退期：企业衰退期

在企业衰退期，市场对企业产品的需求逐渐减少，产品销售量不断下降，市场竞争十分激烈，企业利润率不断下降，利润空间越来越小。核心竞争力一旦丧失，再次培育和构建将经历漫长的过程，耗费巨大，且有很大的失败风险。外部经营环境变化迅速，企业要根据自身内部因素，尽快作出调整，以适应外部环境变化。但通常企业只能被动应对可能发生的各种情况。

保障现金净流量的最大化，进行核心竞争力蜕变，是企业此阶段的工作重点。全面预算管理的重点是现金流预算。首先，企业应削减与现有核心竞争力有关的投资，积极寻找新的核心竞争力，进而将资产转移到与新核心竞争力相关的产业上，使企业尽快从核心竞争力衰退的危机中走出来。其次，企业应采用保守的信用政策，保证现金流入，控制现金流出，并努力提高资金使用效率。企业要考虑核心竞争力所占用资源的机会成本，资金的投向应以变动成本为主，充分考虑相关支出的成本与效益比率。最后，企业若拥有大量闲置资金，有两种选择：一是将多余资金分配给股东；二是积极寻找新的投资机会。

（二）将预算管理植入企业 ERP

ERP 的核心思想包括：价值链（VC）理论；供应链管理（SCM）；业务流程再造（BPR）；事前计划与事中控制；全面质量管理（TQM）和约束理论（TOC）；精益生产（LP）和敏捷制造（AM）。

实施 ERP 是公司信息化建设的一次难得的机遇，通过结合财务管理、销售管理、生产计划管理、库存管理、采购管理、设备管理、成本管理、人力资源管理等模块，公司的组织结构、核心业务流程将得到合理调整和优化，从而进一步规范公司的各项业务运作，更好地实现信息共享，为公司的经营决策提供更全面、更准确、更科学的信息，提高公司资源的利用率，大幅提升公司的经营管理水平，进一步增强公司参与市场竞争的能力。

在 ERP 环境下，所有的实时数据都存储在一个基础数据库中，企业各个部门根据各自权限实时共享数据，能够及时得到预算控制数据，甚至可以在企业整个供需链中，与跨地区、跨国的供应商、销售商、客户等进行通信联系。企业各级管理人员可以及时得到所需信息，从而有效地分析企业的价值链和市场需求。

ERP 环境下的全面预算管理系统充分利用现代计算机技术，消除各种“信息孤岛”，形成了一个集成企业各种信息资源的系统。ERP 环境为管理者进行事前计划、事中控制和事后分析提供技术支持。只有将全面预算管理与 ERP 系统相结合，实现 ERP

环境下的全面预算管理，才能构建一个快速响应的全面预算管理系统。嵌入 ERP 中的全面预算管理系统能够快速响应，在当今多变的市场环境中最大限度地提高企业的应变能力和竞争能力。

第三节　风险导向的预算管理

一、企业风险简介

（一）企业风险的内涵

“风险”一词最初是指不确定性，最早由美国学者海恩斯（Haynes）提出。他在 1895 年出版的著作《基于经济因素的风险》（*Risk as an Economic Factor*）中写道：“风险一词在经济学和其他学术领域中并无任何技术上的内容，它意味着损害或损失的可能性。”风险是指在特定环境下，在特定时间段内，某种损失发生的可能性。换言之，在特定时间段里，人们所期望达到的目标与实际出现的结果之间产生的偏差称为风险。风险有两种定义：一种定义强调风险表现为不确定性；另一种定义则强调风险表现为损失的不确定性。

企业风险是指企业在其生产经营活动的各个环节可能遭受的损失和威胁。由此可见，企业风险是一个广义的概念，涉及的范围相当广泛。无论是在采购、生产、销售等不同的经营环节，还是在计划、组织、决策等不同的职能领域，企业所遇到的风险统称为企业风险。企业面临的风险很多，其中对企业影响最大的是财务风险。

企业需要经营，经营必须冒风险。通用电气前首席执行官（CEO）杰夫·伊梅尔特曾说：“我们不可能生活在远离风险的真空地带，但可以通过业务多样性和良好的运营系统来控制风险。”许多企业正是因为没有处理好风险，影响了正常生产经营，甚至最终破产。

（二）企业风险的类型

金融界依据《巴塞尔协议》常把风险分为市场风险、信用风险、操作风险三类。

我国国务院国资委在《中央企业全面风险管理指引》中把风险分为：战略风险、财务风险、市场风险、运营风险、法律风险。

国外比较流行的风险分类方法是由原国际五大会计师事务所之一的安达信（Arthur Andersen）提出的，即把风险分为：市场风险、信用风险、流动性风险、作业风险、法律风险、会计风险、资讯风险、策略风险。

从产生的根源看，风险可分为可控风险和不可控风险。可控是指人为可控。战略风险、经营风险、财务风险、投资风险等，是可控风险；而类似自然灾害、政策风险、国家风险及市场风险等，是不可控风险。

按照来源的不同，风险可以分为外部风险和内部风险。企业外部风险包括：顾客风险、竞争对手风险、政治环境风险、法律环境风险、经济环境风险等。企业内部风险包括：产品风险、营销风险、财务风险、人事风险、组织与管理风险等。

二、企业风险与预算管理的关系

（一）相关研究概述

2001年起，美国发起人委员会（Committee of Sponsoring Organization，COSO）开始研究全面风险管理，并于2004年9月发布了《企业全面风险管理框架》（Enterprise Risk Management—Integrated Framework，简称COSO-ERM）。COSO-ERM对风险管理的定义是："企业风险管理由董事会、管理层和其他员工共同参与，应用于企业战略制定及企业内部各个层次和部门，识别可能对企业造成潜在影响的事项，并在其风险偏好的范围内管理风险，为企业目标的实现提供合理保证。"

现代社会是一个充满激烈竞争的社会，每一个企业都面临着成功的机遇和失败的风险，对风险的管理是现代企业的主旋律之一。风险既影响每个企业生存和发展的能力，也影响其在产业中的竞争力及其在市场上的声誉和形象。COSO报告指出，所有的企业，不论其规模、结构、性质或产业，其组织的不同层级都会遭遇风险，管理层必须密切注意各层级的风险，并采取必要的管理措施。构建内部控制体系最主要的目的就是防范风险，降低甚至最小化可能发生的损失，所以，在确定内部控制体系的框架之前，必须明确风险的最基本来源，这也是内部控制体系的核心问题。

作为一种管理机制，预算管理一方面与市场机制（风险机制）相对接，另一方面与企业内部管理组织及其运行机制相对接。竞争与风险是市场经济的本质特征。企业的价值只有通过市场才能实现，因此企业必须面对竞争和风险。控制是预算管理的基本职能之一，其中也包括对风险的控制，管理者必须借助市场预测进行预算管理。预算管理的市场导向性表明，预算管理是抗风险的，即企业面对瞬息万变的市场时，是以预算管理方式来以变制变，以动制动，而不是被动地接受风险，受制于风险。从这一角度而言，可以认为预算管理本身就是减少风险、降低交易成本的一种内在机制。

（二）相关实务现状

2006年，时任中国中化集团公司总会计师陈国钢在第二届中国CFO高峰论坛上说："预算到底是什么，有什么用，可能看法不一。我不把预算看成纯粹的财务目标、纯粹的评价标准，而是作为控制风险的手段。"

全面预算可以初步揭示企业下一年度的经营情况，使可能出现的问题提前显现。参照预算结果，公司高级管理层可以发现潜在的风险，并预先采取相应的防范措施，从而达到规避与化解风险的目的。

企业所面临的风险主要来自市场风险，包括经营风险和财务风险等，预测并进行有效的预算是防范风险的一项非常重要的措施。也正是由于此，市场经济越发达，市场风险越高，也就越离不开预算以及预算管理。可以说，风险无处不在、无时不有，因此预算及其管理也应无处不在、无时不有，这也正是西方企业广泛采用预算管理的原因。

（三）企业风险与预算管理

预算作为控制风险的手段，如何准确识别风险，如何灵活应对风险？企业在扩张、投资、并购等活动中，最担忧的是不知道风险点在何处及其严重程度。因此，首先是做到风险可知；其次，风险一旦出现，需迅速采用有效方法来控制；最后，一旦控制不住，要评估最大的损失并判断企业能否承受。

一个企业有不同层次的委托代理关系，可以简单列为股东—董事会—总经理—经营单位—执行岗位。在一层层的委托代理关系之下，委托人的利益是通过代理人的行为来实现的，即代理人的行为决定了总经理的利益，但委托人与代理人之间肯定是有利益冲突的。关键的问题是代理人的利益在哪里。同时，由于信息不对称，在利益驱动下代理人有可能出现舞弊或者过失而损害委托人的利益。为了解决这些问题，必须保证委托人和代理人利益一致，这就需要建立明确的契约关系。契约关系要体现委托人利益，也就是公司整体利益或者总经理利益；同时契约也要明确代理人受哪些约束以及奖惩措施。

通过预算来明确契约关系，即通过预算这一手段来明确公司或者总经理即委托人对代理人的义务是什么，提供的支持是什么，如资源的保障；同时，也需明确其期望获得什么样的投资回报，即实现多少利润、节省多少费用等。作为经营单位即代理人，要说明有什么样的预算、通过什么权力获得公司资源的保障，以及完成以后得到什么样的奖励。这样预算内容就比较全面了。比如，今年的利润目标是 100 万元，则必须说明如何完成这 100 万元的利润目标，完成它需要哪些资源，完成后会得到什么奖励。这就需要首先制定过程控制预算（涵盖库存、应收账款、现金流），它是企业风险管理中最主要的一环；其次制定资源配置预算（包括薪酬、资金），需在经营成果预算出来后，结合过程控制预算来进行资源配置。从总部层面来看，主要是合理调配资金和薪酬。契约体现为预算的示意图如图 4－8 所示。

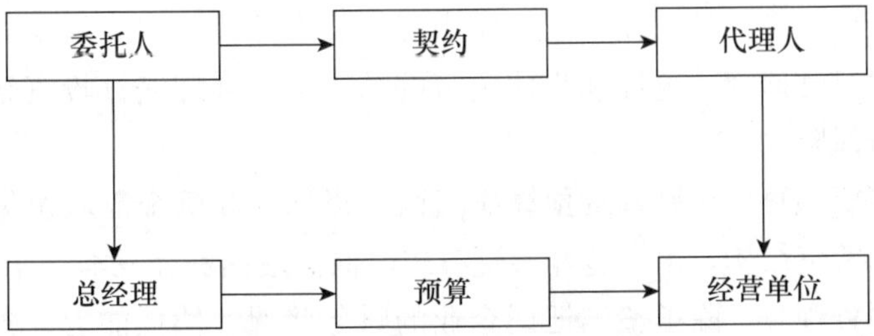

图 4－8　契约体现为预算的示意图

预算管理需要重点关注现金流量的确定性与到期债务之间的关系。企业在编制预算时，必须充分考虑财务风险对企业的影响，尽量避免财务风险。预算管理既着眼于公司资金的使用，又可以指导公司的筹资策略，合理安排公司的财务结构。企业的预算管理要处理好资产的盈利性和流动性、财务结构的成本和风险的关系。具体包括：（1）企业的现金从何而来，用到哪些地方；（2）企业何时需要现金，如何筹集用于到期债务的现金；（3）如何通过现金预算避免不合理的现金支出；（4）如何防止现金的滥用。

三、风险导向预算管理的实施建议

无论设置哪些预算指标，都要兼顾企业增长、投入回报和风险控制三者的平衡，使它们相辅相成、互相促进，而不是顾此失彼，从而保证企业可持续发展，降低经营和管理风险。

我们在确定企业全面预算目标时，要充分考虑市场竞争与风险，包括产品市场、原材料市场、劳务市场和资本市场等与企业利益相关的市场价格、未来走势等因素。

应特别关注企业的风险。预算管理在确定多指标评价体系时，既要考虑相关的收益指标，又要考虑反映企业风险的指标，这样，在预算实施过程中，可以促使经营者关注有关因素变动对企业风险的影响，同时对有关风险指标进行适时的反映、监督以及预警。

（一）关注预算编制环节对应风险的重点

预算管理必须是主动的，不能是被动的消极应付。要考虑到公司的业务情况来安排企业资金的使用，并在风险和收益之间作出选择，同时结合企业的实际情况来安排企业的财务结构。例如，企业近期若无到期的负债，盈利状况、现金流状况较好，则可适当提高资产负债率，以降低融资成本，发挥财务杠杆作用，提高净资产收益率；若近期到期的负债较多，则要特别注意现金流量情况，编制现金流量预算时，应减少可以延迟的开支，加强应收账款的回收，推迟大额固定资产开支，甚至必要时考虑变卖其他资产。

（1）经营预算。单位编制经营预算，应当以上一年度生产经营的实际状况为基础，综合考虑预算期内经济政策变化、市场竞争状况、产品竞争能力等因素对销售、生产、采购等业务可能造成的影响，严格控制经营风险。

（2）投资预算。编制投资预算应当遵循成本效益原则和风险控制要求，在对投资项目进行可行性研究、论证和集体决策的基础上，合理安排投资结构和资金投放，严格控制投资风险。

（3）筹资预算。编制筹资预算应当以筹资计划和资金需求决策为基础，合理安排筹资规模和筹资结构，审慎选择筹资方式，保持最佳资金成本，严格控制财务风险。

（4）财务预算。除了整体把握企业的财务状况、偿债能力、营运能力、发展能力之外，还可在风险预警方面设置相关指标，如可设置订单积压率、订单与产能比等反映企业的经营风险；设置同行业质量排名与质量投诉比以反映企业的技术风险；设置应收应付账款周转率、存货周转率以反映企业的财务风险；设置安全生产连续性指标以反映企业运营中的人身安全风险；监控销售回款率和顾客满意度以反映企业的销售风险；监控竞争对手的营销策略、技术研发、市场份额情况以反映企业的竞争状况。

（二）关注企业生命周期风险的重点

不同的生命周期阶段，企业的工作重心不同，面临的风险亦不同。

（1）在企业初创期，企业面临着极高的经营风险，尤其是投资风险。较高的经营风险来自两方面：一是大量的现金流出，净现金流量为负数，固定资产、产品研发、市场研究等都需要大量现金投入。二是新产品开发及未来现金流量具有较大不确定性，既需要较大投资，又具有较大投资风险。为了减少企业外部环境的不确定性，需进行大量市场研究；新产品开发成功并投产后，企业面临大量的固定资产投资需求。

企业需重点关注资本预算，即投资预算和筹资预算，尽量避免投资风险和经营风险。一方面，谨慎进行项目投资，充分考虑项目风险。要对项目投资的可行性和优劣性进行评估，对投资项目的总支出进行合理规划，充分考虑各种不确定性因素即项目风险。不要盲目上项目，否则很可能导致项目投资失败，造成更大的风险。另一方面，在筹资预算中，重点考虑项目支出的时间安排。此时，企业资金需求巨大，一般会考虑借助外部资本，如债务资本。新产品的开发时间是企业成功与否的关键，而融资的时间节点又是新产品开发时间的决定性因素。研发过程过长，不仅投入加大，而且原有的市场环境可能已经变化，可能会被其他竞争对手抢占市场，失去竞争优势。为了避免资金不足导致企业新产品开发失败的风险，在项目投资允许的日期前尽快筹集到所需资本，是筹资预算首先考虑的问题。

（2）在企业成长期，企业的产品生产技术快速发展，产品逐渐被市场接受，市场需求量上升，企业急于提高市场占有率和开发市场潜力，市场营销费用投入的边际效益较高。在这一时期，企业需要投入大量的市场营销费用，而现金流入量仍不确定，净现金流量较低或为负数。管理的重心是通过市场营销来开发市场潜力和提高市场占有率。市场营销费用的投入既有助于整体市场迅速扩大（特别是对于行业或产品的先驱者而言），也有助于本企业市场占有率的提高。

企业需重点关注销售预算和现金预算（核心是现金预算），尤其是现金预算能在多大程度上支持营销策略，即借助预算机制来促进营销策略的落实，取得企业可持续的竞争优势。在预算资源分配时，首先，要保证营销策略的落实，这对扩大市场和提升销售量至关重要，但不能忽视应收账款收回的可能性，要充分考虑坏账风险。其次，公司各项借款较多，要注意在时间上做好安排，必须为长期负债的偿还做好准备，避免到期不能偿债的风险。如果公司的财务状况不佳，现金流情况不好，即将到期的债务展期的可能性又不大，那么公司的营销策略就不能单纯追求扩大市场而应以现金收回为主，其他各项开支也必须有所减少，以渡过难关，尽量降低财务风险。

（3）在企业成熟期，市场增长速度减慢，但企业已占有相对较高、较稳定的份额，现金流量一般为正数且能保持较高的稳定性，经营风险相对较低。此时，公司潜在的风险包括两种：一是成熟期长短变化带来的持续经营压力与风险；二是成本控制压力与风险。前者是不可控风险，后者是可控风险。在产品价格既定的前提下，企业收益大小取决于成本这一相对可控因素。

为了降低上述风险，预算管理的重点是成本预算，预算控制的核心是成本控制。企业要达到期望收益，就必须在成本上深入挖潜。邯钢经验正是基于这一逻辑展开的：以市场为导向，以成本预算为重点，以成本控制为核心，才能避免企业收益下滑的风险。这对于大多数处于成熟期的企业具有重要的现实意义。此外，若企业考虑上新的项目，成熟期的末期最为合适，因为此时企业的现金压力相对较小，市场销售情况较为稳定，有利于筹资，从而降低风险。

（4）在企业衰退期，原有产品已被市场抛弃或被其他产品替代，市场趋于萎缩，销售呈负增长。大量应收账款收回，而潜在的投资项目并未确定，从而产生较大的现金流正值。这一阶段的管理重点是监控现金的有效收回、收回现金的有效利用，应以现金流入流出控制为核心。

现金流量预算是衰退期的预算管理重点，即加快预算资金周转，增加预算现金流量。企业需加紧催收应收账款，采取灵活有效的收款方式，及时收回账款。同时，企业要健全应收账款管理制度及控制体系，将原则性与灵活性相结合，在维持现有销售的同时，最大限度地降低呆坏账风险。

企业逐渐从衰退的市场全部或部分撤出后，可集聚预算资源对新利润增长点进行重点投资，使有限的预算资源更好地促进企业发展。公司若有较多现金，且无较好的投资项目，可偿还部分债务，减轻公司债务负担，从而降低偿债风险。

（三）关注不同类型企业风险的重点

1. 高科技企业

高科技企业的核心资源是人力资本，员工离职是此类企业最重要的风险源。核心员工分布在公司的技术开发、销售、财务、管理等各个领域，他们对于企业提升核心竞争力起着关键的作用。核心员工离职可能有以下几个方面的原因：没有发展的空间；薪酬没有竞争力；个人能力不能提高。因此，人力资源部门对这一风险因素要监控的内容包括：每个核心员工的职业生涯目标变化、员工对离职前的薪酬的满意度、核心员工的市场价值、核心员工人均培训费在行业的水平。根据责权利相结合的原则，分别由人力资源部门的人事专管员、薪酬专管员、培训专管员负责监控。

2. 民营企业

民营企业尤其是中小民营企业，特别重要的风险因素是资金短缺，衡量的指标是融资计划完成率。通常情况下，公司在规模扩张或收入下滑时会出现资金紧张，保证资金到位对该类企业意义重大。要监控的重点内容就是融资情况，此项工作由财务部门负责。债务负担率是重要的风险因素，其采用常规财务指标——资产负债率衡量，也由财务部门负责监控。

3. 家族企业

家族企业的家族倾向若过于严重，管理层决策能力便成为特别重要的风险因素。因为企业的战略决策风险对于全面预算管理系统而言是无力控制的，所以此处主要指的是执行层的日常管理决策，公司要求管理层的决策达到95%的正确率。决策的正确与否主要从以下几个方面考虑：执行前后经济效益、社会效益的提高，管理制度的完善等。

（四）将预算管理植入企业ERP

ERP中的预算管理模块可提供预警功能，可以设置由预警内容、预警条件、通知对象和通知形式构成的预警机制。通过自动预警，可改变手工模式下主动寻找和偶然捕获异常现象的工作方式，使企业的管理者无须担心业务的发展而顾此失彼，同样也降低了企业的经营风险；同时，通过自动预警，可提高信息的及时性，也在一定程度上降低了信息的不对称性，从而有效地防止道德风险类预算松弛问题的发生，发挥预算管理的作用。

预算管理应该坚持公平和透明的原则，保持前后一致的严格预算控制，以抑制预算松弛的倾向，避免预算管理中的负面行为。在 ERP 的预算管理模块中，企业对需进行预算控制的预算项目预先设置好控制方式（如预算限额控制），在预算执行过程中严格按照预算项目的控制方式进行流程控制，保持预算控制的前后一致，实现人控向机控的转变。ERP 中的预算管理模块通过系统的集成，在预算执行人员和业务人员录入业务单据（如预算申请单、凭证、采购申请单、应付款申请单）时，自动检测预算额度，按照设置的预算控制策略处理业务，进行实时及适时的控制，减少人为干预，从而抑制预算松弛的倾向，避免预算管理中的负面行为，保证业务的运营处于集团管理层的预想范围之内，使管理制度得到贯彻执行，降低企业经营风险。同时，企业通过 ERP 中预算管理模块提供的预警平台功能，对预算的关键指标设定预警条件，如关键费用超支预警。

小　结

1. 企业预算管理以战略为导向，能够避免其短期化倾向，实现企业长远发展。将平衡计分卡引入预算管理系统，强化作业预算，是战略导向预算管理的较好实现途径。

2. 企业预算管理以核心竞争力为导向，能够更好地为企业战略服务，使企业在知识经济时代避免被淘汰。核心竞争力有生命周期，嵌入生命周期的预算管理有助于提升企业的核心竞争力。

3. 企业经营必须冒风险，预算管理以风险为导向，能够增强企业的抗风险能力，适应新经济环境下的瞬息万变。企业应关注预算编制环节的各项风险，通过预算降低生命周期各阶段的不确定性，通过预算指标监控企业类型不同导致的风险，通过将预算管理植入 ERP 显著提升企业的抗风险能力。

练习题

一、选择题

1. 企业战略涉及经营范围、资源配置、竞争优势和协同配合等组成要素，引入（　　）对企业的预算管理加以规划与控制，可以避免计划安排的短期化倾向，实现企业的长期发展。

A. 平衡计分卡　　B. 经营模式

C. 技术手段　　D. 管理人员

2. 在数字经济新时代，全面预算管理与企业核心竞争力紧密联系，能够更好地为企业的（　　）服务。

A. 战略目标　　B. 价值创造

C. 管理创新　　D. 经营活动

3. 预算编制环节的风险控制，是适应外部环境瞬息万变的需要，也是增强企业的（　　）的体现。

A. 抗风险能力　　B. 生命周期管理需求

C. 资金管理目标　　C. 资产流动性需求

4. 1965年美国管理学家（　　）在《企业战略》中最早提出企业战略的概念。

A. 安索夫　　B. 波特

C. 德鲁克　　D. 费德勒

5. 许多企业将（　　）作为预算目标制定和预算编制的原则，然而，对于如何将战略与预算有效连接起来的问题，企业的做法可谓五花八门。但对更多的企业来讲，两者往往是脱节的。

A. 战略导向　　B. 成本导向

C. 资金导向　　D. 收入导向

6. 预算管理体系中的指标包括财务指标与非财务指标，以下属于非财务指标的是（　　）。

A. 销售利润率　　B. 客户关系分析

C. 销售增长率　　D. 销售百分比

7. 与传统预算不同，作业基础预算在（　　）之间增加了作业和流程分析及可能的改进措施，并在改进的基础上预测作业的工作量以及相应的资源需求。

A. 战略与预算　　B. 收入与成本

C. 生产与销售　　D. 利润与分配

8. 预算在传统上被看作（　　）的工具，但新的观念是将其视为“使企业的资源获得最佳生产率和获利率的一种方法”。

A. 控制支出　　B. 收入实现

C. 生产管理　　D. 计划管理

9. 预算目标应是对公司战略重点的基本描述，没有（　　）的预算不可能提升企业核心竞争力。

A. 战略意识　　B. 控制意识

C. 前景意识　　D. 发展意识

10. “预算到底是什么，有什么用，可能看法不一。我不把预算看成纯粹的财务目标、纯粹的评价标准，而是作为（　　）的手段。”

A. 控制风险　　B. 战略管理

C. 收入实现　　　　D. 计划安排

二、简答题

1. 为什么要实施战略导向的预算管理?
2. 为什么要实施核心竞争力导向的预算管理?
3. 为什么要实施风险导向的预算管理?

三、论述题

1. 将战略与风险嵌入全面预算编制中，能否增强企业的核心竞争力?
2. 应当如何构建基于平衡计分卡的全面预算管理体系?

四、计算分析题

甲公司有A，B，C三种主打产品。其中，B产品是公司产量最高的产品，让CEO感到纳闷的是，竞争对手同类B产品的价格似乎总比本公司的低。“不知为何，我们的竞争对手似乎总是可以压低B产品的价格，使我们处于被动的局面。按理说，我们的生产效率并不比竞争对手低，况且我们最近还引进了一套计算机控制的制造系统。”此外，C产品是公司获利的重要来源，“但从市场情况来看，我们已经多次提高了C产品的价格，客户依然络绎不绝！难道竞争对手对这个市场不感兴趣?”整个市场形势让人感到迷惑不解：B产品产量大，价格却难以提升；C产品的价格已经很高了，但好像还有提价的空间。

公司新上任的CFO通过数周的工作，解开了这个谜团：公司高估了产量高但工艺相对简单的B产品的成本，却大大低估了产量低但工艺相对复杂的C产品的成本。

要求：

结合本章内容，简要分析造成这种情况的原因（可以从间接成本在B和C两种产品之间分配的角度思考）。

案例1

全面预算管理中的战略与风险

某医药公司亟待推出一种新药，预测其市场潜力巨大。战略规划显示，只要具备足够的生产能力和营销支持，新药的问世将使公司的收入提高50%，利润增长70%。然而，新药一经面世，就出师不利，问题症结在于预算编制对战略规划的掣肘。

销售预算编制者认为，战略规划部门对新药的市场前景过于乐观，因此在编制预算时削减了50%；生产部门仍认为销售部门保守的预算过高，于是又将销售预测打了对折，并据此编制了生产预算；最后，财务部门又习惯性地大幅削减了预算额度。如此，到新药推出时，战略规划要求的生产能力只剩下区区20%。然而新药推出后6个月内，市场需求猛增，供应缺口是需求的4～5倍，折合机会损失约100亿美元。

思考：

1. 结合上述材料，谈谈企业战略导向与风险导向的内在联系。
2. 如何优化预算管理与成本控制的关系?

案例2

构建战略与风险并重的预算管理

有这样一个故事：在很久以前，有一位皇帝命令大臣们都必须穿丝制服装。然而，国内耕地只准种粮，严禁毁粮种桑。于是，这个国家的丝价猛涨。周边的一些小国看到丝价上涨，认为机会来了。于是，它们纷纷将良田改种桑树，大力发展蚕丝业，期望通过卖丝赚取银子，忙得不亦乐乎。

过了几年，考虑到国力维系及节俭的需要，这位皇帝又命令大臣们只准穿布衣，并且不准向周边（或其他）小国出售粮食。这样一来，这些小国因缺粮而出现饥荒，民众大量饿死，社会陷入混乱。结果是，许多人投向大国，而这位皇帝轻而易举地控制并获取了这些小国的权益。

思考：

1. 结合上述材料，总结并提炼出这些小国毁灭的本质。
2. 从国家战略的发展视角讨论风险导向预算管理的必要性。

第五章

全面预算的组织规划

本章结构图

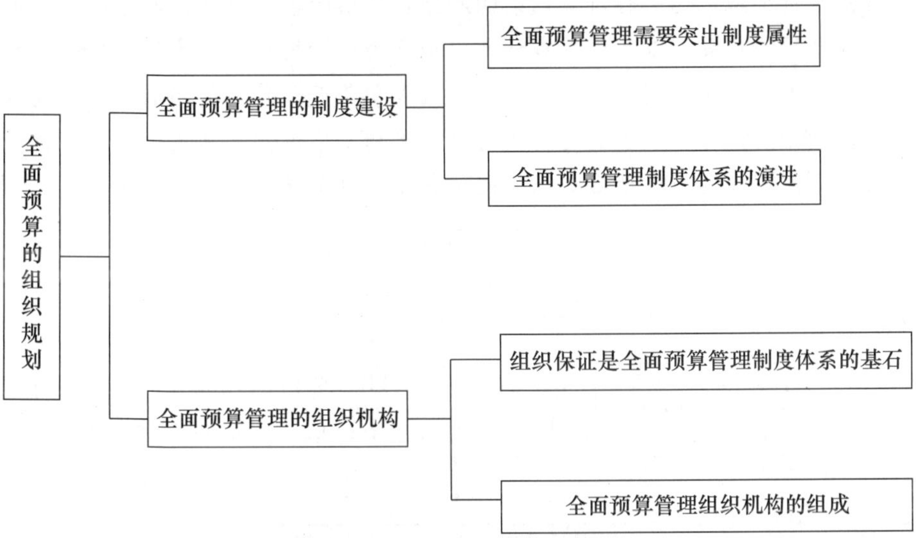

学习目标

- 了解全面预算管理制度体系的演进
- 掌握全面预算管理组织机构的组成

素养目标

- 结合社会主义市场经济体制的特征要求，建立和健全全面预算管理的组织体系
- 围绕公司治理的完善与发展，合理设置全面预算管理的组织机构

引 例

组织规划是全面预算管理的保证

全面预算作为一种战略经营规划，要求企业成立专门的委员会，并由其主导预算的编制、实施和监控工作。更重要的是，必须保证这一过程基本要素的客观性。全面预算管理委员会需要针对管理团队的构成及职责，确认全面预算的客观性和真实性。全面预算管理委员会的决策是企业融资等工作的基础，需要以此作为“路线图”来指导公司的持续增长和发展。相反，如果缺乏委员会的决策支持，公司凭借主观性的战略规划来编制或实施预算，可能会导致管理者决策失误，公司业绩下滑乃至破产倒闭。

某集团公司全面预算管理的组织机构与预算编制程序包括：(1) 集团预算委员会制定并颁布经营战略、方针和目标；(2) 集团预算办公室将考核委员会拟定的奖惩制度、价格委员会拟定的转移价格及采购和销售价格的监管政策、财务部门拟定的资金分配和现金控制政策，以及内部审计部门拟定的审计规则及对审计人员的惩戒措施等汇总起来，加上预算编制中的时间规定，编成本年度预算编制指南；(3) 二级单位根据预算编制指南，结合本单位的具体情况，编制本单位预算草案；(4) 二级单位的预算草案经集团审计部门审计后，报集团预算委员会审批并下达。具体如图 5-1 所示。

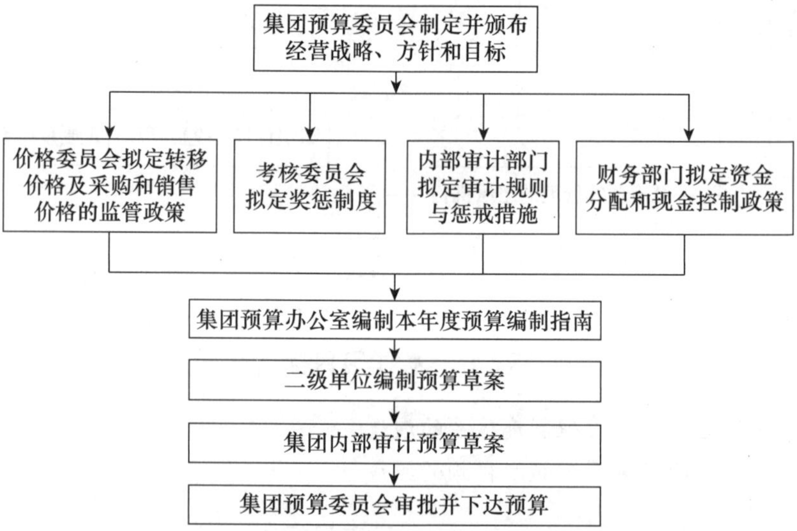

图 5-1　某集团公司全面预算管理的组织机构与预算编制程序

第一节　全面预算管理的制度建设

全面预算管理起源于 20 世纪初的西方发达国家，继而在企业中广泛应用并取得了很好的效果。在我国，受计划经济体制的长期影响，大多数企业一直采用带有计划特色的管理方式进行经营。随着经济全球化以及我国加入世界贸易组织，我国企业纷纷引入全面预算管理，并逐渐意识到预算管理的重要性及科学性，以及它在企业经营管理、资源整合和战略目标等方面的重要意义。

一、全面预算管理需要突出制度属性

全面预算管理的制度属性是以经济学为基础进行考察的，或者说它具有综合性的经济学制度内涵。换言之，作为企业管理中不可或缺的重要工具，全面预算管理在企业实践中可以"三三规则"为特征加以展现。具体地说，在全面预算管理的应用层面可以用"三个工程"来加以概括，即一把手工程、全员工程和基础工程；在观念层面，可以用系统观、协作观和资源观"三个观念"来加以体现。其中，"三个工程"中的"一把手工程"，狭义地讲就是董事长与总经理要给予支持，广义地讲就是所有的一把手都要支持，思想要统一。"全员工程"则代表一种全员、全过程、全方位、全要素的管理，需要将企业中所有的东西串联起来，所有的岗位都要参与预算管理。"基础工程"是一项企业基础管理工作，涉及部门利益、个人利益。

"三个观念"是制度建设的保证，其中的"系统观"强调的是一种适应企业自身环境的制度安排。从有利于企业长远发展的角度来看，预算管理是一项系统性的工作，要经过较长时间才能达到理想的效果。因此，企业上下要相互配合、协调与沟通、交流，设计出一套能真正体现企业特点的预算管理制度。协作观则指出公司外聘或内部的预算专家要与公司员工进行沟通，各部门之间也要相互协作、配合。此外，公司的战略规划与业绩状况要相匹配，要在每个环节以及每个人的工作任务方面进行配合，将预算与完成情况挂钩、与公司整体业绩合理对接。资源观强调资源配置的合理性与有效性，即要通过预算管理实现公司资源的优化配置。管理出效益，合理配置各种资源是预算管理的一个重点。从企业生产的角度来讲，如果设计部门无法提供准确的工艺流程，则工艺设计无法与预算挂钩。节约资源是预算的一个基本指导思想，它要求企业用较少的资金办成事、办好事，同时通过预算管理人员，使各个预算组织用对人、办好事。

二、全面预算管理制度体系的演进

预算管理是以企业的战略为导向，以提高企业经济效益为出发点，通过预测市场需求和分析企业所处的经营环境，制定出在未来一定时期内与企业生产经营活动、投资活动和财务活动相关的科学的预算数据，从而对资源进行控制、协调、考核等的管理活动。加强预算管理制度建设对企业具有积极意义。

1. 全面预算管理制度的发展轨迹

全面预算管理是一种将企业发展战略贯彻到日常经营管理中的管理方法，是整合企业的人、财、物和信息，并据以考核企业经营管理水平的绩效评价体系。

改革开放以前，我国长期实行计划经济，生产、分配都遵循既定的计划，企业中根本没有“预算”这一概念，我国的企业预算在当时只是附属于国家财政预算。改革开放以后，特别是20世纪80年代初期，我国的一些企业及学者对西方管理会计理论与实践的引进和运用，对全面预算管理在我国的发展起到了推动作用，引导了对适应我国国情和经济形势的全面预算管理的探索。《会计研究》2008年第9期刊登了中国会计学会管理会计专业委员会发表的《我国企业预算管理的引进与发展——纪念我国改革开放30周年》一文，该文重点梳理了我国企业预算管理的发展历程，认为我国企业预算管理在1953年国家开始实施第一个五年计划时就产生了，并将1953—2008年粗略地分为三个阶段：1978年以前，生产技术财务综合计划；1978—1994年，责任成本管理；1994年以后，全面预算管理。我国企业预算管理制度的演进轨迹如表5-1所示。

表5-1 我国企业预算管理制度的演进轨迹

时期	演进轨迹
1978年以前	特征表现为“生产技术财务综合计划”。在计划经济体制下，预算机制完全与财政预算并驾齐驱，尚未形成独立的预算管理体系。20世纪50年代以后，部分企业开始实行定额管理；20世纪60年代，实行班组核算管理等。
1978—1994年	特征表现为“责任成本管理”。其演进轨迹细分为两个阶段：20世纪70年代末，实施内部银行责任会计制度、经济责任制、全面质量管理、市场预测、目标管理等企业管理方法；20世纪80年代至90年代初，引入西方管理会计理论。
1994年以后	特征表现为“全面预算管理”。其演进轨迹细分为两个阶段：20世纪90年代以后，预算管理以全面预算或总体预算的形式作为管理会计的一个分支在部分企业得到采用，强调责任会计的重要性；进入21世纪，信息化与预算管理相结合，出现了电子预算等新的预算编制方式。

全面预算管理属于现代公司治理的一部分。从公司治理的角度看，制度设置有三个层次：法律、公司章程和全面预算管理。全面预算管理是将前两个层次的规定具体到每个部门甚至每个员工的责权利。通过制度设置，企业的责权利具体化、可度量，促使决策行为和结果得到最大程度的协调和统一。所以说，全面预算管理是一种权力控制下的制度安排。

除了学者对全面预算管理的理论探索，我国还颁布了一些行政规章。2000年9月28日，国家经贸委等发布《国有大中型企业建立现代企业制度和加强企业管理的基本规范（试行）》，明确提出了“全面预算管理制度”这一说法，要求国有大中型企业以现金流量为重点，对生产过程中的每一环节实施预算编制、执行、分析、考核。该基本规范的颁布，标志着我国政府开始认识到全面预算管理的重大意义，这是我国企业现代管理制度的重大转折点，代表着政府对全面预算管理方法的重视，对国有企业向先进企业迈进起到了充分指导作用，具有理论和现实双重意义。

2001年4月28日，财政部发布《企业国有资本与财务管理暂行办法》，指出企业应当实行财务预算管理制度。

2002年4月10日，财政部发布《关于企业实行财务预算管理的指导意见》，进一步提出企业应实行包括财务预算管理在内的全面预算管理。这一举措加快了预算管理在我国的进一步推进，标志着我国的预算管理工作在企业中已经具体实施并取得一定成果。

2006 年年底，财政部颁布新《企业财务通则》，明确提出了企业实施全面预算管理的总体目标。《企业财务通则》第十一条规定："企业应当建立财务预算管理制度，以现金流为核心，按照实现企业价值最大化等财务目标的要求，对资金筹集、资产营运、成本控制、收益分配、重组清算等财务活动，实施全面预算管理。"可以看出，我国对全面预算管理已经有了比较全面和深入的认识，已经找到了先进的全面预算管理与我国企业经营管理实际的一个很好的契合点。

2007 年 4 月 28 日，国务院国资委下发《关于中央企业编报 2007 年度工资总额计划（预算）的通知》，主要目的是规范中央企业工资总额计划（预算）的编报工作，完善收入分配调控机制。

2007 年 5 月 25 日，国务院国资委下发《中央企业财务预算管理暂行办法》，对中央企业开展全面预算管理提出了系统要求。其中，第三条指出，"财务预算是指企业在预测和决策的基础上，围绕战略规划，对预算年度内企业各类经济资源和经营行为合理预计、测算并进行财务控制和监督的活动"；第四条规定，"企业应当建立财务预算管理制度……推进实施全面预算管理"。

2007 年 5 月 30 日，温家宝总理主持召开国务院常务会议，研究部署试行国有资本经营预算工作，这标志着全面预算管理在我国的全面推广，以及政府对预算管理的高度认可。

2007 年 9 月 8 日，国务院下发《关于试行国有资本经营预算的意见》，主要目的是建立国有资本经营预算制度，规范国有资本收益分配，增强政府宏观调控能力。

2007 年 9 月 28 日，国务院国资委发布《关于印发 2008 年度中央企业财务预算报表的通知》，主要内容是规范 2008 年度中央企业财务预算报表的编制工作，结合新会计准则调整报表格式等。

2019 年 9 月 15 日，国务院国资委下发《中央企业国有资本经营预算支出执行监督管理暂行办法》，主要内容是加强国有资本经营预算支出执行的监督管理，提高资金使用效益。

2024 年 1 月 6 日，国务院颁布《关于进一步完善国有资本经营预算制度的意见》，主要内容是完善国有资本经营预算制度，扩大实施范围，强化预算绩效管理。

国务院几乎每年都有相关预算管理要求的文件颁布，财政部的相关文件也很多，主要规范包括：（1）2016 年颁布的《中央国有资本经营预算管理暂行办法》；（2）2017 年发布的《关于印发〈管理会计应用指引第 100 号——战略管理〉等 22 项管理会计应用指引的通知》，其中一项为《管理会计应用指引第 200 号——预算管理》；等等。可以结合第 1 章的内容，加以深入了解。这些文件在不同阶段对中央企业和国有企业的预算管理进行了规范和指导，推动了预算管理的科学化和规范化。

2. 全面预算管理制度的创新

企业全面预算管理是一个集理论与实际操作于一体的对企业管理具有指导作用的

研究课题。在新的经济形势下，市场环境复杂多变，全面预算管理的制度建设仍然有许多需要探索和研究的领域，有待相关制度的进一步完善。全面预算管理是一种动态的资源配置观，它已从最初的计划、协调功能发展到现在的兼具控制、激励、评价等功能的一种综合性和全面性的经营机制或管理体系，并在企业实践中得到普及与应用。在企业实践中，关于全面预算管理的功能作用有两种观点：一是“大预算观”，即预算管理包括内部控制等内容；二是“小预算观”，即预算只是企业管理且是内部控制的组成部分。从财政部制定的内部控制规范来看，“小预算观”占据主流地位，即预算管理只是内部控制的一个组成部分，具体如表5-2所示。

表5-2　预算管理与内部控制的关系

控制系统	控制方式	控制目标	控制优势	控制障碍	控制环境
制度控制	规则	正确做事	规则明确 易于操作	缺乏量化与能动性	管理基础与环境较差
预算控制	过程	完成任务	量化目标 及时调控	缺乏变化与能动性	管理基础与环境较好
评价控制	目标	挖掘潜能	突出结果 鼓励进取	缺乏过程调控与环境	管理基础与环境良好
激励控制	利益	创造财富	利益相关 随机应变	缺乏相应环境与条件	管理基础与环境优秀

表5-2表明，全面预算管理制度的创新内容主要包括三个层面：一是借助预算编制方法和工具的整合，完善全面预算管理的内在机制；二是改革现行的预算管理体系以适应新的情况，消除企业制度变迁给预算管理机制带来的压力，从而实现全面预算管理自身的可持续发展；三是通过预算管理过程的优化来建立新型的内部控制理论与方法体系，这是全面预算管理制度创新最重要的内容。尽管第一和第二层面的内容也会涉及内部控制与预算管理变革的一些内容，但在这两个层面上，制度创新仅处于静态的被动态势，全面预算管理改革难以成为预算管理体系建设的主体。只有在第三个层面上，全面预算管理制度创新或者改革本身才会成为主体。全面预算管理制度创新有利于企业完善计划与业务运行的机制，协调平衡各方关系，实现资源的有效配置；有利于企业加强内部控制，提高管理效率与效果；有利于企业提升市场竞争能力和风险抵御能力；有利于企业优化对各责任中心经营业绩的考核与评价。

近年来，在理论界与实务界的共同推动下，预算管理似乎呈现出一种独立发展或成为独立学科的势头，从各种类型的全面预算管理论著的出版与发行可见一斑。围绕预算管理的学科之争不仅丰富了财务学与管理会计学的内涵，也拓展了预算管理的外延，即预算管理不仅在范围上不断扩大，而且在内容上也不断完善与创新。

2014年是中国管理会计开启新篇章的一年。这一年，财政部颁布并正式实施《关于全面推进管理会计体系建设的指导意见》，要求“推动加强管理会计基本理论、概念框架和工具方法研究，形成中国特色的管理会计理论体系”。全面预算管理作为管理会计的重要内容之一，能够帮助企业作出明智的决策，进而创造价值，并保证企业持续获得成功。这种持续性的内在动因在于，预算管理深受企业或单位领导的重视，它是企业管理控制的重要工具，能够将组织的所有关键问题融为一体，并且起到制度规范的导向作用，为企业谋求合法性和社会支持提供有力的证据。

随着我国经济进入新常态，经济增长速度开始放缓，产业结构调整与转型势头强劲，同时各种风险也在逐步积聚。这种新常态使经济社会发展面临不少困难和挑战，企业必须高度重视、妥善应对。譬如，面对经济新常态所带来的市场竞争，必须强化预算管理，突出全面预算管理的柔性特征，在各种资源的配置上求新、求变以获得生存。新常态下的全面预算管理必须始终以顾客价值创造经营（CVAM）为核心，积极发挥预算控制系统的合理性和先进性，努力提高预算配置资源的科学性与有效性，不断提升企业价值创造与价值增值的核心竞争力等。

2022 年 3 月，国务院国资委印发《关于中央企业加快建设世界一流财务管理体系的指导意见》（简称《指导意见》），强调全面推动财务管理理念变革、组织变革、机制变革和功能手段变革。全面预算管理是其中一项非常重要的工作内容。《指导意见》指出，必须完善覆盖全部管理链条、全部企业和预算单元，跨部门协同、多方联动的全面预算组织体系、管理体系和制度体系，实现财务预算与业务、投资、薪酬等预算的有机融合。建立高效的资源配置机制，实现全面预算与企业战略、中长期发展规划紧密衔接。完善预算编制模型，优化预算指标体系，科学测算资本性支出预算，持续优化经营性支出预算，搭建匹配企业战略的中长期财务预测模型。统筹兼顾当期效益和中长期资本积累，以财务承受能力作为业务预算和投资预算的边界和红线。加强预算执行跟踪、监测、分析，及时纠偏。按照“无预算不开支、无预算不投资”原则，严控预算外经济行为。强化预算执行结果考核评价，增强刚性约束，实现闭环管理。

从我国的法律制度与全面预算的关系看，《公司法》并未直接对预算作出具体的条款规定，但其内容在多个方面间接影响了公司预算的制定和执行。比如，从公司治理结构、股东会及董事会的职权、监事会的监督作用以及高级管理人员的职责等方面，《公司法》对公司制度建设提出了全面预算管理的间接规范与要求。《中华人民共和国会计法》（简称《会计法》）是财务管理工作的母法，也是规范会计行为和会计活动的基本法律，对全面预算管理有明确的规定。这些规定旨在确保政府收支的透明性、规范性和有效性，促进经济社会的健康发展。我国《会计法》中涉及预算的制度规范主要体现在以下几个方面：一是预算编制与执行。比如，第三条规定，“各单位必须依法设置会计账簿，并保证其真实、完整”；第四条规定，“单位负责人对本单位的会计工作和会计资料的真实性、完整性负责”。二是预算监督。比如，第三十一条第一款规定，“财政、审计、税务、金融管理等部门应当依照有关法律、行政法规规定的职责，对有关单位的会计资料实施监督检查，并出具检查结论”；第三十三条规定，“各单位必须依照有关法律、行政法规的规定，接受有关监督检查部门依法实施的监督检查，如实提供会计凭证、会计账簿、财务会计报告和其他会计资料以及有关情况，不得拒绝、隐匿、谎报”。三是预算法律责任。比如，第四十一条规定，“伪造、变造会计凭证、会计账簿，编制虚假财务会计报告，隐匿或者故意销毁依法应当保存的会计凭证、会计账簿、财务会计报告的，由县级以上人民政府财政部门责令限期改正，给予警告、通报批评，没收违法所得，违法所得二十万元以上的，对单位可以并处违法所得一倍以上十倍以下的罚款，没有违法所得或者违法所得不足二十万元的，可以并处二十万元以上二百万元以下的罚款；对其直接负责的主管人员和其他直接责任人员可以处十万元以上五十万元以下的罚款，情节严重的，可以处五十万元以上二百万元以下的罚款；属于公职人员的，还应当依法给予处分；其中的会计人员，五年内不得从事会计工作；构成犯罪的，依法追究刑事责任”。四是预算会计人员职责。比如，第三十七条规定，“会计人员应当遵守职业道德，提高业务素质，严格遵守国家有关保密规定。对会计人员的教育和培训工作应当加强”。第二十六条第二款规定，“会计机构、会计人员对违反本法和国家统一的会计制度规定的会计事项，有权拒绝办理或者按照职权予以纠正”。五是预算会计档案管理。比如，第二十三条规定，“各单位对会计凭证、会计账簿、财务会计报告和其他会计资料应当建立档案，妥善保管”。上述这些条款为预算的编制、执行、监督及法律责任提供了法律依据，确保预算管理的规范性和透明度。

2024年4月11日，国际注册专业会计师公会（AICPA & CIMA，它是由美国注册专业会计师协会（AICPA）和英国特许管理会计师公会（CIMA）于1919年共同创立的联合体，总部位于英国伦敦）在上海发布了新的管理会计报告，即《全球管理会计原则》中文版（GMAP 2.0）。这份报告提出了“完善纵横贯通的全面预算管理体系”，具体包括以下几点：一是完善全面预算组织体系、管理体系和制度体系。GMAP 2.0 的相关领域涉及管理和预算控制（Practice area（实践范围，下同）7：Management and budgetary control）、资源管理（Practice area 11：Resource management）。GMAP 2.0 强调了有效的管理和预算控制对于资源的合理配置至关重要，这与《指导意见》中提出的建立全面和统一的预算体系相呼应。二是建立高效的资源配置机制。GMAP 2.0 的相关领域涉及资源管理（Practice area 11：Resource management）、投资评估（Practice area 6：Investment appraisal）。GMAP 2.0 中的资源管理与投资评估与《指导意见》中提倡的高效资源配置密切相关，特别是在确保资源的有效使用和投资回报方面。三是完善预算编制模型。GMAP 2.0 的相关领域涉及管理和预算控制（Practice area 7：Management and budgetary control）。《指导意见》中提到的预算编制模型的完善与 GMAP 2.0 中管理和预算控制的实践领域相匹配，都强调了准确预算的重要性。四是统筹兼顾当期效益和中长期资本积累。GMAP 2.0 的相关领域涉及成本转换和管理（Practice area 1：Cost transformation and management）、企业治理（Practice area 10：Corporate governance）。GMAP 2.0 的成本转换和管理、企业治理与《指导意见》强调的平衡短期和长期目标的需要密切相关。五是强化预算执行与结果考核，实现闭环管理。GMAP 2.0 中的管理和预算控制（Practice area 7：Management and budgetary control）、风险管理（Practice area 12：Risk management）、内部控制（Practice area 5：Internal control）以及企业治理（Practice area 10：Corporate governance）领域与《指导意见》提出的预算执行跟踪、监测、分析与及时纠偏等的要求高度一致。GMAP 2.0 强调通过持续的预算执行监控和及时调整来有效管理风险，同时严控预算外经济行为，确保财务活动的规范性和合规性。此外，GMAP 2.0 还指出，强化对预算执行结果的考核评价是实现闭环管理的关键，这与《指导意见》中对预算执行结果的刚性约束和考核评价的要求相契合，旨在通过完善的内部控制和治理机制，保障企业财务管理的有效性和透明度。

第二节　全面预算管理的组织机构

“凡事豫则立，不豫则废。”在知识经济时代，经济形势瞬息万变，市场充斥着各种机会和挑战。如果企业的经营者充分了解预算及其管理，或者按流程完成了预算，却没有把预算融入管理中并善加利用，企业的前途仍是岌岌可危的。

全面预算集系统化、战略化和人本化理念为一体，是一种整合性管理系统。它已经成为企业组织结构的组成部分，是与日常管理过程相互渗透的行为规范和标准体系，是全面整合企业业务流、资金流、信息流和人力资源流的经营管理制度。全面预算管理体系与预算目标的关系如图 5-2 所示。

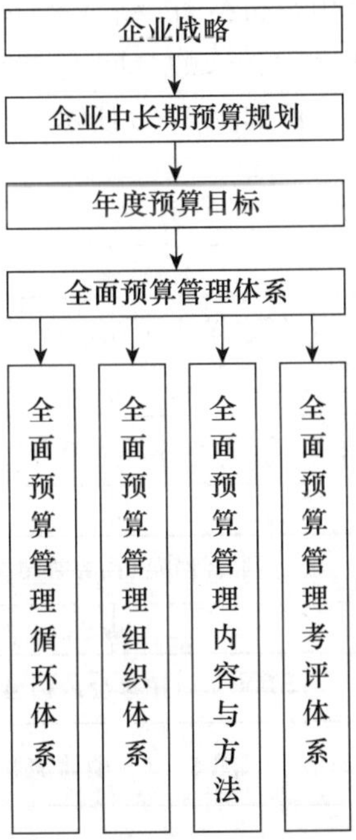

图 5-2　全面预算管理体系与预算目标的关系

图 5-2 表明，在企业管理的活动中，最基础的活动是围绕企业中长期预算规划、年度预算目标和相应的资源条件，强化全面预算管理的组织工作，正确处理人与事、权力与责任之间的关系。但是人与事，以及权力与责任的存在均源于组织目标，因此，组织目标决定着全面预算管理的所有活动的开展以及这些活动的价值。

一、组织保证是全面预算管理制度体系的基石

如果要保证全面预算是有效的，就需要从总公司层面确定计划目标以及资源安排，因此，预算必须由财务部门和计划部门共同统筹，由企业所有部门或人员共同完成或制定。所以，财务部门在确定预算时离不开组织的保证，它对资源运用的数量，以及之后的目标和资源的分解与执行至关重要。

预算管理工作一般由管理会计部门负责。在具体开展工作时，其可以与其他财务管理工作结合，但是应当考虑吸收本企业所处行业的专业技术人员加入，建立相应的责任中心。责任中心体系一般依托企业的组织结构建立，构成预算管理的基础。责任中心一般采用层级制的树状结构，以基层中心为主要的责任载体和管理单元。每个基层责任中心承担最主要的预算管理和控制责任，层层负责，预算管理工作也主要围绕各基层责任中心来进行。至于责任中心设置到哪一级行政机构，则应根据各企业的规模、预算金额及预算内容等情况来决定。一般来说，每个责任中心的最高管理者就是这个责任中心的负责人。除了预算管理部门和责任中心体系，还应该建立预算委员会等专职部门。在编制责任预算时，最主要的工作是由各基层责任中心和预算管理部门完成的。预算经由董事会或相当机构批准后，就要分解并下达到各级责任中心，以此作为预算执行的依据，包括立项、采购合同签署、订单推荐、支付、预算变更以及责任预算的定期报告等。预算流程如图5-3所示。

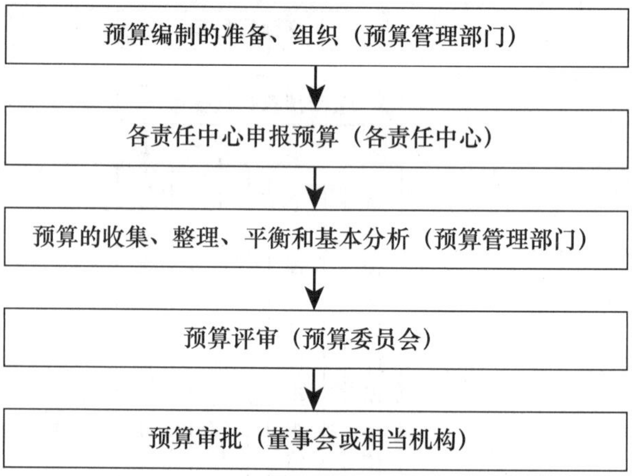

图5-3 预算流程

二、全面预算管理组织机构的组成

全面预算管理的组织机构包括预算决策机构、预算工作机构和预算执行机构（见图5-4）。相应的预算管理组织流程包括预算管理预测、预算管理决策、预算管理计划、预算管理控制和预算管理评价，从而构成预算管理循环。其中，预算管理决策机制侧重于事前决策，预算管理控制机制主要在事中实施控制，预算管理评价机制主要在事后发挥作用，对预算管理的结果进行考评，但是它又为以后的预算管理决策提供

信息依据。这样周而复始，形成一个循环往复的过程。预算以各成本中心为基础进行编制，各级中心向上一级汇报，传达至高层并经审阅以后，各成本中心汇总预算并呈交预算管理部门。预算管理部门对各中心申报的预算汇总、平衡之后，形成预算报告提交预算委员会进行审议，审议修改后的预算报告将呈交总经理和董事会进行审批。企业预算管理组织机构主要有三个层次，分别是决策机构、工作机构（或管理机构）和执行机构。决策层主要是董事会，还包括董事会直接任命的经理，负责总体预算和总体目标的设定。设定的目标主要与公司的战略相结合，旨在把握企业宏观和整体上的发展方向。预算工作机构是子公司或者分公司或者职能管理部门。执行机构就是责任主体，包括具体的预算作业中心，也包括部分管理机构成员。

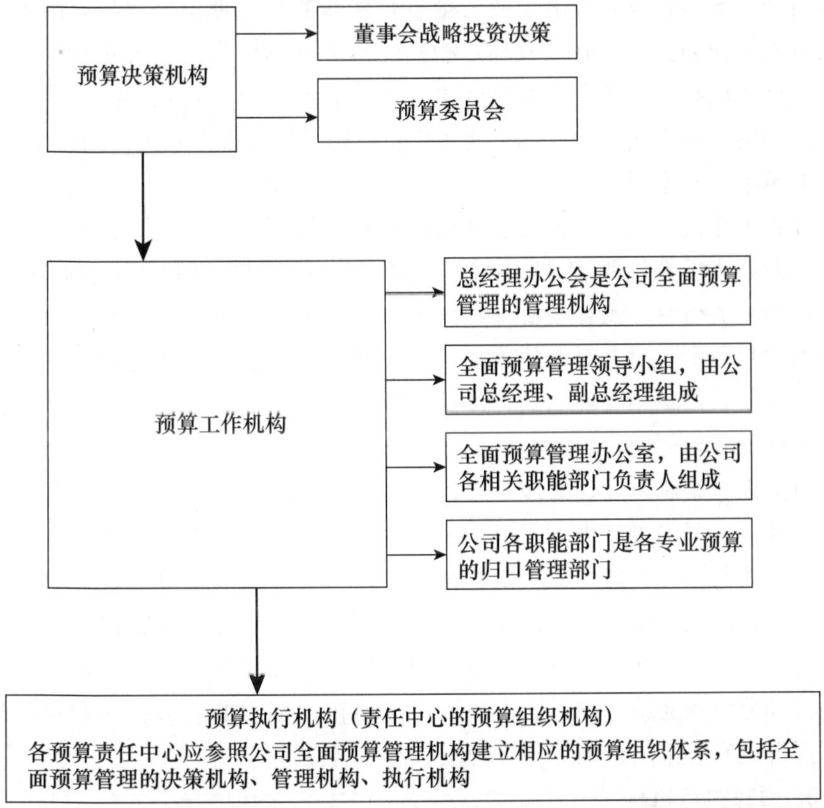

图 5-4　预算组织机构

全面预算管理也是人本管理，是一种现代管理制度，所以按照管理学中人的行为与管理的关系，一般可将其划分为分权管理和集权管理。在集权管理模式下，预算被具体分解为目标利润，责任落实到个人，制定员工激励措施，以帮助企业管理层监督和控制员工。在这一管理模式下，所有的预算指标都由董事会等高层直接给出，无须征求执行部门和员工的意见。高层将这一目标逐级向下分解，职能部门将预算的执行情况自下而上逐级上报，最后管理层对执行情况进行分析，揭示差距并提出纠正措施，同时实行奖惩。在分权管理模式下，整个企业自上而下全员参与预算制定，这增强了预算指标的现实性和可靠性。由于员工可以亲自参与预算目标的制定，而不是高管层强加目标，因此这会大大激发预算责任主体和员工执行预算的自觉性和积极性。在这一管理模式下，部门与部门之间、预算执行主体和员工与企业之间的信息得以充分交流。但这样的做法也存在很大弊端，那就是基层为了更好地完成预算目标以免于受罚或者贪图奖励，往往夸大预算目标实现的难度，或者为了获取项目资金而以低预算申报争得项目实施权，但在预算执行时又以各种借口提出预算不足，要求不断追加额度。

1. 预算决策机构

从时间上讲，预算管理工作是从预算管理预测和决策开始的；从工作重要性来说，预算决策机构决定着预算管理是否开展。因此，在预算管理的组织机构中，居于领导核心地位的应该是预算目标制定和管理的决策机构，这个机构也就是预算委员会。预算委员会一般由企业的董事长或者董事长任命的总经理担任主任，由企业相关部门主要负责人担任委员，他们一般都是相应的具体预算项目的主要负责人，对整个项目有全局把握和最高的熟悉度。委员会主持召开的预算会议是各部门主要负责人参与预算管理活动的主要方式，会议的主要工作也就是目标的确定和预算的调整。

2. 预算工作机构

预算工作机构负责处理与预算相关的日常管理事务，是预算组织机构中的专职部门，一般设为预算管理部门。其主要职责是对总体目标进行制定和修正，审查、协调、安排各项相关事宜。预算委员会的各成员主要是企业各部门的相关负责人，他们仅对自己的项目负责，对于对方的项目了解不多，在设置项目预算时往往比较片面，各部门的预算报告都是相互独立的，这就需要有一份全面统一的预算计划，因此需要建立一个这样的专职部门，负责对各部门提交的预算计划进行审查和协调。预算管理部门主要负责汇总编制，并且处理与之相关的日常事务。

另外，各部门可能为了实现本部门的预算计划，追求短期利益，而放弃长远战略和发展，这与预算管理的初衷是相悖的，甚至会导致一些可以改善财务和经营状况的潜在措施被部门忽略。为了避免部门内斗或者只见局部不见整体，预算的执行不能全权由委员会代理，而必须设立专职部门与委员会互相制衡，由其负责预算的执行、控制、差异分析和业绩考评，这样就可以达到相互牵制的效果。一般企业都会在预算管理部门下设专职部门以确保预算管理机制的有效运作。

3. 预算执行机构

预算经董事会或者相关机构批准之后，并不能由各责任中心直接实施，还要经过一定的程序。按照预算执行的相关规定，预算管理部门要参与预算执行的所有环节，实施对预算执行的全过程管理，如立项、签订合同或者承诺、支付、决算、考核等。

立项就是申请以一定的金额和方式采购某些物资、工程或服务。预算是一个控制数，并不是实际的开支数，因此不可以按照每个项目的预算数实行。如果所有项目都以批准的预算为开支标准，那么当某些项目必须超出预算支出时，总预算就会失控。项目有预算只是表示该项目可以进行立项，在预算的审批和编制阶段，因为时间紧张或者其他因素不可能对每一个预算项目及其开支进行深入的审查和分析，各责任中心也无法在预算编制时提供关于项目的准确信息，因此在立项阶段就必须充分论证项目的合理性和经济性。当一个责任中心准备实施一个项目时，就要根据相关的程序、规定填写立项申请表，递交申请表上所要求的所有信息和资料，然后提交有关职能部门和授权人员对项目的适当性、经济性和实施方式等进行评价、审查或者批准。项目的预算属于哪个责任中心，一般就应该由该责任中心提出该项目的立项申请，对项目各方面的情况最熟悉的人最符合提出立项的资格要求。一般来说，至少每季度，预算管理部门应与各责任中心的负责人和预算人员进行沟通，就如何控制预算、优化利用企业的资源以及预算管理如何满足各部门和企业运转的需求进行协商。

预算的执行与控制是全面预算管理工作的核心环节，需要企业各部门和全体员工的通力合作。预算执行机构需要将预算指标、目标按层次分解，完成下达和具体讲解等准备步骤，在执行过程中要以预算目标、指标为标准进行严格的控制，在控制过程中一个尤为重要的环节就是进行预算执行情况和预算差异的比较分析。一般的步骤如下：(1) 对比实际业绩和预算标准找出差异；(2) 分析出现差异的原因；(3) 提出恰当的处理措施。这一差异分析工作贯穿预算管理的全过程，既为预算的执行与控制明确了工作重点，也为下一时期预算的制定提供了可靠的数据资料。

小 结

1. 我国企业预算管理的制度建设有三个阶段：1978 年以前的生产技术财务综合计划；1978—1994 年的责任成本管理；1994 年以后的全面预算管理。

2. 预算决策机构具有核心地位，决定着整个预算管理工作的开展，目标的确定和预算的调整是预算决策机构的主要工作。

3. 预算工作机构是专职部门，其日常工作有：对总体目标进行制定和修正，审查、协调、安排各项相关事宜，处理与预算相关的日常事务。

4. 预算的执行是全面预算管理工作的核心环节，在执行过程中，要以预算目标、指标为标准进行严格的控制，实施对预算执行的全过程管理。

练习题

一、选择题

1. 全面预算管理中倡导组织活动“三三规则”，其中的“三个工程”包括（　　）。

A. 一把手工程　　　　B. 全员工程

C. 基础工程　　　　D. 系统工程

2. 作为企业管理不可或缺的重要工作，全面预算管理从制度或机制的视角考察，必须坚持“三个观念”，以增强预算管理实践中的有效性或可行性，其具体包括（　　）。

A. 系统观　　B. 协作观

C. 资源观　　D. 团结观

3. 从财政部制定的内部控制规范来看，预算管理与内部控制具有紧密的联系，内部控制系统中常见的控制方法包括（　　）。

A. 制度控制　　B. 预算控制

C. 评价控制　　C. 激励控制

4. 全面预算集系统化、战略化和人本化理念为一体，是一种整体性的管理系统。置于企业中长期预算、年度预算之前的一项重要工作是（　　）。

A. 战略规划　　B. 愿景管理

C. 组织机构建设　　D. 信息体系建设

5. 全面预算管理中的最高权力机构是（　　）。

A. 总经理　　B. 董事会

C. 预算执行机构　　D. 预算工作机构

二、简答题

1. 谈谈全面预算管理的功能作用。

2. 管理会计应用指引中对预算管理工具有哪些规范？

三、论述题

试论全面预算管理组织机构在全面预算管理实施中的地位与作用。

案例

A公司全面预算管理的组织架构

全面预算管理的组织体系一般包括预算管理委员会、预算专职部门以及预算执行组织。需要明确的是，预算管理委员会并不拥有对预算的最终决定权，审定后的预算最后仍需经企业最高决策部门（股东会）的批准。企业最高决策部门在评估企业外部大环境的基础上，结合企业实际情况，根据企业发展战略，确定企业预算年度的经营目标和政策。它在企业预算的编制过程中起统率作用，是预算的最终决策者。因此，构建公司全面预算管理的组织架构非常重要。

A公司是一家于2019年成立的大型国有独资企业。2021年，A公司建立健全了法人治理结构，同时明确了董事会、经理层以及监事会的职责，完成了向现代经营机制的转变，并划分了相应的责权利。截至2021年年末，注册资金达到12亿元。A公司的主营业务包括物资贸易、仓储、现代物流、生产加工、商品及技术的进出口和委托代理进出口业务，兼营国内商业贸易。A公司实行董事会领导下的总经理负责制。公司本部设有董事会、经理层，并下设办公室、党委办、发展改革部、人力资源部、产权管理部、财务审计部、公共事业部7个部门。此外，A公司共有16家下属企业，其中全资企业6家，控股企业10家。A公司组织结构具体如图5-5所示。

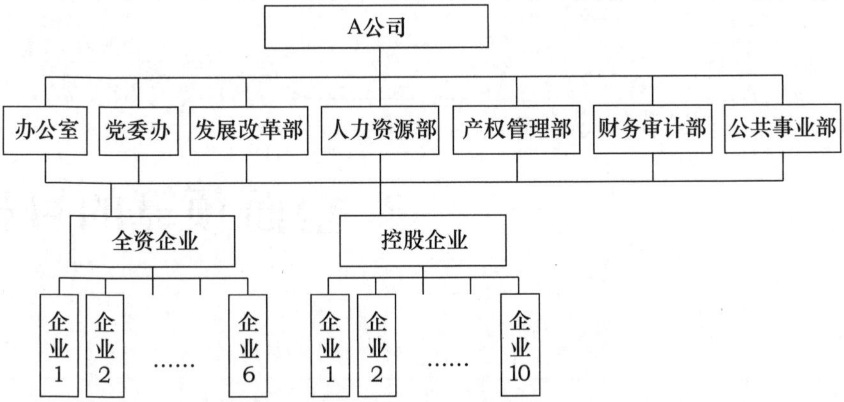

图 5-5 A 公司组织结构

思考:

A 公司的全面预算管理实行“统一领导，分级负责”的原则，请说明如何设立公司本部和成员企业预算管理的组织机构，并简述其职责。

第六章

全面预算的目标优化

本章结构图

- 全面预算的目标优化
  - 预算管理目标的确定
    - 预算管理的定位
    - 预算管理目标的确定依据和原则
    - 预算管理目标确定的平衡
  - 预算管理目标的分解
    - 责任中心的设立
    - 单一法人制和多级法人制企业的预算目标分解
  - 企业集团与供应链预算管理
    - 供应链预算管理
    - 企业集团与供应链预算管理的关系
    - 企业集团与供应链预算管理在预算控制上的区别
  - 预算目标管理中应注意的问题
    - 战略问题
    - 预算目标要包括财务目标与非财务目标两大类
    - 预算目标要选择最能体现预算管理本质的指标
    - 生命周期
    - 选择的预算指标要可比、统一

学习目标

- 理解预算管理的作用
- 了解预算管理目标分解的方法
- 明确集团层面供应链预算管理控制的必要性
- 掌握预算目标管理的重点与难点

素养目标

- 结合《会计改革与发展“十四五”规划纲要》，合理确定预算管理的目标
- 以“共同富裕”思想为指引，优化预算目标的落实与分解
- 注重外部环境的变化，增强预算管理目标的韧性与弹性

引　例

优化预算管理目标：保证企业可持续成功

2020年11月12日下午，在江苏考察调研的习近平总书记来到南通博物苑，参观张謇生平介绍展，了解张謇“实业救国”、发展教育和社会公益事业的事迹。南通博物苑创办者张謇是我国近代著名企业家、政治家、教育家，是“实业救国”思想的代表人物，还是民族棉纺织工业的奠基人之一。

大生纱厂由清末状元、中国近代实业家张謇于1895年创办。到1926年张謇逝世，他围绕纱厂创办了大小企业34个，形成了中国第一个规模较大的实业集团。从大生纱厂到如今的江苏大生集团有限公司（简称大生集团）已走过100多年。

截至2025年4月，大生集团拥有全资、控股、参股公司20个，涵盖了纺纱、织造、染色、印花、服饰、特色家纺、文化产业、汽车销售服务等多个门类，是国家高新技术企业。在新冠疫情期间，大生集团积极运用管理会计工具，强化全系统的支持性，使得企业平稳运行，成为行业的典范。

大生集团将利润作为预算的主线，对分月资金预算进行动态调整，将资金预算作为静态与动态的纽带，内部市场化运作，落实责任中心会计，使绩效考核更加科学和精准。

网络化协作需要管理会计更关注产业链协同效应分析，大生集团管理层通过分工协作、优势互补，实现了轻资产、去库存、低成本、快周转、高回报，并将其作为生态网络下新管理会计所追求的目标。

智能制造模式背后功能强大的物联网，将为作业成本法的普及和推广奠定坚实的基础，一直被困扰的制造成本分摊的难题不复存在，流程再造的成本将大幅降低，进一步凸显管理会计的决策功能。

大生集团通过互联网抓取外部数据，优化定额管理，及时更新目标成本，以及借助不断完善的全面预算管理、作业成本精细化管控、基于大数据的绩效考核、业务财务一体化的财务共享平台等管理会计工具或手段，使智能制造模式下的个性化小批量定制贯穿于成本核算的始终，做到了精细化管理，即将直接成本的归集和间接成本的分摊细化到每一个客户、每一笔订单，为每一笔订单的定价提供决策依据。

该案例表明，全面预算管理非常重要。案例中的大生集团通过全面预算管理整合集团财务资源、规避财务风险、保障财务战略一体化，为整个企业集团发展战略和经营管理政策提供强有力的支持。基于全面预算管理体系的企业实践与体制完善，使集团的发展战略与企业文化紧密匹配，确保了大生集团的可持续经营，实现了企业发展的价值创造与价值增值。

第一节 预算管理目标的确定

一、预算管理的定位

预算管理目标的确定与其定位紧密联系。现代预算管理是集战略管理、目标管理、系统管理和人本管理于一体的管理体系，所以，预算管理的目标必须体现这一管理体系的管理特点。

首先，预算管理是对经营活动的一种战略管理。预算管理必须是围绕企业战略的制定、实施、控制而采取一系列措施的过程。因此，预算管理目标实际上也就是以企业战略目标为基础的经营目标。预算是对长期战略在经营活动中的分解，可以使企业的日常活动与经营战略得以衔接和沟通。

其次，预算管理是对经营活动的一种目标管理。经营活动目标是指企业根据经营或者发展需要所制定的一定时期内的经营活动所要达到的总目标。企业预算的编制、执行、考核的过程，实质上也是对企业经营目标的确定、分解、落实、考核的管理过程。以经营目标为导向的预算管理过程也是一个确定预算目标和实现预算目标的过程，即以目标指导预算，以预算支持目标。

再次，预算管理是对经营活动的一种系统化管理。预算管理在管理对象上涉及人、财、物等各个方面，且全面预算中的各子预算和各责任中心之间也形成层次系统。另外，企业预算管理目标的实现是建立在完善的预算管理控制组织基础上的，因此预算管理目标也是层级化、系统化的（见表6-1）。

表6-1 预算管理目标分类

经济目标	非经济目标
自有资本盈利	企业长久和持续发展
总资本利润率	经营者地位维持
人员职位保障	事业规模
主营业务交易额	声誉
公司规模	社会责任
资产流动性、公司运营流动性	
风险把控	

最后，预算管理也是一种以人为本的管理。人本管理就是确定人的主导地位，围绕调动人的积极性、主动性和创造性而展开一切管理活动。预算管理主体和预算执行主体之间往往涉及关系的处理和协调，利益双方难免存在一定的矛盾和冲突，从而存在着通过双方关系协调以使其目标趋于一致的空间。预算执行组织是预算责任的承担者，是预算考评的对象，也是预算目标具体落实的领受者。因此，预算管理目标的确

定一定要考虑到人的因素。

二、预算管理目标的确定依据和原则

（一）预算管理目标的确定依据

预算管理目标的确定要遵循一定的逻辑，方便各目标的分解和层次设计。通常设定目标有两种观点，即任务导向型和结果导向型。

任务导向型可以按照演绎法来理解，即从企业的战略出发，结合企业实际的经营管理工作，将其以预算指标的形式细化分解为各预算管理组织机构的具体工作目标和控制目标，这是一种行政命令式的、自上而下的预算目标下达方式。具体而言，以高管层设定的总体目标为起点，将其自上而下层层分解为各机构的工作任务和预算目标，在此基础上形成整个企业的预算目标。

结果导向型更像是推断法，主要是从企业最终创造的效用出发，具体来说就是客户需求的满足和顾客价值的创造。各组织机构应当树立以满足客户需求为标杆的理念，在预算目标的设定和执行过程中予以遵循，在此基础上确立预算目标，最终经过预算决策机构——预算管理委员会协调平衡之后下达执行。这样做的好处是，预算目标的设定不再局限于企业内部，而是在各个层面上都与客户有一定的接触，从而能充分听取各层级责任部门的意见。通常这种方法更加适合参与式预算。

（二）预算管理目标的确定原则

企业预算管理目标是企业战略的体现，应该适应企业长远战略发展目标的要求。在确定预算管理目标时，需要考虑内部各责任机构的能力范围以及外部经济环境，确保目标有一定的稳定性和灵活度。因此，预算管理目标的确定要遵循以下原则。

1. 股东期望

企业经营的目标是价值最大化，其中一个很重要的体现就是股东财富的增长，通常表现在资本报酬率和每股净利润上。预算目标的最低期待是不能低于行业平均的资本报酬率。

2. 避免产能过剩和考虑资产盈利水平

一方面是对财务风险的考量，因为它制约着资产盈利水平的设定，即资产盈利水平一定要高于资本成本，否则将会导致财务风险较大或者资产盈利水平较低。另一方面也要充分挖掘资产的盈利潜力，做到充分利用，避免产能过剩。

3. 增长性和可行性的兼顾

企业预算目标应是企业未来一段时间期待达到的高于目前水平的目标，以最终引导企业效益的增长。但是好高骛远的预算目标不但达不到，还会挫伤员工的积极性。这种忽略企业自身硬件限制和软件制约等因素的目标设定是不切实际的，无法带来生产和管理的创新，更无法提高企业的经济效益。

4. 战略性和短期目标结合

企业的预算管理是以企业整体战略为出发点的，所以一定要顾全大局，从全局出发，从企业整体的长远发展来考虑。由于考虑到稳定性等因素，战略管理的时间一般都是3～5年，而预算管理的时间跨度往往是1年，并且预算管理涉及企业具体的生产管理的控制，因此，应该设定一些短期和局部的目标，使得目标的达成更加具有可操作性。完善的预算目标应该是由整体目标和分解后可操作性较强的具体指标共同构成的有机体系。

5. 充分考虑外部市场的因素

预算目标不能“拍脑袋决定”，而应该以企业内部条件为根据，充分结合外部市场基础，包括市场上的竞争和风险。只有内外结合，才能使企业的预算目标真正落地。

预算管理目标的确定应该遵循必要的原则。具体来说，预算管理目标应该尽力将企业的一切生产经营活动纳入预算管理范畴，努力做到全员参与、全面覆盖、全程监控。同时将预算管理对象划分为可控与不可控两类，将可控对象列入预算。预算目标的确定要坚持自上而下和自下而上两种制定路线相结合，量入为出和量出为入相结合，增产节约和增收节支并重，预算内额度授权和预算外程序审批相结合，事前预算、事中监控、事后考评相结合，刚性控制和柔性控制相结合。

三、预算管理目标确定的平衡

处于不同的立场，各利益集团在参与预算管理目标的确定时，都有各自的期待。在了解各方期待的基础上，就会理解预算目标的形成过程就是制衡过程。

（一）股东期望的预算目标底线

股东在持有资金尚未投资时，可以有三种决策：开办企业成为业主，向企业提供借款成为债权人，购买股份成为股东。这三种决策实则是成本效益对比过程。作为股东，其最低预期收益应大于等于其他两种身份所带来的综合收益，这里是把风险包括在内的。

（二）董事会的预算目标期待

现代企业股权结构分散，董事会大多代表控股大股东的利益，所以董事会的预算目标与股东的预算期待有时是不一致的。虽然股东的预算目标对董事会的预算目标设置具有一定的约束作用，但是董事会仍可对股东的预算目标进行调整，调整的依据主要是公司战略，也就是在股东的短期利润为主要基数的基础上，加入公司长远可持续发展的期待，并考虑所处的行业、行业周期、企业成长速度和企业规模等因素。

（三）总经理的预算目标期待

总经理属于预算管理和执行机构的成员，其参与主要体现在两个方面——预算的可行性以及受托责任的完成。在预算约束较为严格的时候，经理人员往往会占有尽可能多的资源，夸大预算的费用，控制利润预算；当预算约束宽松的时候，经理人员在设置预算目标时会放开手脚，因为他们可以在事中和事后进行调整。另外，经理人员在确定预算目标之前，经常把预算目标带来的经济后果考虑在内，因此作为经济后果之一的受托责任的履行后果常常被纳入预算目标的确定中。

因此，预算目标的确定实际上是一个讨价还价的过程，涉及多个团体的利益。比如，董事会是预算目标的决策机构，是预算目标确定的主导力量，但也会受到内部牵制以及企业外部环境的制约；同时，股东的预期又受到经理人员的可行性分析的制约，以及主观方面可操作性及其后果的影响。最终的预算目标是一个制衡之后的相对均衡状态。

如同在财务管理中确定企业的经营目标一样，最终这些不同的利益集团应该有一个共同目标，这涉及预算目标的整合，即企业利润最大化与持续发展。因为两者存在相辅相成、不可分割的关系，利润最大化是企业持续发展的基础，而企业的持续发展和壮大则是利润增长的实现条件。这样的结合很好地满足了不同股东的需求，也可以增加经理人员的货币和非货币收益。能够带来利润增长的企业扩张会考虑资本的时间价值和风险因素，不再是粗放式的规模扩张。这样的目标也很好地融合了企业战略的长远性，同时兼顾了预算目标的可操作性和可量化的特点。

第二节　预算管理目标的分解

预算目标是一个系统的层级体系，不同组织机构都应该在目标的确定上有所侧重。管理层的宏观目标一定要兼具稳定性和引导作用，照顾到战略计划；管理和执行机构在设定预算目标时，要追求多元化，如兼顾财务和非财务目标，兼顾收益目标和规模以及现金流目标；基层执行机构在设置目标时，要结合质量和数量设置定量及定性目标。因此，任何预算目标都是公司股东、董事会、经营管理者和员工利益互相协调之后的结果，要体现决策、管理和执行三权分立原则。另外，全面预算主要包括业务预算、财务预算和专项预算。所以，全面预算管理目标也要反映企业在计划期间日常发生的各种具有实质性的基本活动的预算，如销售预算，生产预算，材料、人工和制造费用预算等。财务预算主要是指企业在计划期间有关现金收支、经营成果和财务状况的预算，包括预计现金流量表、预计利润表和预计资产负债表（见图 6-1）。专项预算是指企业为不经常发生的长期投资决策项目或者筹资项目所编制的预算，包括资本支出预算和筹资预算。

预算和管理是相辅相成的。没有预算事先制定的明确目标，就不可能进行有效的管理控制；而在执行中不进行有效的管理控制，预算就不能发挥应有的作用。因此，为了确保企业目标的实现，企业管理部门必须适应分权管理和经济责任制的要求，把全面预算所确定的指标在各个责任单位进行分解，形成责任预算。通过在企业内部建立责任中心，将日常经营管理决策权在不同层级的管理人员之间进行适当的划分，既可以减轻高层管理人员的工作压力和决策负荷，又可以激发各层次员工的积极性和创造性。这一方面使各个分权单位之间具有一定的相互依赖性，因为它们相互之间需要提供产品或者劳务；另一方面使各分权单位得以保持相对的独立性。为了适应分权管理的这些新特点，企业内部要建立若干责任单位，对各责任单位职责范围内的生产经

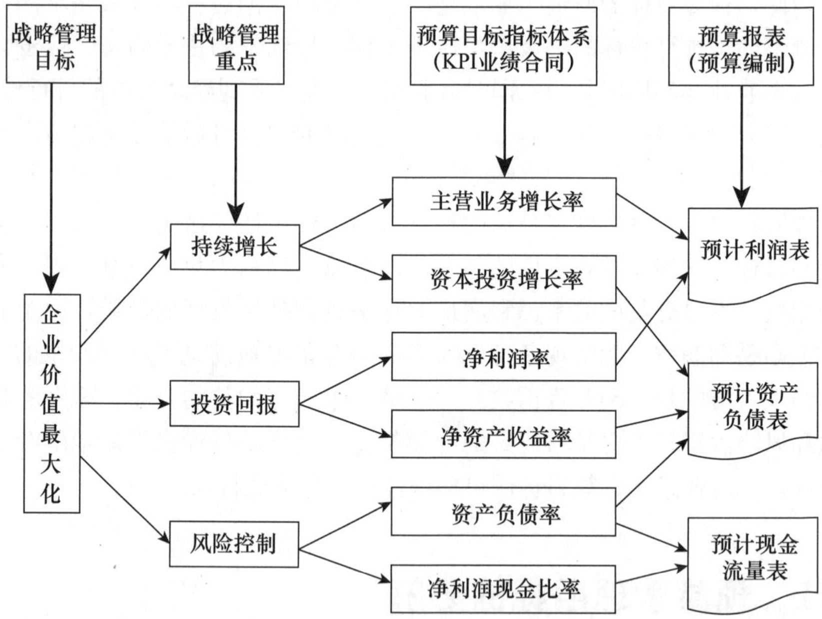

图6-1 基于战略的预算目标体系

营情况进行规划，并对业绩进行控制考评。在企业内部，可根据责任和权限的不同划分若干责任区域，也就是责任中心，所以建立责任中心的关键就是明确责任和权限。企业应根据具体情况，按照所能够控制的范围、承担的不同责任以及管理的需要来建立责任中心。

一般来说，按照企业内部责任单位权责范围以及业务活动的特点，可以将企业生产经营上的责任中心划分为成本中心、利润中心和投资中心。

一、责任中心的设立

（一）成本中心

成本中心就是对成本或者费用负责的责任中心。狭义的成本中心仅指直接从事生产产品或者提供劳务等活动、应对构成产品成本或者劳务成本的费用负责的责任中心。广义的成本中心还包括从事行政管理或研究开发等非生产性活动、应对各种非生产性费用负责的责任中心。因为成本中心没有经营决策权和投资决策权，所以其负责的只是料、工、费的投入，包括非生产性的活动也是只涉及费用，与收入无关。就财务指标而言，成本中心只对成本负责。成本中心的设立原则是独立性，其责任范围必须明确划分，对其所承担的责任必须便于单独考核。在生产过程中可以直接计算的发生数额与产品产出量有直接、稳定的数量关系，才属于标准成本中心或者技术性成本中心，如变动销售费用不属于产品成本，但因为其与产品或者服务的产出量有直接的数量关系，所以计入标准成本。行政管理费用、研发费、广告费等很难辨认和计量，一般要经过严格的审批，这样的成本中心称为费用中心或者酌量性成本中心。需要强调的是，成本中心所要控制并应负责的成本是责任成本，而不是产品成本。产品成本是以产品为对象进行分配和归集的成本，用于计算生产过程中的实际耗费，为计算盈利提供依据。责任成本以责任中心为对象，目的是反映和监督责任预算的执行情况，为计算、确定并考核评价各责任中心的工作业绩提供依据。这种责任成本必须是各成本中心的可控成本，可控成本具备以下三个条件：首先，在该成本实际发生之前，成本中心能够预知其发生；其次，对于该项成本的发生数额，成本中心可以确切计量；最后，成本中心能够通过自己的行为对该项成本的实际发生过程施加有效影响，使之符合某种预定的目标或者要求。有两点需要注意：第一，这里所说的可控是相对于某一特定的成本中心而言的；第二，成本的可控性是有一定条件的，也就是说，在一定条件下是可以转化的。某成本中心的各项可控成本之和，构成了该成本中心的责任成本。从整个企业角度来看，构成产品成本总额的每一个组成部分总要归入某个成本中心的责任成本，总要有某个成本中心对其负责。

（二）利润中心

利润中心就是对利润负责的中心，其既要对收入负责，又要对成本负责。因此，利润中心是包含成本中心的。利润中心既可以自然形成，又可以人为划分。自然形成的利润中心是能够直接向企业外部销售产品或者提供劳务而取得实际收入的利润中心，能够独立开展购销业务。人为划分的利润中心是因企业内部各责任中心之间按内部转让价格进行购销活动，而取得内部收入的利润中心。与成本中心一样，有必要区分一下经营利润和责任利润。根据可控性原则，利润中心所要控制并应负责的利润是其可控收入扣除其可控成本后的剩余部分，这是将收入与费用按“谁负责，谁承担”的原则进行配比的结果，可以称为“责任利润”。它与按照“谁受益，谁承担”的原则进行配比而形成的产品销售利润或者营业利润，在计算口径上并不完全一致。例如，某些利润中心的可控成本可能只包括变动成本而不包括固定成本，或者只包括折旧等一部分固定成本，这样它们所要负责控制的利润其实是贡献毛益或者可控毛益。但是需要注意，各利润中心直接经手取得的收入或者支付的费用并不一定就是它所控制的收入或者费用，所以在计算其利润指标的完成情况时，必须根据可控性原则，将收入与费用在各责任中心之间进行必要的划转。并不是可以计算费用和收入的都是利润中心，利润中心的一个很重要的特点就是具有经营决策权，可以自主地开展经营活动。

（三）投资中心

投资中心就是应该对投资收益负责的责任中心。因为投资中心需要把投入资本和该项投资所产生的利润联系起来综合考核，所以投资中心要对投资收益负责，要对利润负责，也就要对相应形成利润的收入和成本负责。每个投资中心都包含若干下属的利润中心。投资中心要对其权责范围内的全部投资及其产生的全部利润，以及将两者联系起来加以综合反映的投资收益指标负责。投资中心的另一个特征就是它不仅具有经营决策权，而且具有投资决策权。投资中心在各类责任中心中处于最高层，享有最大的权责范围，有权自主决定经营活动和投资活动中的各种问题，包括经营的品种、方式，投资的方向、规模、类型等。同时，投资中心也要对经营成果和投资收益负责。

一般情况下，即使是企业的高管层，对投资中心的活动也不加干预。

三个责任中心在分权管理的企业组织结构中分别处于不同层次。成本中心通常包括工厂、车间、工段、班组等。利润中心通常包括分公司以及一部分工厂甚至车间，其中部分是独立法人。投资中心通常包括一些事业部和分公司，且它们一般都是独立法人。

二、单一法人制和多级法人制企业的预算目标分解

（一）单一法人制企业

单一法人制和多级法人制企业的预算目标分解体现的是一种委托代理关系。从一般意义上讲，单一法人制企业预算目标的分解应首先考虑满足股东的期望收益，其次考虑企业持续发展所需提取的各种积累和准备，最后才是确定经营利润。具体流程如下：首先，董事会与总经理需结合企业外部市场环境进行利润预测，经过企业内部协商后最终确定预算目标。其次，根据企业作业类型进行组织再造和流程再造，为不同的责任中心确定并分解相应的责任预算。对于经营单位而言，若被定义为利润中心，则可根据该利润中心所占用的资产总额或人力总额等，来确定其预算目标。

（二）多级法人制企业

在企业集团内部，母公司与其控股子公司各自为独立法人，但是在很多政策选择上，成员企业要受到母公司的控制和引导。就预算管理而言，多级法人制下的母公司预算管理主要包括两个方面：集团公司内部的预算管理和母公司对子公司的预算控制。预算目标的确定也相应地包括两方面：总公司预算目标确定以及子公司、分部预算目标分解。

母公司也有两种类型。一种是纯粹控股式的母公司，专门从事对子公司的买入、持有和卖出。这类母公司习惯上被称为控股公司，其总部职能主要表现在对子公司的选择与买卖上，属于纯粹的投资管理职能。在这种情况下，母公司股东的收益或者目标利润主要由母公司股东确定，股东的期望收益通过母公司管理费等方式转换为子公司的收益目标。因此，母公司预算目标的确定其实包括两方面，即母公司股东期望收益率的确定和母公司总部管理费的预算。另一种类型的母公司则作为生产或者经营总部出现，因此它属于经营型母公司。经营型母公司的功能定位随企业集团性质和战略发展需要的不同而不同。此外，母子公司间还存在转移定价问题，母公司视子公司为生产车间，这类组织的转移定价权一般都集中在总部。因此，母公司会从子公司取得两部分收入——通过转移定价赚取的子公司利润和通过子公司的投资取得的子公司的税后收益，这两部分收入都要体现在母公司的预算目标之中。

在子公司或者分部预算目标的分解过程中，母公司需要就总部预算目标及分解预算目标的原则与子公司或分部进行讨论，这是一个讨价还价的过程。因为这将关系到母公司是否有权对子公司分解、下达预算。虽然在法律上母公司的董事会或者总经理并不直接拥有对子公司的预算控制权，但对这一特点的现实处理往往是使子公司董事

会在事实上成为母公司利益的代表，并保护子公司其他少数股东的权益。因为法律体系的不同，各个国家对此的规定也不尽相同。另外，如果子公司董事会或者总经理接受母公司这种命令式的预算管理方式，那么其将面临下一步的问题，即母公司在面对不同性质、不同行业的子公司或者分部时如何分解预算目标，分解的原则与基础是什么，在同一分解基础上如何体现企业整体的战略性，预算目标的分解是通过转移价格实现还是投资分红实现，以及在转移价格制定上如何平衡两者的利益分割问题。

控股型母公司对子公司的预算目标分解，有两种基本的方法：资产报酬率（ROA）法和净资产收益率（ROE）法。第一种方法是母公司求得各子公司的 ROA，然后将各子公司所占用的资产分别乘以 ROA，从而确定各子公司分摊的预算目标。第二种方法是母公司求得各子公司的 ROE，然后用这一期望比率分别乘以各子公司所占用的净资产，从而确定各自的预算目标。这两种方法体现了两种不同的筹资战略，即母公司对子公司的管理战略是集权还是分权。ROA 法适用于母公司对子公司采用集权管理方式的情况。在这类公司中，子公司本质上没有对外筹资特别是负债融资的权限，子公司实际上是一个利润中心而非投资中心，子公司经理不对子公司的资本结构负责，所以在分解预算目标时，应按照其所占用的总资产而不是总资本。如果子公司是一个真正意义上的投资中心，母公司不对子公司的融资战略负责，子公司的资本结构由子公司董事会或者总经理安排，则母公司对子公司的利润分解也必然以所投入的资本额来考量。这表现在目标预算分解上，即分解依据为母公司对子公司的投资额或子公司的净资产，也就是 ROE。

经营型母公司从子公司所取得的收入由两部分组成，即转移定价收入和投资收益。对于转移定价收入，它不体现为投资收益，因此在分解子公司预算目标时，应当将这部分收入从总预算目标收益中剔除，剩余部分按照投资比重确定分解的预算目标，其目标预算分解方式可直接采用 ROE 法或者 ROA 法。

第三节　企业集团与供应链预算管理

一、供应链预算管理

供应链是指企业研发、生产、销售和向客户交付产品及提供服务所必需的一系列作业价值的集合，或者伴随着作业转移的价值转移过程中全部价值的集合。企业每完成一项作业都要消耗一定的资源，而企业的产出又会形成一定的价值，并转移到下一项作业中，这样依次转移，直到形成最终的产品和服务，提供给企业外部客户。最终产品和服务作为企业内部作业链的最后一环，凝结了各项作业所形成并最终提供给客户的价值。作业链的形成过程实质上就是供应链的形成过程。作业耗费与作业产出配比的结果，就是企业得到的经济效益，所以企业为了实现经济目标，必须站在整体战略的角度对企业的作业链也就是供应链进行优化，以提高产出、减少耗费。供应链管理说明如图 6-2 所示。

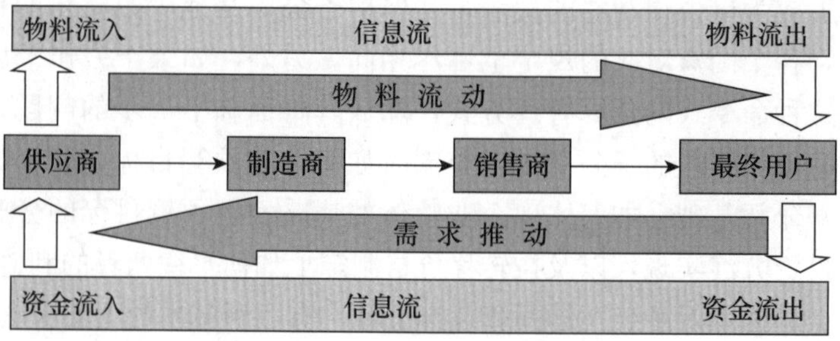

图6-2 供应链管理说明

供应链企业各项活动之间都有密切的联系，比如原材料采购供应的计划性、及时性和协调性与企业的生产制造有密切的联系，每项活动都能给企业带来有形或者无形的价值。又如，如果企业做好售后服务这项工作，可以提高企业的信誉，从而带来无形价值。供应链不仅包括企业内部的各链式活动，更重要的是还包括企业外部活动，如与供应商之间的关系、与客户之间的关系。供应链企业分类如表6-2所示。

表6-2 供应链企业分类

二级供应链	最简单的供应链，包括制造商和最终用户。制造商制造出的产品直接面向最终用户，二级供应链可分为以最终用户为中心、以制造商为中心、制造商和最终用户并重三种类型。
三级供应链	最基本、最典型的供应链，包括供应商、制造商和最终用户。根据原料及产品的供给和需求状况，三级供应链可分为以制造商为中心、以供应商为中心、以最终用户为中心三种类型。
多级供应链	情况复杂，变化较多，包括多个原料供应商、制造商、分销商和最终用户。根据产品的销售模式、产品和原料供求市场的竞争程度，多级供应链可分为以制造商为中心、以分销商为中心、以零售商为中心三种主要类型。

供应链预算管理是以市场和客户需求为导向，以核心企业为龙头，以供应链的整体价值增值为根本目标，以提高供应链竞争力、市场占有率、客户满意度和获取最大利润为具体目标，运用现代信息技术和网络技术，对供应链上的物流、信息流和资金流进行有效规划和控制的一种管理活动。供应链预算管理的内涵就是通过供应链的创建，体现整个供应链的低成本或差异化的竞争优势，真正实现多赢。

供应链管理理论的指标体系包括：产销率、产需率、产品或服务循环期指标、供应链总运营成本指标、准时交货率、成本利润率、产品质量合格率、售后服务质量指标、供应链经济效益评价指标。

二、企业集团与供应链预算管理的关系

供应链预算管理需要通过对供应链各组织之间信息流、物流和资金流的管理来获得最大的供应链盈利。供应链有相应的供应链计划，即要制定一整套控制短期运作的运营政策，这一阶段的决策必须受既定战略的约束。如计划从预测一定时期的市场需求开始，包括决定在哪个地点供应哪些产品，计划库存多少，是否外协制造，补货和

库存政策，备货点设定，以及促销时间和规模等有关政策。而全面预算作为管理层在计划中设定的对未来一个时期的数量表述，可以推动计划的编制和执行、提供业绩标准以及促进组织内部的沟通与协调。全面预算管理作为在组织的计划和控制中使用最广泛的工具之一，在整个供应链管理中也尤为重要。全面预算管理是保证企业沿着供应链的正确方向运行的重要因素，它有助于使供应链的增值作业最大化和非增值作业最小化。因此，在不久的将来，整个供应链上必然存在供应链战略的制定、供应链计划的实施和供应链全面预算管理的完善，以维持企业集团供应链整体利益的最大化。

（一）供应链预算管理实施的范围是供应链，而不是单个企业

在供应链这一问题上，存在不同看法。迈克尔·波特并没有直接给出供应链的定义，但是他通过将企业的价值活动分为五种基本活动和四种辅助活动，阐述了企业供应链的构成。但这种供应链是狭义的，只研究了企业内部的价值增值问题。在美国，供应链的定义向前、向后进行了延伸，涵盖了核心企业、供应商、分销商、服务商和客户，从而形成了内容更加广泛的供应链，也就是现代意义上的供应链。

（二）供应链预算管理的目标是实现供应链的价值增值

供应链的组成部分必须是增值活动，因为客户购买的是商品和服务所带来的价值，所以供应链上每一个环节增值与否以及增值多少都会影响供应链的竞争力。在与上下游企业组成的整个供应链的预算管理上，要力争消除一切无效劳动，降低成本，提高客户满意度和市场占有率，在整个供应链的每一个环节实现最合理的增值。

（三）供应链预算管理的有效实施有赖于供应链各方的通力合作

供应链上每一个企业的决策都将影响整个供应链的决策，所以，企业在进行相关决策时不但要考虑本身，而且要进行全面的优化和控制。这就需要供应链上的各方都能够消除企业界限，实现协同运作。在着眼于单个企业利益的旧预算管理模式下，在企业和供应商、分销商之间起作用的是输赢的观念，双方都想从对方那里索取更多利益。供应链预算管理的任务之一就是使企业与其他各方的关系从利益相关者转向贸易伙伴，使企业经营目标从单赢走向双赢，最终实现多赢。

供应链预算管理弥补了传统的预算管理的诸多缺陷：（1）传统的预算管理更加看重单一企业或者单个职能部门的管理控制和考评，横向考量较多，不重视供应链作为一个整体的绩效衡量，这样容易导致相关部门没有全局意识，进而造成供应链的割裂和整体供应链的表现较差。例如，采购部门往往追求较低的采购成本，而忽略整个供应链的质量成本增加，以及产品销量受限等。（2）供应链的动态运营需要即时数据的支持，可是传统的预算管理数据往往来自会计统计数据，数据的时效性跟不上。另外，相关指标作为预算管理的衡量标准可能会出现错误的引导，使企业过度注重目标的实现和超越，专注于短期利益，忽略企业的战略和可持续发展。（3）在供应链和供应链预算管理理念下，供应商、分销商、零售商、第三方物流公司均是企业利益一体化的战略合作伙伴，然而，传统的预算管理往往针对企业内部各部门，忽略了企业与相关利益者的联系。

三、企业集团与供应链预算管理在预算控制上的区别

企业集团与供应链预算管理在预算控制上的区别体现在：在控制目标上，从“单一利润最大化”转向“提高企业经营效率和效益，从而实现价值最大化”。在控制对象上，从对职能部门的控制发展成对作业单元的控制。作业活动是供应链中价值创造的“细胞”，也是供应链预算控制的基本单位，对供应链的控制必须渗透到这些“细胞”之中。在控制内容上，由资金或资本会计要素的单项变动控制发展成供应链、供应链系统、供应链网络和数字供应链等的多维控制。在控制视野上，由只关注企业内部发展成关注企业所处的整个供应链。在控制方式上，从适时控制向实时控制转变，即强调在各项作业中所进行的控制，实时性是其最重要的特点。在控制信息上，从利用会计信息或货币量发展成利用时间量、实物量、货币量三量信息进行控制。

在控制属性上，供应链预算管理强调多元属性，即具有过程属性、时空属性和动态属性。过程属性强调把会计控制从会计局部控制扩展到经营活动全过程，即在信息技术环境下，利用实时信息对企业产品的研发、采购、仓储、生产、销售等经营活动全过程的所有活动进行实时控制，其中包括制造商、供应商、销售商乃至最终用户的相关活动。时空属性强调预算控制所需要的信息具有跨越时空的特征，即在网络的支持下，可以在最短的时间和任意地点获取预算控制所需的信息。从控制空间的视角理解，在信息技术环境下会计控制跨越物理空间，延伸到企业的每一个生产部门、业务部门、管理部门；延伸到不同城市、不同国家乃至全球的每一个组织成员以及相关组织和消费者个人。动态属性强调会计控制从静态走向动态，即在信息技术环境下，信息的获取将从事后获取静态会计核算信息转变为实时获取反映企业经营活动过程的动态信息；对比分析、找出偏差、纠正偏差、指导、调节、约束、促进等控制行为从事后走向事中，从静态走向动态。在控制的程序上，广义的企业集团预算控制程序包括预算编制、预算执行、预算分析和预算考核。

第四节　预算目标管理中应注意的问题

一、战略问题

从形式上对预算的目标进行分析可以看出，它由一系列单项预算的指标组成，但其实预算的目标是以企业的整体战略为基础制定的，所以预算目标一定要体现战略的重点，要使预算管理成为战略管理的重要组成部分。要处理好不同目标之间的相互关系，各个目标并不是孤立的，每个目标都对应着责任人员，比如最基层的成本费用目标的负责人需凭其可控成本对上一层成本核算负责等，这样就形成了一个连锁责任体系。在这个体系中，每个分散的目标都可以为最终目标的实现而协同工作。同时，要兼顾年度预算与季度预算、月度预算的关系，以及全面预算与重点预算的关系。在确定分解方法时，要兼顾统一性和可行性，因为统一的做法有时不符合公司战略意图。

比如，有时母公司拟对某一子公司或者分部采用扶持的方式，使其尽快成为利润增长点，在这种情况下就必须在预算目标分解时给予其一定的照顾，以体现出这种战略安排。

二、预算目标要包括财务目标和非财务目标两大类

虽然财务目标是预算目标的核心，但是同样需要控制非财务目标。目标的设立应系统化，以最大限度地发挥其作用并据此设计预算管理的组织结构。在分解预算目标时，一般都要强调将财务资本作为分解预算目标的依据。但是对某些子公司来说，它们所占有的总部资源并不完全是财务资源，还包括非财务资源，如较好的地理位置、素质较高的人力资本以及特有的资源。在这种情况下，必须对预算目标分解依据进行调整，如把非财务资源和财务资源进行加权，分配相应的权重，并对非财务资源占用所应分解部分进行量化处理。

三、预算目标要选择最能体现预算管理本质的指标

目标的选择一定要兼顾企业增长、发展和风险三者之间的关系。应注重预算目标的可执行性，因为切实有效地实施才是预算目标最终的目的，无法落实的预算目标对于预算管理而言形同虚设。当然，为了保证预算目标的可执行性，就需要增强预算的预见性和适应性，在必要时作出适当的调整。

四、生命周期

在预算目标分解时，要考虑子公司或者分部所处的不同发展阶段。处在成熟期和成长期的分公司情况肯定不一样，不具备可比性，预算目标的分解必须考虑这一因素。目标分解时，还要区分不同类型的企业以及处于不同成长阶段的企业，另外还需要考虑企业的权力模式和管理特点。

五、选择的预算指标要可比、统一

在选择预算指标时，需要兼顾企业的成长性与利润增长潜力，同时要兼具战略长远导向性和现实可操作性。其一般可分为：效益类指标，如利润或者费用；规模类指标，如收入、市场增长率等。这样就可以形成同一企业以及不同企业在不同阶段的可比性，也实现了短期利润与持续发展的兼顾。在使用这些指标的过程中，还应该注意的是统一效益指标的选择，比如，利润指标是选择税后净利润、贡献毛益还是息税前利润应明确确定；规模指标是选择销售规模还是选择销售利润率也应保持统一。此外，在实际工作中还应确保各种指标的计算或者各个项目的确认应遵循统一的准则。

小　结

1. 设立预算管理目标时，需遵循以下原则：股东期望原则、避免产能过剩和考虑

资产盈利水平、增长性和可行性的兼顾、战略性和短期目标结合、充分考虑外部市场的因素；此外，还需注意各分目标间的平衡和博弈关系。

2. 预算管理目标是一个系统的层级体系，管理层的宏观目标要兼具稳定性和引导作用。全面预算管理目标要反映企业在预算期内各种具有实质性的基本活动的预算，并依据预算目标的实质进行分解。

3. 供应链预算管理是适应市场经济变化的产物，是对集团预算管理的一种新的延伸和发展。供应链管理的加入促成了一种全面预算管理方法。

4. 预算目标管理中需注意的问题包括：战略问题，财务目标和非财务目标的兼顾，不同行业、不同企业的生命周期，预算指标的可比、统一等。

练习题

一、选择题

1. 预算管理的目标分为经济目标与非经济目标，然而无论目标体系如何变化，考虑（　　）是必需的。

A. 钱的因素　　B. 人的因素

C. 基础因素　　D. 物的因素

2. 对预算管理目标的设定，通常有两种观点，即任务导向型和结果导向型。任务导向型可以按（　　）来理解，而结果导向型则更像是（　　）。

A. 演绎法　　B. 推断法

C. 比较法　　D. 归纳法

3. 如同从财务管理中确定企业的经营目标一样，股东虽然由不同的利益集团组成，但其在预算目标的底线设置上却是高度统一的，即追求（　　）。

A. 企业利润最大化与持续发展　　B. 利益相关者利益最大化

C. 企业社会责任最大化　　C. 股东财富最大化

4. 全面预算管理是保证企业沿着供应链的正确方向运行的重要因素，它有助于使（　　）的增值作业最大化和非增值作业最小化。

A. 价值链　　B. 供应链

C. 产业链　　D. 资金链

5. 为了保证预算目标的可执行性，就需要增强预算的预见性和（　　），在必要时可以作出适当的调整。

A. 前瞻性　　B. 适应性

C. 长远性　　D. 战略性

二、简答题

1. 从集团层面说明供应链预算的实践价值。

2. 如何使企业预算目标管理中的指标体系符合自身特征？

三、论述题

试论如何实施预算目标管理。

案　例

SN 集团全面预算管理目标体系优化

全面预算管理作为现代企业管理的一个重要分支，其重要性体现在它为企业运营指明了方向，企业的短期以及中长期目标都需要通过编制预算来确定。预算目标也是企业整体战略的具体落实和分解。此外，在整个预算过程中，即从预算编制、执行、控制到考核，所有的环节都需要企业的所有人员主动参与，就像质量管理、成本管理一样，是一项要求全员参与的管理活动。要做到全员参与，除了企业文化对每位员工日积月累的影响之外，有效的员工业绩指标设定是非常关键的。作为一个理性的经济人，部门和其员工，其行事往往都是从本部门的角度或个人的角度出发。这时就需要在预算的编制过程中，始终聚焦于企业的总体目标，每个人的具体目标都必须服从于总目标。因此，每位员工的考核指标中都应该包括一部分企业总体目标，这样才能使目标与预算真正服务于管理，逐渐实现目标的优化。

1. 案例背景

SN 集团创建于 20 世纪 60 年代，80 年代完成改制，90 年代中期完成事业部制改造，逐渐实行全面预算管理。SN 集团一直保持健康、稳定、快速的增长，20 世纪 80 年代到 20 世纪末年平均增长速度超过 50%。进入 21 世纪以后，在整个行业竞争激烈、增速全面放缓的情况下，SN 集团经过多年的不断调整与持续发展，如今已成为以家电为主，涉足汽车、物流、房地产、信息技术、金融等相关领域的大型综合性现代企业集团。集团总资产近 200 亿元，员工约 4 万人，在广东、安徽、江苏、湖南、重庆等地建有生产基地，营销网络遍布全国各地，并在欧洲、北美、韩国等地设有分支机构。SN 集团在现有业务坚持专业化、规模化和总成本领先战略的基础上，在稳健经营、持续发展的经营方针指导下，发展成为综合性的知名国际化企业集团。

SN 集团采用的是典型的事业部制组织结构。集团管理最高层为 SN 集团总部，总部作为纯粹的管理机构，实行总裁负责下的经营管理委员会制。总部内设战略管理中心、财务管理中心、行政人力中心、法务中心、审计部，这些部门分别负责整个集团的战略规划、资本运作、资金总调配、人力资源规划、法律事务、集团内部审计等战略性质的管理工作。集团总部下设 RD 集团、LZ 集团、DJ 事业部，这些下属单位实行总经理负责下的经营管理委员会制，构成了更具实质意义的管理平台，并设有战略管理部、财务部、行政人力部、营销部、审计部等职能管理部门。集团下各个事业部同样也实行总经理负责下的经营管理委员会制，并设立相应的职能部门。集团还设有专门的工厂或者销售公司和机构，对于存在分支机构的单位，继续实行与上一级相同的职能管理设置。为了达到国际化的目标，SN 集团进行了全面预算管理目标体系的优化升级。

2. SN 集团全面预算管理目标体系

各层级的预算管理机构设置如下：经营管理委员会作为管理机构，主要负责整个集团的战略目标规划及实现规划的投资决策、资本运作和总体资金调配。各个集团以战略管理为重点，其主要职能是为实现本级目标进行次战略层面的行业规划、经营协调、监督指导和资金调配。各事业部的主要职能是为实现本级管理平台的目标进行具有战略性质的产品规划以及具体的运营决策、业务活动管理和相应的指导监督。下设机构和分公司的主要职能是为实现本级目标的具体经营活动而进行管理协调。

整个集团的经营方针是长期稳健经营和持续发展，战略目标是将集团整体建设成为综合性的知名国际化企业集团。为实现战略目标，集团将具体目标定在利润最大化和规避风险两个主要方面。为此，集团对影响这两个具体目标实现的因素进行了分解，确定了几个驱动因素，并据此来确定可以采取的经营策略。例如，要实现利润最大化，一方面要增加销售收入；另一方面要降低销售成本和运营成本，以提高资金利用率。要规避风险，一方面需要在投资上注重优化投资结构，在生产运营管理上注重提高管理品质；另一方面要加强财务监控。至于经营策略的实施效果则由各自的关键绩效指标来衡量，如提高资金利用率的效果主要通过应收账款周转率、存货周转率和财务费用降低率来衡量。

为了更好地落实全面预算管理，SN集团在全面预算的基础上确定、分解目标并进行责任考核，最终实现总体目标。SN集团对各级管理平台和管理职能部门进行了责任中心的界定，并对各责任中心在预算编制和管理中所担负的主要功能进行了规定。例如，集团总部作为一级投资中心和利润中心，在预算管理中负责汇总并编制集团整体业务预算、集团总部投资预算以及集团本部费用预算。集团总部各职能部门作为费用中心，只负责本部门费用预算。

SN集团坚持持续改进，追求企业的稳健成长。为了更好地实现集团的战略目标，在以前年度经营管理的基础上，SN集团将主要目标由净利润转向经济利润，并在主要关注经济利润的前提下，充分关注相关的财务和风险指标。根据集团的实际情况，针对下一年度的经营目标和关注重点，集团建立了全面的目标体系、经营评价体系，目标体系的建立以基本指标的形式反映。一方面，不同管理层的管理目标逐层分解，上下层次的目标内容保持衔接，形成锁链关系。另一方面，不同层次的目标指标有所差异，主要体现在三个方面：首先，指标的内容在保持大体相同的情况下各级有所差异；其次，相同的基本指标在不同的管理层次的重要性不同；最后是指标的细化程度不同。各层次的主要目标和基本指标共同构成了集团的目标体系。

集团总部：目标经济利润为15亿元，这是集团总部的考核基数。同时，作为一个战略层面上的投资中心和利润中心，集团总部主要关注集团的发展能力和抗风险能力，所以关心的是整个集团的总体规模、总投资报酬和风险程度。因此，集团总部在结合经营利润率、净资产收益率等利润率指标考评内外销收入规模的同时，还要考评衡量风险程度的指标。

下属集团：目标经济利润为6亿元。这一方面是上一级目标的分解；另一方面体现了集团作为一个实质性管理意义上的投资中心和利润中心的特点。虽然指标和权重与上一级相比没有什么变化，基本是上一级指标的进一步细化，但对指标的关注与上一级不同，对指标从操作层面提出了原则性规定。比如，内外销收入不但要看总量，而且更注重销售结构和市场占有率。

事业部：目标经济利润为 4 500 万元。这一方面是上一级指标的分解；另一方面作为一个利润中心，事业部的投资报酬率不再作为该层次的基本指标，而是重点考虑营业规模和利润额。事业部要关心风险指标和质量水平指数，因为它们关系企业的持续发展能力。同时，作为战术性的操作平台，事业部在指标上对上一层次的数额进一步细化，使其更具有操作性。

公司：目标经济利润为 2 500 万元。作为一个纯粹的战术性的管理平台，公司一方面对上一级的指标进一步分解；另一方面作为一个利润中心，从本层次的角度考虑如何从具体管理操作上进一步完成目标，所以重点是在控制风险的前提下实现收入、降低成本（包括质量成本），从而实现目标利润。

部门管理平台：不设目标经济利润指标。作为一个部门，它一方面对上一级指标进行具体分解；另一方面设立本级的任务目标。部门管理平台只作为收入中心或成本中心，所以只考虑增加收入或降低成本，同时控制风险。

思考：

1. SN 集团在目标确定上有哪些不足？请提出一些改进建议。

2. 自 SN 集团实施全面预算管理以来，本来很多人认为不可能完成的事，到最后竟然都完成了。因为它充分调动了员工的积极性，挖掘了员工的潜能，同时又借助有效的管理工具将员工的积极性和潜能最终转化成效益。请结合此案例谈谈你对全面预算管理目标确定和分解的体会。

第七章

全面预算的编制流程

本章结构图

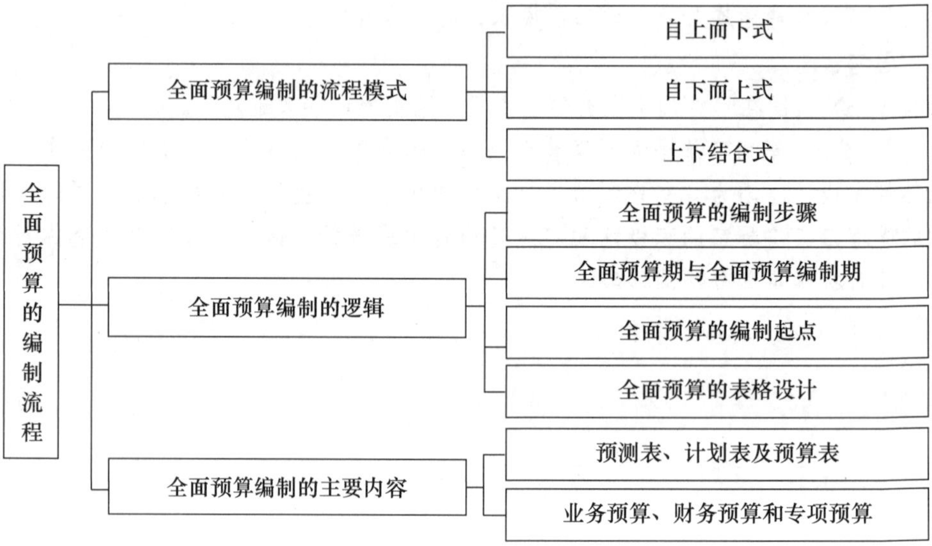

学习目标

- 了解全面预算编制的流程模式
- 理解全面预算编制的内在规律
- 掌握全面预算编制的主要内容

素养目标

- 结合“双循环”新发展格局，优化全面预算编制的流程
- 发挥民主与集中的制度优势，提高全面预算编制的效率与效益
- 以诚信与客观的态度看待各种预测方法下形成的财务报表

引　例

高标准预算编制的情境特征

在一次学术会议上，某公司的CFO介绍了所在公司的全面预算管理经验。他认为，好的预算可以用两点来衡量：一是预算是可实现的；二是预算在企业现有能力下可以最大限度地创造股东价值。尽管全面预算管理的目标是保持公司收入和盈利的增长，但预算绝不能靠主观想象。例如，“我想明年增长多少，我想赚多少钱，我想成为……”这种心态是不可取的。全面预算管理的工作重心是组织企业相关部门负责人，按既定的流程科学合理地编制预算。

从时间上看，大型企业的预算编制一般需要花费三四个月的时间，所以央企总部一般会在上一年的8月份就下达本年的预算编制计划。预算编制要注意以下几点。

一是以市场为导向。所有的预算和企业计划都必须从分析新年度用户的需求开始，包括市场用户的需求，以及市场对企业的要求。同时，将计划分解到各个责任人，并确保员工得到充分的激励。

二是确保企业增长目标的实现。首先，需要结合用户需求来安排目标任务和工作计划，让用户感受到企业提供的产品或服务对他们来说是最合适的。当然，其中离不开必要的交流与沟通。其次，将自己与竞争对手进行对比，并恰当地作出区分。即研究竞争对手的战略，分析竞争对手的优势与劣势，并由此展现企业自身的核心竞争力。

三是明确企业给用户创造的价值。在现有的目标客户群体中，要了解用户的需求到底是什么，竞争对手在扮演什么角色，哪些能够给用户带来价值增长。在公司战略方面，财务预算要具有针对性，要把钱投在为用户创造价值的服务上，坚决克服投资的随意性。

该案例表明，不能将功利目标作为预算编制的基础。客观地讲，好的预算应具备的要素就是好的流程、统一的工具、共同的理念。全面预算管理是通过好的流程来保证的。要想提高全面预算管理的质量，必须有一套规范的预算编制程序。

第一节　全面预算编制的流程模式

企业全面预算的编制涉及经营管理的各个部门，只有各个部门共同参与，才能使预算成为它们自愿努力完成的目标，而不是外界强加给它们的枷锁。预算是全面预算编制工作的成果，它既是责任单位生产经营活动的努力目标，又是企业考核责任单位业绩的主要依据。对任何一个企业来说，选择适合自己的编制程序至关重要，因为合适的编制程序是保证预算目标科学的必要条件。预算目标只有在科学的基础上，才能获得预算执行部门和个人的认同，也才能起到激励作用，企业的全面预算才是有效的。一般来说，企业预算编制的流程模式有三种：自上而下式、自下而上式、上下结合式。

一、自上而下式

自上而下模式是指高层管理者先制定出预算目标，然后自上而下地分解、下达目标，各责任单位据此编制和执行预算。该模式的优点是能更好地进行决策控制，保证企业利益最大化，同时兼顾企业集团战略发展需要。高层管理者往往先设置预算期的整体目标，然后通过编制全面预算来实现这一目标，体现了预算管理服务于企业战略的作用。缺点是易因总部对各责任单位信息了解不充分，制定的目标脱离实际，可执行性差。另外，各责任单位没有参与预算目标的制定，执行预算的积极性可能会受影响。该模式适用于中小企业，其组织结构一般采用直线制或直线职能制，企业往往实行高度集权的预算管理模式。

二、自下而上式

自下而上模式是指各责任单位根据自身的实际情况编制和执行预算，总部只履行汇总和管理的职能，并对预算负有最终审批权。在自下而上的编制程序中，预算执行单位在资金、人员和物资等企业资源的使用上有充分的自主权。该模式的优点是能提高各责任单位的主动性，容易调动其编制和执行预算的积极性，体现权利与义务对等原则，即“谁花钱谁做预算”；缺点是易因缺乏战略发展规划的指引，不能从整体利益出发，导致宽打窄用和资源浪费。因此，这种模式不利于各责任单位盈利潜能的最大限度发挥，容易产生与集团公司战略不符的预算目标。该流程模式适用于分权式企业，一般是企业集团中子公司的预算编制。

三、上下结合式

企业普遍采用的是上下结合式的预算编制流程。企业在确定生产经营总目标后，预算管理部门会设定企业总预算目标并将预算目标层层分解到各预算责任单位。然后，各预算责任单位根据分解目标并结合实际情况，编制本单位预算，并逐级往上汇总，经过协调平衡，最后得出企业的总预算。在采用这种编制程序的企业中，预算的执行者（如分部门主管及其下属的分厂等）在企业总目标和部门分目标的框架指导下进行预算编制，这体现了以集权管理为主的民主管理思想。适合采用这种编制程序的是企业集团或大型企业，它们大多采用事业部制组织结构。这种编制流程的优点是企业决策的集中度高，编制过程耗时较少；缺点是预算执行单位的决策参与性较弱，各职能部门之间的信息交流和沟通也不够，从而影响了预算管理功能的发挥。同时，企业各层级在自我利益的驱使下，可能会产生各自效益目标与企业整体目标之间的博弈，导致精力的不必要耗费。

为保证各责任单位预算编制与企业整体战略目标的协同一致，企业内部应该做到“上下一心”，在预算编制上加强沟通，建立相互沟通的平台。因此，选择合适的编制流程很关键。

企业一般应按照“上下结合，分级编制，逐级汇总”的程序编制预算，具体如下：

（1）最高领导机构根据长期规划，利用本量利分析等工具，确定企业一定时期的总目标，并下达规划指标。

（2）最基层成本控制人员自行草编预算，使预算较为可靠、符合实际。

（3）各部门汇总部门预算并协调本部门预算，编制销售、生产、财务等业务预算。

（4）预算管理委员会审查、平衡业务预算，汇总出公司的总预算。

（5）经过最高决策层的批准，审议机构通过预算或者退回修改。

（6）主要预算指标报告给董事会或上级主管单位，讨论通过或者驳回修改。

（7）批准后的预算下达给各部门执行。

某股份有限公司的预算编制流程如图 7－1 所示，流程步骤描述如表 7－1 所示。

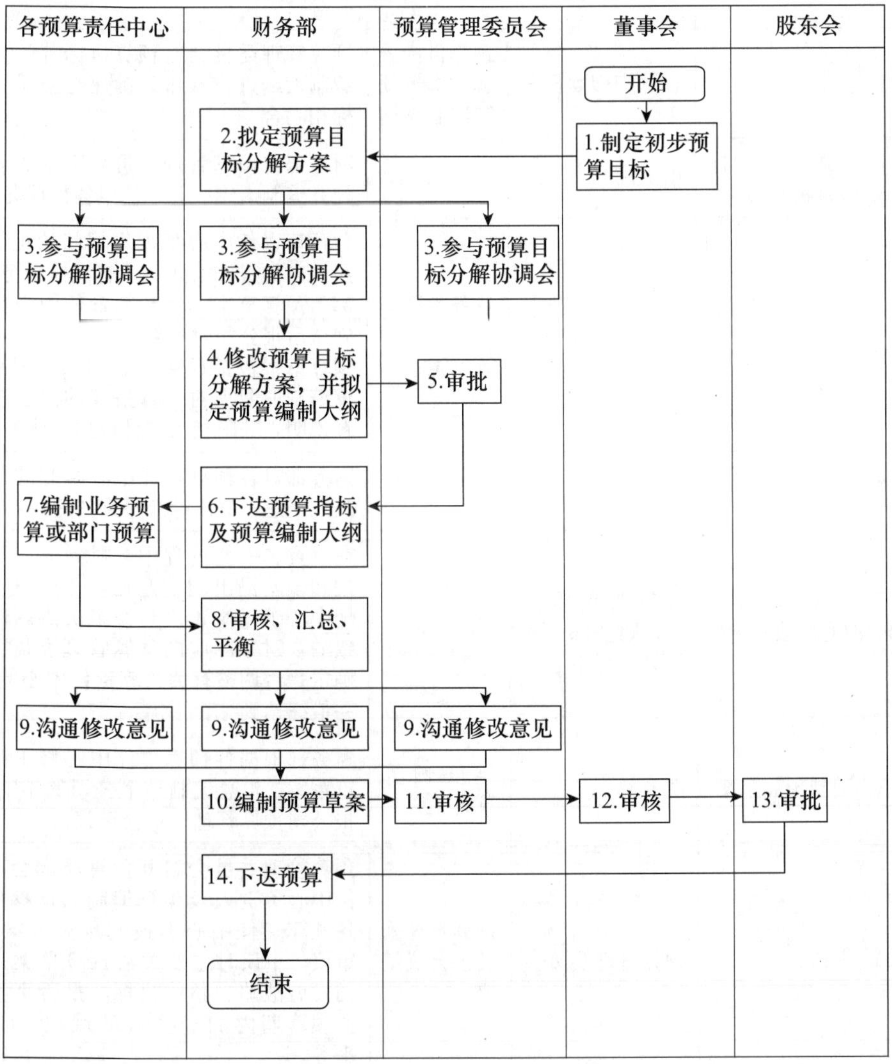

图 7－1　企业预算编制流程

表7-1 流程步骤描述

流程步骤	执行部门/岗位	执行记录	流程步骤描述
1. 制定初步预算目标	董事会		董事会根据公司发展战略和年度经营目标，结合财务部对预算目标的测算结果，确定公司初步预算总目标。
2. 拟定预算目标分解方案	财务部	预算目标分解方案	财务部拟定年度预算总目标分解方案。
3. 参与预算目标分解协调会	预算管理委员会、财务部、各预算责任中心	预算目标分解方案	预算管理委员会召开预算目标分解协调会，组织各预算责任中心、财务部相关人员就预算目标分解方案进行充分讨论、沟通。
4. 修改预算目标分解方案，并拟定预算编制大纲	财务部	预算目标分解方案、预算编制大纲	财务部根据协调会讨论结果，修改预算目标分解方案，同时拟定预算编制大纲，明确预算编制范围、编制依据及基本原则、编制内容等。
5. 审批	预算管理委员会	预算目标分解方案、预算编制大纲	预算管理委员会对预算目标分解方案及预算编制大纲进行审批，确保与公司总体战略目标相吻合。
6. 下达预算指标及预算编制大纲	财务部		财务部将预算管理委员会审定的预算指标及预算编制大纲一并下达至各预算责任中心。
7. 编制业务预算或部门预算	各预算责任中心	业务预算草案、部门预算草案	各预算责任中心根据本部门的预算目标，按照规定的报告格式、内容编制业务预算草案、部门预算草案，经预算责任中心负责人审核确认后报公司财务部。 预算草案包括预算报表和预算编制说明，预算编制说明需对预算报表的内容进行详细解释说明，并附相关附件依据、业务报表。
8. 审核、汇总、平衡	财务部		财务部对各预算责任中心编制的预算进行审查、汇总，提出综合平衡的建议。
9. 沟通修改意见	预算管理委员会、财务部、各预算责任中心		在审查、平衡过程中，财务部应对发现的问题和偏差提出调整意见，并反馈给各预算责任中心予以修正。对经多次协调仍达不成一致的，财务部应向预算管理委员会汇报，以确定是否调整有关预算责任中心的预算目标，并最终达到综合平衡。
10. 编制预算草案	财务部	年度预算草案	财务部根据各预算责任中心修正调整后的预算草案，汇总编制整个公司的年度预算草案，报公司预算管理委员会审议。
11. 审核	预算管理委员会	预算管理委员会会议纪要	预算管理委员会召开预算质询会，各预算责任中心负责人及预算编制人员参加会议，对各预算责任中心上报的预算方案进行质询、审议，审议时主要关注预算草案是否符合公司发展战略、整体目标，是否真实反映本企业预算期内的经济活动规模、成本费用水平等。

续表

流程步骤	执行部门/岗位	执行记录	流程步骤描述
12. 审核	董事会		董事会审议预算草案，即针对预算管理委员会的提议，进行审核与表决。
13. 审批	股东会		股东会审议预算方案，批准执行。
14. 下达预算	财务部		财务部下达预算。

第二节　全面预算编制的逻辑

所谓预算编制的逻辑，就是在确定一个点之后，向下一个点推进的理论依据。通常预算编制是在确定预算目标之后向下推进，在某个分类点上将预算目标分解为若干个子目标，并在不影响其他条件的前提下逐个量化，对应职能下放给各个部门，并具体指派到个人。从逻辑导向来说，预算编制是在市场分析和企业分析等客观因素的基础上，结合成本、单价、产量等基本假设条件，推导出企业最终的整体预算目标。不同的编制方法下，方案的导向也不同，有些企业以成本为导向，有些企业以销售为导向。当然导向始终是跟随战略目标的，而且无论采用哪种编制模式，都要保证逻辑极强的严密性。整体目标从上到下，或是从下到上，推理过程应当是可逆的。

我们判断一个预算方案是否具有严密的逻辑性和较强的可操作性，关键要看它是否包含以下几种逻辑关系：一是总目标与子目标之间是不是存在绝对的因果关系，且关键预算指标是不是子目标得以实现的充分必要条件。二是分目标之间、关键预算指标之间是否具有和谐性与统一性。三是不同年度关键指标间是否一定有逻辑性可循。

在实践中可以发现，许多企业的预算编制是基于财务报表的预测和倒推。其过程可概述为：财务部门以之前年度的财务报表作为基础，通过经验判断、趋势预测等方式首先对预算年度的利润表组成项目进行分析和预测，然后通过相关明细表将各项数据拆分为明细组成数据。预算内容体系中的财务预算，是经营、投资和筹资预算的共同反映结果。其中，利润预算是对经营预算中的销售收入、成本以及费用预算项目进行代数加减的结果，经营预算中的各个具体预算都是利润预算项目的展开，为利润预算所覆盖；现金流预算反映的是经营、长期投资和筹资预算的现金收支项目及其金额；资产负债预算是预算目标对企业财务状况共同作用的结果。显然，先进行利润表预算的做法不合理。

进入信息时代，世界经济、科技、政治和文化环境等都发生了巨大的变化。因此，企业的历史业绩数据虽然对预算编制有参考作用，但若将其作为预算编制的基础数据，必然会导致预测结果的不准确。

一、全面预算的编制步骤

全面预算管理强调以业务驱动预算，即首先对年度生产经营进行合理安排，然后预测这些生产经营行为所产生的财务数据，最终预测企业的财务成果。

以业务驱动的预算编制逻辑包括三个步骤。

1. 从企业产能和市场需求的平衡中寻求预算决策

这一步骤是预算编制的起点。企业整体的运营管理过程就是企业产能和市场需求之间的平衡过程。全面预算的编制正是以这个平衡作为决策的依据，将整体决策进行细化并逐步落实。

企业应当根据自身的运营情况、资源配置及外部的市场需求、竞争对手等，在可供选择的运营管理方案中选择最能够有效支持年度预算目标的方案。

2. 确定各个责任中心的任务

确定年度运营管理方案之后，企业应该落实各个责任中心的具体工作任务和计划，并进行相关任务的安排、计划和预测。这个步骤是全面预算管理编制流程中以业务驱动预算的关键环节。

3. 形成具体执行安排，产生预算编制结果

在完成步骤1和步骤2之后，接下来就要形成具体的执行安排，并且产生财务预算，形成预算编制的结果。

二、全面预算期与全面预算编制期

预算期是指预算编制覆盖的经营期间和预算的实际执行期；全面预算编制期是指全面预算实际覆盖的时间。全面预算按照涉及的预算期分为长期预算和短期预算。长期销售预算和资本支出预算属于长期预算，长期预算有时还包括长期资金筹措预算和研究与开发预算；短期预算是指年度预算，或者时间更短的季度或者月度预算，如直接材料预算、现金预算等。通常长期和短期的划分以1年为界，有时也把2～3年的预算称为中期预算。

三、全面预算的编制起点

在全面预算的整个体系架构中，包括采购、生产、销售、仓储和人工等各个环节，它们相互影响、前后衔接构成一个完整的体系。以业务驱动的全面预算的编制起点应该结合企业内部的运营情况和外部的整体经济情况确定，即从企业产能与市场需求的平衡中寻找企业的预算编制起点（见图7-2）。

一般来说，企业在不同的情况下，采取的具体预算编制起点也会有所不同，如表7-2所示。通常情况下，企业会根据自己最受限制的方面来编制预算，就像木桶的短板效应一样，木桶的容量取决于最短的那块板。比如，某个行业的原材料具有一定的特殊性，不容易获得，那么往往原材料市场的供求情况就成为这个企业编制预算的起点。

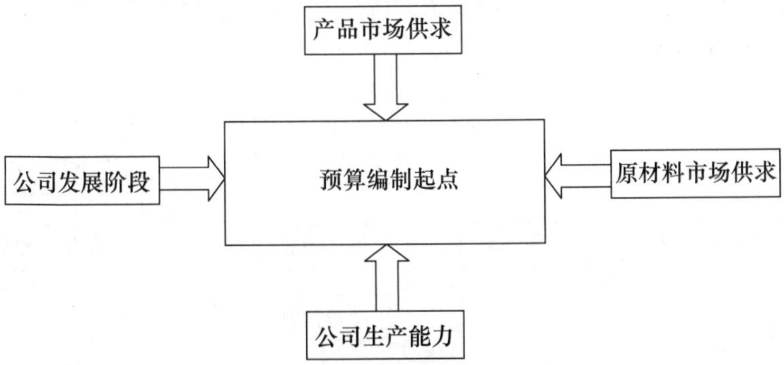

图 7－2　全面预算编制起点的确定

表 7－2　企业不同情况下全面预算编制起点

公司发展阶段	公司发展初期，资本支出较多且投资风险较高，一般以资本预算为预算编制起点
	公司的成长期，企业往往更注重销售额的提升，一般以销售预算为预算编制起点
	公司的成熟期，在持续经营的压力下，不断进行成本的控制，一般以成本预算为预算编制起点
	公司的衰退期，企业的销售额开始下滑，对于资金的控制变成最重要的环节，多以现金流量预算为预算编制起点
产品市场供求	供大于求，销售成为企业的短板，一般以销售预算为预算编制起点
	供不应求，销售不构成企业的短板，一般以其他预算为预算编制起点
原材料市场供求	供大于求，原材料不构成企业的短板，一般以其他预算为预算编制起点
	供不应求，原材料构成企业的短板，一般以采购预算为预算编制起点
公司生产能力	公司生产能力受较大限制时，一般以生产预算为预算编制起点
	公司生产能力不受限制时，一般以其他预算为预算编制起点

以下是几种常见的预算编制起点。

（一）以资本预算为起点

在企业创立初期，资本支出较多，投资风险较高。这两方面的风险使得企业的净现金流量为负数且投资新产品的决策需要慎重。这时企业往往将资本预算作为全面预算编制的起点，这里的资本预算包括投资预算和筹资预算。

（二）以生产预算为起点

产品市场分为供大于求的买方市场和供不应求的卖方市场。在卖方市场中，生产决定销售，生产的产品数量即为销售的产品数量，所以企业的制约因素主要是生产能力。这时预算的编制起点是生产预算，这种情况在计划经济时期比较普遍。以生产预算为起点编制全面预算的流程如图 7－3 所示。

（三）以销售预算为起点

在供大于求的买方市场中，销售决定生产。企业需要了解市场的需求，尽可能地使自己的产品贴近市场，这时销售就成为企业的短板，需要以销售预算作为预算编制起点。现在绝大多数企业编制全面预算就是以销售预算为起点的。以销售预算为起点编制全面预算的流程如图7-4所示。

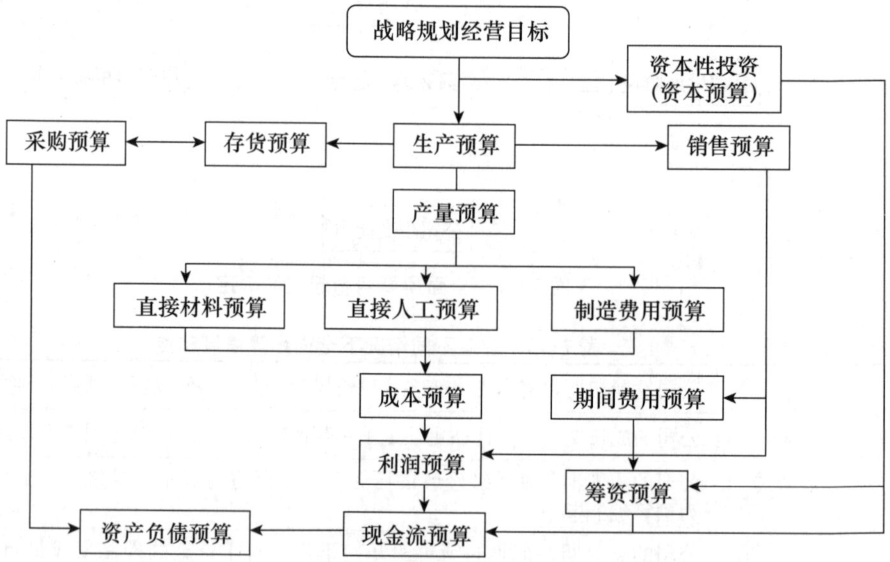

图7-3　以生产预算为起点编制全面预算的流程

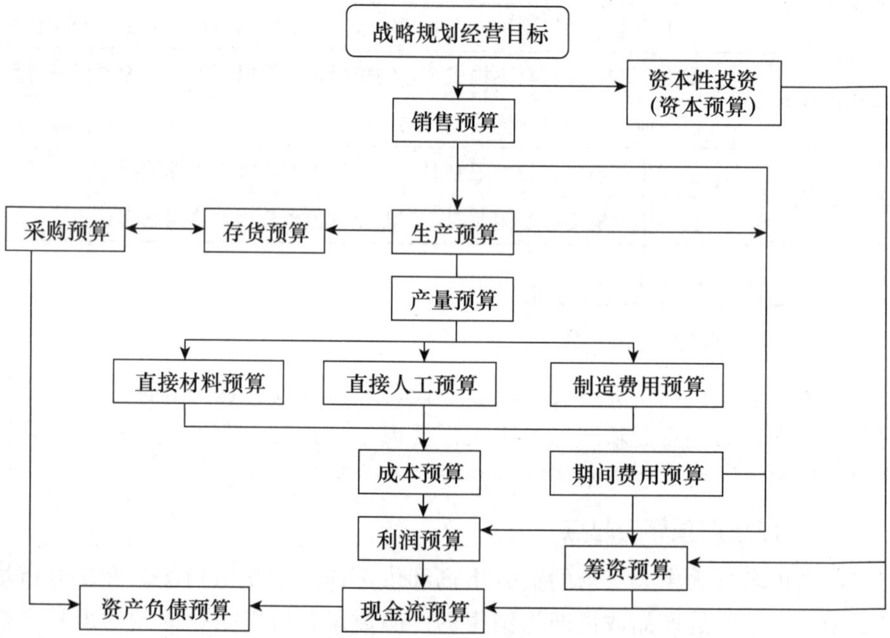

图7-4　以销售预算为起点编制全面预算的流程

(四) 以采购预算为起点

当企业某些特殊的原材料供应有限，产品供不应求，生产技术足以支持时，企业的生产能力取决于原材料的获取量。原材料就成为企业的短板，限制了企业的产量。

此类预算的编制起点即为采购预算。以采购预算为起点编制全面预算的流程如图 7－5 所示。

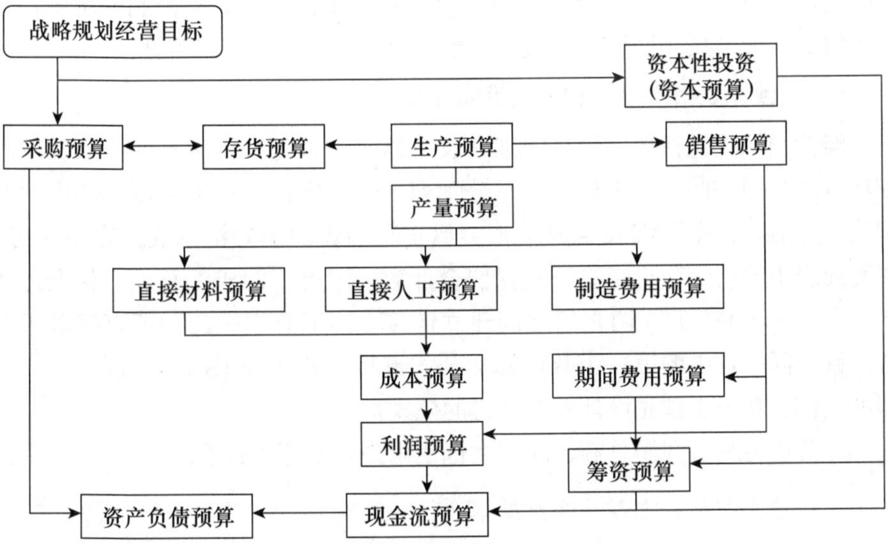

图 7－5　以采购预算为起点编制全面预算的流程

四、全面预算的表格设计

(一) 预算项目明细与会计核算科目明细相一致

在编制预算时，首先要确定预算包含的明细项目，可以参照收入及成本费用的明细科目来设置。这样做的好处：一是简单方便，不需要再另外设计项目；二是便于进行预算与实际的对比分析。由于会计核算的明细科目与预算的明细项目一一对应，因此，只要在财务软件中调出科目发生额/余额表并在 Excel 中将二者的数据直接并列在一起，即可轻松计算出其差异。

由于是按会计核算的明细科目来设置预算项目的，收入、成本费用明细科目设置得恰当与否对预算的编制和后期的分析影响很大，因此，对各项收入及成本费用的核算应尽可能详细。表格设计基本上是针对每一项收入、成本费用设置一个明细科目，尤其是经常发生的项目以及金额较大、较为重要的项目。这样做虽然有些烦琐，但在进行费用控制和分析时却很方便——只要在财务系统中调出科目余额表即可知道每一项费用的发生金额，也可比较出实际发生额与预算金额的差异。如果将多项同类费用放在一个科目内核算，那么在需要查询某项费用的发生额或了解该类费用与预算差异的具体原因时，就必须查询明细账、进行手工汇总才能得出结论。

有了明细核算后，如果费用的实际发生数与预算数产生差异，则很容易发现造成差异的具体原因，而不需要再查看明细账。另外，由于预算的编制往往需要参考前期的实际发生数，因此详细的明细核算可以为预算编制提供明确的参考。详细的明细核算有利于预算编制者掌握实际情况，保证预算的准确性，同时也便于对企业费用进行控制，减少财务人员查账的工作量。

在设置科目明细的同时应考虑分部门核算。由于每个部门都会影响、控制企业的某些费用的发生，为了区分各自的费用控制责任、考察费用控制的结果，企业应根据具体情况对成本费用明细科目进行分部门核算并分部门编制预算。

（二）预算表格的设计和相关准备工作

经营预算应包括部门预算明细表及汇总表。首先，将所有的收入及成本费用按明细项目分类列入同一张表格，按月分别列示；其次，计算出月度及年度利润总额和净利润；最后，根据明细表生成一张类似于利润表的简要汇总表。在编制好明细表后，将明细表中的明细项目隐去，只保留合计数，就可以制成汇总表。将上述两张表放在同一个Excel中，并在两张表之间建立链接，使汇总表中的数值直接等于明细表中的合计数。同一行中的第一个数值建立公式链接，其他列采用“复制”及“粘贴”功能即可（注意在表中预先设计好合计栏的公式）。

对营业毛利、利润总额、净利润也使用公式来计算其数值，即

营业毛利＝收入－营业成本－税金及附加

利润总额＝营业毛利－营销费用－管理费用－财务费用

净利润＝利润总额－企业所得税

这样，只要在明细表中输入各明细项目数据，Excel就可自动计算出年度预算净利润。如修改了某项数据，报表可自动更新结果，不需要再手工加总。在所有的公式设置完成后，还应进行测试，尝试输入一些简单的数据，查看结果是否正确，以确保预算结果的准确性。

在企业没有专门的预算编制软件系统的情况下，采用这样的办法简单明了，既便于编制又方便浏览，符合日常的报表格式和阅读习惯，同时也减少了预算编制工作量，提高了工作效率。

（三）其他辅助预算表格的设计

在设计经营预算明细表及汇总表的同时，还可以编制其他一些辅助预算表，并将其与经营预算表放在同一个Excel中，同时建立表间的链接公式。

1. 业务量预算表

该表采用经营预算表的形式，可根据公司的具体情况包含收入项目、成本项目，按月列示每月预计实现的业务量、成本数，以及预计的收入单价、成本单价。通过设计计算公式并链接到经营预算表，只要确定了业务量，就可以自动生成收入额及成本额。

2. 新增固定资产预算表

公司可以编制一个简单的固定资产预算表来展示公司下一年度新增固定资产的情况。该表格包括固定资产类别、名称、价值，以及备注等栏目。该表可与经营预算明细表一并发给各部门填制，再进行汇总。这个表格可以简单清晰地反映出公司新增固定资产的项目及所需要的资金，还可以链接到现金流量预算表及累计折旧费

用预算表。

3. 累计折旧费用预算表

为了方便预计累计折旧费用，还可以编制累计折旧费用预算表。该表格包括预计期初固定资产原值、本期新增固定资产价值、折旧率、折旧期限、应计提折旧额等栏目。通过在表间各栏及经营预算表间设定计算公式，就可以得出折旧费用的预算金额。如果固定资产预算发生更改，折旧费用预算就会自动更新，不需要进行人工重算。

预算编制往往需要反复修改，并且牵一发而动全身，一项指标改动往往会导致多项指标变动，工作量很大，发生差错的概率很高。通过预先设计多种辅助表格并在表间建立公式链接，可以提高工作效率，降低差错发生概率。

（四）预算的汇总合并及日常管理

经营预算明细表包括企业的所有收入及成本费用项目。在分部门编制预算的情况下，可以让各部门统一使用该表格，同时制定预算编制说明。财务部门应向其他各部门及管理层提供各明细项目的上期预算及实际发生的相关数据，作为本期预算编制的参考，以协助各部门和管理层完成预算的编制及审核工作。

预算组织者的一项重要工作就是汇总各部门编制的预算。在没有专门的预算软件系统的情况下，利用 Excel 也可以迅速完成汇总。可以按年度建立一个新 Excel 工作簿，在该工作簿中建立多个工作表，包括汇总表、明细汇总表、各部门表。可以将前面已做好的预算明细表及汇总表模板另存为一个新的工作簿，将预算明细表复制多份，每一张表代表一个部门。再建一张表作为明细汇总表，分别设置好名称及表头。在明细汇总表与部门明细表之间建立公式链接，即：明细汇总表＝A 部门明细表＋B 部门明细表＋……。由于所有表格的格式完全一样，因此在设置好一个单元格的链接公式后，在其他单元格直接使用“复制”及“粘贴”功能，从而方便快捷地完成明细汇总工作，之后由 Excel 自动输出预算结果。当然还要做一下测试，保证结果的准确性。由于在汇总表与明细汇总表之间已建立好公式链接，因此可以在汇总表中查看收入、成本、费用、利润总额、净利润等数值。

上述预算表格一经确定，可以在以后年度多次使用。如果企业的经营业务没有太大的变化，则可以在上年预算的基础上直接修改数据，已设定好的计算公式可继续使用，从而大大减少预算编制的时间。

对预算进行初步的审核与汇总后，公司总体预算就非常明确了。对于预算制定结果不理想的部门，应要求其改进，直至达到初步的目标；同时，应向公司管理层提供本次预算与本年实际及原预算计划安排的对比分析报告，明确差异的金额及造成差异的原因；同公司管理层一起分别与各部门研讨，听取各部门对预算明细项目的解释说明，并提出修改意见。在预算结果经公司管理层确定后报送预算。

在条件许可的情况下，可将预算结果输入财务软件系统，建立预算账套。每月根据预算与实际完成情况对比明细表，向公司管理层提供每一个预算明细项目的当月完成情况及本年累计完成情况的信息；向各部门提供部门预算完成情况的信息，以配合公司管理层严格按预算控制固定资产增加及费用支出。

第三节 全面预算编制的主要内容

一、预测表、计划表及预算表

全面预算编制主要涉及预测表、计划表及预算表三个层面。

预测表是对外界市场情况和内部资源所做的预测，包括对市场需求、销售价格、采购价格、生产能力的预测。预测结果只与内外部情况相关，不受公司战略目标和公司年度经营目标的影响，是制定计划和预算的依据。

计划表是在预测表的基础上，根据公司战略目标和年度经营目标制定的，包括公司主要生产经营活动的各项计划，如销售计划、生产计划、物资能源需求计划、采购计划等。此处所指的计划只是公司和各部门及生产单位所有计划的一部分，是制定预算表的依据。

预算表是在对市场情况及内部资源状况充分分析研究的基础上，对涉及全面预算的计划进行进一步细化和价值量化，从而形成的一个完整且具备一定风险防范措施的资源优化配置方案。

二、业务预算、财务预算和专项预算

按预算涉及的业务活动领域，全面预算可分为业务预算、财务预算和专项预算三大类。

业务预算（operating budget）是反映企业在计划期间日常发生的各种具有实质性的基本活动的预算。它主要包括销售预算、生产预算、直接材料预算（采购预算）、直接人工预算、制造费用预算、产成品成本预算、销售费用及管理费用预算等。

财务预算（financial budget）是指企业在计划期内反映有关现金收支、经营成果和财务状况的预算。它主要包括现金预算（大公司一般需要编制预计现金流量表）、预计利润表和预计资产负债表三种。

专项预算（special decision budget）是指企业为不经常发生的长期投资决策项目或筹资项目所编制的预算。它主要包括资本支出预算和筹资预算。

小　结

1. 全面预算编制过程中常用的三种编制流程模式包括自上而下式、自下而上式、上下结合式。

2. 全面预算管理强调以业务驱动预算，根据公司内部的运营情况和外部的整体经济情况，有不同的预算编制起点。

3. 全面预算编制主要涉及预测表、计划表及预算表三个层面；根据预算涉及的业务活动领域，全面预算可以分为业务预算、财务预算和专项预算。

练习题

一、选择题

1. 在全面预算编制过程中，预算与年度经营计划具有密切的相关性。如果说预算是对年度战略目标的“数字分解”，则年度经营计划是年度战略目标的（　　）。

A. 行为分解　　B. 具体落实
C. 贯彻执行　　D. 滚动延伸

2. 从预算管理来说，好的预算应具备的要素就是好的（　　）、统一的（　　）、共同的（　　）。

A. 流程　　B. 工具　　C. 理念　　D. 方法

3. 全面预算编制过程中常用的三种编制流程模式包括自上而下式、自下而上式、上下结合式，对应的分别是（　　）、（　　）与（　　）。

A. 权威式编制模式　　B. 参与式编制模式
C. 混合式编制模式　　D. 灵活式编制模式

4. 企业处于初创期时，全面预算的编制起点一般是（　　）。

A. 销售预算　　B. 资本预算
C. 成本控制预算　　D. 现金流量预算

5. 全面预算编制主要涉及（　　）三个层面。

A. 预测表　　B. 计划表
C. 预算表　　D. 测算表

二、简答题

1. 预算编制的流程大致有哪几种情形？
2. 简述预算编制的起点及其特征。

三、论述题

试论预算编制在预算目标贯彻与实施中的积极意义。

案例

全面预算的编制流程

美国 3M 公司在全球 60 多个国家和地区设有营运机构，2023 年，公司的收入达到了 287 亿美元。在预算编制方面，3M 公司曾一度采用“自下而上”的模式，即先从最底层的业务单元预算开始，然后逐层整合，最终形成整个集团的预算。现在，3M 公司采用的是一种“自上而下”的预算编制流程模式，要求各业务单元根据最高领导层的战略目标来制订计划。具体程序如下：

(1) 在集团层面，每年的战略制定工作从3月份开始到7月份结束。集团在将过去5年的历史趋势和发展计划进行对比分析后，会为旗下的7个业务单元制订滚动的5年发展计划。

(2) 在7月份的一系列会议上，集团总裁、副总裁和其他各个职能的高级管理人员审阅和批准这些战略计划。然后，各个业务单元的负责人需要基于这些战略计划为下一年制订明确的工作计划和预测目标。

(3) 10月份，集团总裁和最高管理层人员，包括各个业务单元的负责人一起审阅并讨论这些目标。然后，集团编制预算总纲，并以此传达公司战略、重要举措、预算目标、分解指标和预算制定依据。下属机构按照总纲制定详细的预算并获得批准。

(4) 各个业务单元在下一年1月份最终结束它们的预算工作。

思考：

结合3M公司采取的预算编制流程模式，阐述不同模式的优缺点及适用范围。

第八章

全面预算的编制方法

本章结构图

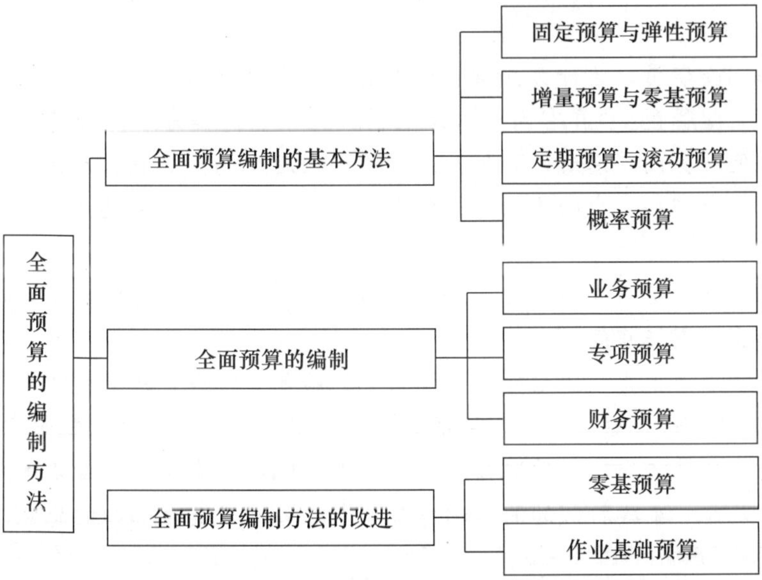

学习目标

- 掌握全面预算编制的基本方法
- 明确全面预算的组成内容
- 了解全面预算编制方法的改进

素养目标

- 结合“一带一路”建设，优化全面预算编制的弹性与延展性
- 围绕全国统一大市场建设，提高企业全面预算编制改革的积极性

引 例

细微之处见真章

M酒店的副总经理达吾接到了一位顾客的投诉。顾客表示自己是这家酒店的常客，但每次来酒店的时候仍被当作是第一次来，这让他很难有宾至如归的感觉。

达吾马上找到管理部门，要求负责人为曾经来过酒店的顾客单独建立一套计算机程序。然而，负责人面露难色，说："如果要建立这样一套系统，至少需要500万美元经费和3年时间。"

听到这样的答复，达吾也无可奈何，一时语塞了。

几周后，达吾到加利福尼亚州出差，入住了当地的G酒店。刚进入酒店大厅，门卫比尔就热情地迎接了他。达吾几年前见过这个职员，比尔接过行李后，前台的女职员同样十分热情。

女职员面带亲切的微笑，对达吾说道："您好，达吾先生，欢迎您再次光临G酒店。"

达吾问女职员，为什么知道自己以前曾经来过这家酒店。

女职员解释说："在客人进入酒店前，比尔会迎接客人。如果是比尔第一次见的客人，他就会问：您好，贵姓？您来过我们酒店吗？如果客人回答曾经来过，比尔在把客人介绍给前台的小姐时，就会摸一下自己的脸，意思就是：这位客人曾经来过！"

然后，女职员叫来服务员，并介绍道："这位是达吾先生，今天晚上要住在我们酒店的克里斯托房间。"

女职员一边说，一边轻轻摸了摸自己的脸颊。服务员马上就明白了女职员的意思，说道："您好，达吾先生，很高兴再次为您服务，我感到非常荣幸！"

G酒店职员之间默契的配合触动了达吾，他们没有花费几百万美元建立计算机系统，只是靠一个摸脸颊的简单动作就让老顾客有了宾至如归的感觉。

资料来源：改编自网络小说。

该案例表明，全面预算管理，尤其是预算编制应当提倡自然与简约，将顾客满意度作为预算管理的核心指标，进而为企业实现管理会计中强调的可持续成功奠定坚实的基础。

第一节　全面预算编制的基本方法

一、固定预算与弹性预算

（一）固定预算

固定预算（fixed budget），又称静态预算（static budget），是指按照固定业务量编制的预算，一般按预算期的可实现水平编制。

固定预算的基本特征是：不考虑预算期内业务活动水平可能发生的变动，只以预算期内计划预定的某一共同的业务活动水平为基础确定相应的数据；将实际执行结果与预算期内计划预定的某一共同的业务活动水平所确定的预算数进行比较分析，并据以进行业绩评价、考核。然而，如果企业的实际执行结果与预期业务活动水平相距甚远，固定预算就难以为控制服务。事实上，固定预算对控制的作用仅限于在实际业务水平与预期业务活动水平完全一致时。在市场变化较大或较快的情况下，不宜采用此法。

（二）弹性预算

针对固定预算所存在的不足，早在20世纪30年代，弹性预算就已经开始应用。弹性预算（flexible budget），又称变动预算（variable budget），是指一种具有伸缩性的能够适用于一系列业务量变化的预算。它是在企业不能准确预测业务量的情况下，根据收入、费用、成本同业务量之间有规律性的依存关系，按预算期内可能产生的业务量编制的一系列预算。

弹性预算主要有全面弹性预算、弹性成本预算、弹性管理费用预算、弹性销售费用预算和弹性利润预算等多种类型。

全面弹性预算（master flexible budget）以预算期内预期的各种可能实现的销售净收入为计量基础，按成本性态扣减相应的成本，据此分别确定不同销售净收入水平下可实现的利润或发生的亏损。

弹性预算与传统的固定预算在编制方法上有所不同。弹性预算是为一系列业务量水平而编制的，使用范围较为广泛。只要预算的各项指标在某一业务范围之内，其数据都可以为实际控制所用。

与固定预算方法相比，弹性预算方法有很多优点：运用广泛，使预算与实际具有可比基础，使预算控制和差异分析更有意义和说服力；一经编制，只要各项消耗标准和价格等依据不变，便可连续使用，从而大大减少预算编制的工作量。当然，运用弹性预算而不运用固定预算的最主要原因在于，弹性预算能够在控制数量变化后，更好地对预算责任单位、责任人或员工的工作业绩进行正确评价。

二、增量预算与零基预算

（一）增量预算

增量预算是指以基期费用水平为基础，结合预算期业务量水平及有关降低成本的措施，通过调整有关原有费用项目及预算额编制预算的方法。

这种方法存在以下不足：受原有费用项目和数额限制，可能导致不合理现象。由于按这种方法编制预算时，往往不加分析地保留或接受原有的费用项目和数额，可能使原来不合理的费用开支延续下去，使不必要的开支合理化，继续造成预算上的浪费，滋长预算中的平均主义和简单化；容易导致预算编制人员凭主观臆断按费用项目平均削减预算或只增不减，不利于调动各责任单位和员工降低费用的积极性，不利于企业未来的发展；对于那些未来实际需要开支的项目，可能因没有考虑未来情况的变化而造成预算的不足。

（二）零基预算

为弥补增量预算的不足，美国得州仪器公司的彼得·派尔设计了零基预算模式。该模式已被西方国家作为管理间接费用的一种新的有效方法广泛采用，并取得了良好的控制效果。

零基预算（zero-base budgeting，ZBB），是一种“以零为基础编制计划和预算的方法”，是指在编制费用预算时，不考虑以往会计期间所发生的费用项目或费用数额，而是所有的预算支出均以零为出发点，一切从实际需要与可能出发，逐项审议预算期内各项费用的内容及开支标准是否合理，在综合平衡的基础上编制费用预算的一种方法。其中，最关键的一点就是“零基”这个词的含义，就是从白纸状态开始，希望能打破原有预算的束缚，也可以说是从什么都没有的状态出发。

零基预算的优点有：第一，不仅能压缩费用的开支，而且能够切实做到将有限的资金用在最需要的地方；第二，成本费用预算的核定不受过去旧框架的制约，能够充分发挥各级管理人员的积极性和创造性，促进各预算责任中心精打细算，量力而行，量入为出，合理使用资金、费用，提高经济效益。

零基预算是一种将业务计划与预算编制密切结合的方法，它通过划分层次和规定各级增量的方式，将分类排队工作贯穿于整个预算编制过程，从而使企业各责任单位能够协调、配合一致，为完成企业的总体预算目标采取有效的行动，节约费用开支，提高资金的利用效率，极大地调动各责任单位和员工的主观能动性。尤其是多层次参与预算制定工作，根据业务的规模和重要性来安排和落实预算，使资金、费用的使用更为合理，能够选择效益最大的预算方案。因此，零基预算最符合效益最大、费用最少的原则。

三、定期预算与滚动预算

编制预算的方法按其时间特征不同，可分为定期预算和滚动预算两大类。

（一）定期预算

定期预算是指在编制预算时以不变的会计期间（如日历年度）作为预算期的一种预算编制方法。定期预算的优点是能够使预算期间与会计年度相衔接，便于考核和评价预算的执行结果。但按照定期预算方法编制的预算也存在以下缺点：

第一，盲目性。由于定期预算往往是在年初甚至提前两三个月编制的，对于整个预算年度的生产经营活动很难作出准确的预算，尤其是对后期的预算只能进行笼统的估算，数据含糊，缺乏准确指导性，给预算的执行带来很多困难，不利于对生产经营活动的考核和评价。

第二，滞后性。由于定期预算不能随情况的变化及时调整，当预算中所规划的各种生产经营活动在预算期内发生重大变化（如预算期内临时转产）时，就会造成预算滞后过时，成为虚假预算。

第三，间断性。受预算期间的限制，经营管理者的决策视野局限于本期规划的经营活动，通常不考虑下期。

为了克服定期预算的缺点，在实践中可采用滚动预算方法编制预算。

（二）滚动预算

滚动预算（rolling budget），又称连续预算或永续预算（perpetual budget），是指在编制预算时，将预算期与会计年度脱离开，随着预算的执行不断延伸补充预算，逐期向后滚动，使预算期永远保持为 12 个月的一种方法，其实质是动态的、不断连续更新调整的弹性预算。财政部发布的《管理会计应用指引第 201 号——滚动预算》（简称《滚动预算指引》）界定了滚动预算的含义，明确了滚动预算的内容，描述了滚动预算的应用环境与应用程序，简要评价了滚动预算的优缺点，并规定了解释权的归属。《滚动预算指引》的内容结构如表 8-1 所示。

表 8-1　《滚动预算指引》的内容结构

总则（第 1 章）	滚动预算的定义（第 1 条）、滚动预算的内容（第 2 条）
应用环境（第 2 章）	滚动预算的一般要求（第 3 条）、预算管理经验和能力（第 4 条）、信息系统（第 5 条）、预算编制基础数据（第 6 条）
应用程序（第 3 章）	滚动预算的应用程序（第 7 条）、确定预算编制的周期及滚动频率（第 8 条）、确定预算编制内容（第 9 条）、确定预算编制基础（第 10 条）、测算并提出预算方案（第 11 条）、中短期滚动预算的编制要求（第 12 和 13 条）、生成预算编制方案（第 14 条）、滚动编制预算方案（第 15 条）、借助信息技术（第 16 条）、调整资源配置和管理要求（第 17 条）
工具方法评价（第 4 章）	滚动预算的利弊（第 18 和 19 条）
附则（第 5 章）	解释权的归属（第 20 条）

编制滚动预算是以会计的持续经营假设为前提的，预算随着企业的生产经营活动持续下去，并全面、动态地反映企业经营过程。滚动预算的编制要与企业的经营过程相适应。具体做法是：每过一个季度（或月份），立即根据前一个季度（或月份）的预算执行情况，对以后季度（或月份）进行修订，并增加一个季度（或月份）的预算。如此以逐期向后滚动、连续不断的预算形式规划企业未来的生产经营活动。

与传统的定期预算相比，按滚动预算方法编制的预算具有以下优点：

第一，透明度高。由于编制预算不再是预算年度开始之前几个月的事情，而是实现了与日常经营管理的紧密衔接，管理人员始终能够从动态的角度把握企业近期的规划目标和远期的战略布局，使预算具有较高的透明度。

第二，及时性强。滚动预算能根据前期预算的执行情况，结合各种因素的变动影响，及时调整和修订近期预算，从而使预算更加切合实际，充分发挥预算的指导和控制作用。

第三，连续性、完整性和稳定性突出。滚动预算在时间上不再受日历年度的限制，能够连续不断地规划未来的生产经营活动，不会造成预算的人为间断，同时可以使企业管理人员了解未来12个月内企业的总体规划与近期预算目标，确保企业管理工作的完整性与稳定性。

采用滚动预算方法编制预算的缺点就是预算工作量大。

四、概率预算

在上述有关预算的编制过程中，前提假设是生产和销售的情况是稳定的，所涉及的业务量、价格、成本等变量是一个确定的值，所编制的预算是一种确定性的预算。但是，实际上企业生产经营中的不确定因素很多，在市场供求、产销变动比较大的情况下，业务量、价格、成本等变量有时甚至是难以确定的。这时企业就需要根据客观条件，对有关变量进行分析，估计它们可能变动的范围及其在该范围内出现的概率，然后结合概率对各变量进行调整，计算期望值，编制预算。这种运用概率编制预算的方法称为概率预算。

概率预算考虑了计划年度的各种可能情况。由于考虑问题较全面，比较适合多变的市场环境等。但如何估计未来的各种可能情况及其概率是比较困难的事情，尤其是概率的确定容易受主观因素的影响。一般来说，在具备历史资料的条件下，可以通过对历史资料的统计分析来确定各种可能情况及其概率。

在编制全面预算过程中，应区别不同的预算项目，结合使用固定预算、滚动预算、零基预算等多种预算编制方法。

例如，××公司采用滚动预算的编制方法，预算期一直保持12个月，每季度连续进行预算编制，即每过去一个季度，便补充一个季度的预算，永续向前滚动，最近一个季度的预算数据细化到每月，后三个季度的预算数据以季度总数为准，实现“以月保季，以季保年”的目标。具体编制过程如下：

（1）上年年末（10—12月）编制下一预算年度全年预算，同时将下一预算年度第一季度预算总数细化分解为1—3月的月度预算，第二、三、四季度预算编制以季度为单位。

（2）预算年度第一季度预算执行结束前（3月15日前），根据当季预算执行情况的差异分析、上期编制的第二季度预算总额，以及对第二季度的预测，编制第二季度4—6月的月度预算，并调整第三、四季度预算总数。在调整第三、四季度预算总数时，应保证年度预算确定的当年年度预算总目标的完成，同时增加下一预算年度第一季度预算（见图8-1）。

（3）第二季度结束前（6月15日前），根据第一、二季度预算执行情况，以及对本年度内剩余预算期情况的预测，确定是否需要调整当年的年度预算，同时根据年度预算调整情况编制第三季度7—9月的月度预算和第四季度预算总额，调整下一预算年度的第一季度预算，增加下一预算年度的第二季度预算。

（4）第三季度结束前（9月15日前），编制第四季度10—12月的月度预算，同时调整下一预算年度第一、二季度预算总额，增加下一预算年度的第三季度预算。

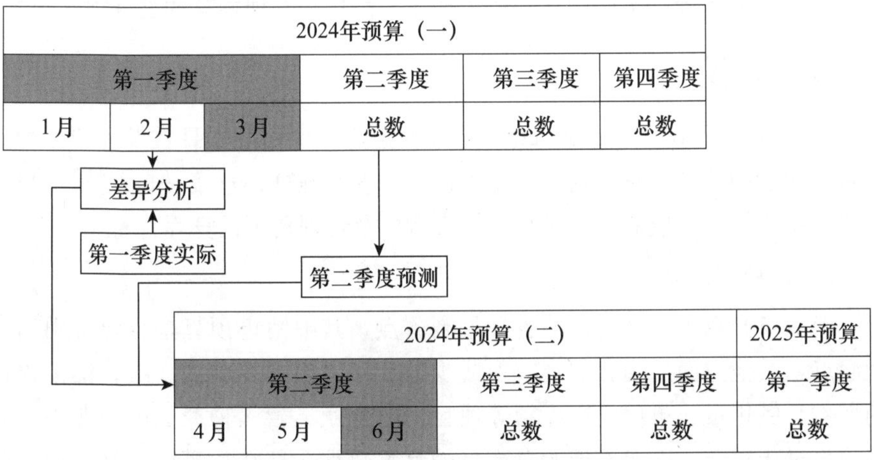

图 8-1 ××公司滚动预算编制图

(5) 第四季度开始后（10 月 15 日），开始编制下一预算年度全面预算，同时将下一预算年度第一季度预算细化分解为 1—3 月的月度预算，第二、三、四季度预算编制以季度为单位，以此类推。

滚动预算编制流程如图 8-2 所示。

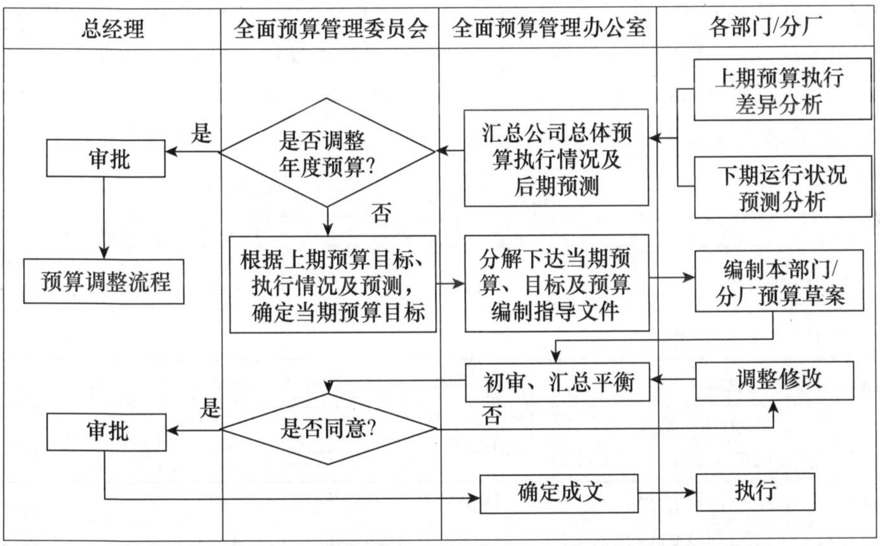

图 8-2 ××公司××季度滚动预算编制流程

第二节 全面预算的编制

全面预算管理是以全面预算为依托，在预算编制、执行和控制过程中规划企业的全部经济活动及其成果。全面预算管理主要包括全面预算的编制、执行与控制以及评价与激励三个部分。全面预算一般包括业务预算、专项预算和财务预算三大类。

一、业务预算

业务预算（operating budget）是反映企业在计划期间日常发生的各种具有实质性的基本活动的预算。它主要包括销售预算、生产预算、直接材料预算、直接人工预算、制造费用预算、产成品成本预算、销售费用及管理费用预算等。

（一）销售预算

上一章介绍了全面预算的各种编制起点，其中销售预算是企业常用的全面预算编制起点，其他方面的预算都会或多或少地使用销售预算中的数据。销售预算包括产品的名称、销售量、单价、销售额等项目。在生产经营多种产品的企业中，为了避免销售预算过于繁杂，一般不把所有产品的有关数据全部在预算中详细反映，而是列示全年及各季度的销售总额，并对几种主要产品分别编制销售预算附表附在销售预算之后，数量较少、销售额较低的产品予以省略。

为方便编制现金预算，销售预算一般还附有预计现金收入表。预计现金收入应为上期销售收入中本期应收到的款项与本期销售收入中应在本期收到的款项之和。

【例8-1】 ××公司在计划年度（2025年）只生产和销售一种产品，销售单价为20元，每季度的商品销售中，当期收到的货款占70%，其余30%在下季度收回。基期（2024年）末的应收账款余额为40 000元。该公司计划年度的销售预算如表8-2所示。表8-2中的销售量、销售价格来自对计划期销售情况的预测，每期收到的现金金额占销售收入金额的比例根据以往经验确定。

表8-2 ××公司2025年销售预算

项目		第一季度	第二季度	第三季度	第四季度	全年
预计销售量（件）		5 000	15 000	20 000	10 000	50 000
预计销售价格（元/件）		20	20	20	20	20
预计销售额（元）		100 000	300 000	400 000	200 000	1 000 000
预计现金收入计算表	期初应收账款（2024年12月31日）	40 000				40 000
	第一季度销售收入	70 000	30 000			100 000
	第二季度销售收入		210 000	90 000		300 000
	第三季度销售收入			280 000	120 000	400 000
	第四季度销售收入				140 000	140 000
	现金收入合计	110 000	240 000	370 000	260 000	980 000

（二）生产预算

销售预算确定后，即可根据计划销售量制定生产预算。由于企业一般都具备一定数量的存货以应对临时需要，因此每期的生产量与当期的销售量不一定相等。预计生产量可用下面的公式计算得出：

预计生产量＝计划销售量＋计划期末预计存货数量－计划期初存货数量

【例 8-2】 依照例 8-1，假定××公司 2025 年的生产预算中，各季度期末产成品存货数量用下期销售量乘以一定比例计算得出，本例中为 20%；年末产成品存货数量则是根据下一年第一季度销售量的估计数计算得出；期初产成品存货数量即上期期末产成品存货数量。该公司计划年度的生产预算如表 8-3 所示。

表 8-3　××公司 2025 年生产预算　　单位：件

项目	第一季度	第二季度	第三季度	第四季度	全年
预计销售量（见表 8-2）	5 000	15 000	20 000	10 000	50 000
加：期末产成品存货数量	3 000	4 000	2 000	2 000	2 000
产成品需要量合计	8 000	19 000	22 000	12 000	52 000
减：期初产成品存货数量	1 500	3 000	4 000	2 000	1 500
生产量	6 500	16 000	18 000	10 000	50 500

期末产成品存货数量的预算对企业来说也相当重要。如果期末存货过多，既会占用资金，又会增加仓储、保管等费用，造成浪费；存货太少又可能造成下期生产过于紧张，甚至无法满足销售需要。因此，对期末存货数量的合理预测至关重要。

（三）直接材料预算

根据生产预算可以编制直接材料预算，用于反映生产过程中直接材料的需要量。直接材料预算的主要编制依据包括：计划产品生产量、单位产品直接材料耗用量和直接材料单位价格。本期购买材料预计数量（直接材料购买数量预算）的计算公式如下：

本期购买材料预计数量＝本期生产耗用材料数量＋期末材料存货数量
－期初材料存货数量

在实际工作中，直接材料预算往往还附有计划期内的预计现金支出计算表，其中包括前期应付购料款的偿还以及本期购料款的支付。有了这张附表，以后编制财务预算类的现金预算就会方便许多。

【例 8-3】 依前例，假定××公司单位产品直接材料消耗定额为 4 千克，计划单价为 0.5 元。每季度的购料款当期支付 60%，余下部分在下季度支付。各季度的期末存料按下一季度生产需要量的 10%计算，各季度期初存料与上期期末存料相等，期初应付购料款为 9 500 元。现根据生产预算中的预计生产量，结合期初、期末存料水平，以及单位产品直接材料消耗定额及采购预算，编制直接材料预算，如表 8-4 所示。

表 8-4　××公司 2025 年直接材料预算

项目	第一季度	第二季度	第三季度	第四季度	全年
生产量（件）（见表 8-3）	6 500	16 000	18 000	10 000	50 500
单位产品直接材料耗用量（千克/件）	4	4	4	4	4
总耗用量（千克）	26 000	64 000	72 000	40 000	202 000

续表

项目		第一季度	第二季度	第三季度	第四季度	全年
加：期末直接材料存货数量		6 400	7 200	4 000	5 500*	5 500*
总需要量（千克）		32 400	71 200	76 000	45 500	207 500
减：期初直接材料存货数量		5 000	6 400	7 200	4 000	5 000
直接材料采购量（千克）		27 400	64 800	68 800	41 500	202 500
直接材料单位价格（元/千克）		0.5	0.5	0.5	0.5	0.5
直接材料采购金额（元）		13 700	32 400	34 400	20 750	101 250
预计现金支出计算表	应付账款	9 500				9 500
	第一季度付现额	8 220	5 480			13 700
	第二季度付现额		19 440	12 960		32 400
	第三季度付现额			20 640	13 760	34 400
	第四季度付现额				12 450	12 450
	现金支出合计	17 720	24 920	33 600	26 210	102 450

*估计数。

（四）直接人工预算

直接人工预算也是根据生产预算编制的，用于对计划期内生产工人的直接人工耗费进行规划，以便合理进行人员安排，从而满足生产需要。如果事先不对此做好准备，可能会出现因人手短缺而影响生产的情况。而临时招聘工人一方面可能付出较高代价，另一方面工人未经必要的培训匆忙上岗会造成生产效率降低。

通常情况下，企业往往需要使用不同工种的人工。因此，直接人工预算编制就应按不同工种分别计算，然后合计。预计直接人工成本总额的计算公式如下：

$$\begin{matrix}\text{预计直接人工}\\\text{成本总额}\end{matrix}=\begin{matrix}\text{预计}\\\text{生产量}\end{matrix}\times\sum\left(\begin{matrix}\text{单位工时}\\\text{工资率}\end{matrix}\times\begin{matrix}\text{单位产品}\\\text{工时定额}\end{matrix}\right)$$

【例8-4】 依前例，假定××公司在计划期内所需直接人工只有一个工种，单位产品的工时定额为0.8小时，单位工时的工资率为5元，现根据计划期生产预算的预计产量，编制人工预算，如表8-5所示。

表8-5 ××公司2025年直接人工预算

项目	第一季度	第二季度	第三季度	第四季度	全年
生产量（件）（见表8-3）	6 500	16 000	18 000	10 000	50 500
单位产品直接人工工时（小时/件）	0.8	0.8	0.8	0.8	0.8
直接人工工时合计（小时）	5 200	12 800	14 400	8 000	40 400
单位工时工资率（元/小时）	5	5	5	5	5
直接人工耗费总额（元）	26 000	64 000	72 000	40 000	202 000

（五）制造费用预算

制造费用预算也是根据生产预算编制的，是对生产成本中除直接人工费用和直接材料费用以外的其他生产费用的规划。制造费用预算的主要编制依据包括计划期预计生产量、制造费用标准消耗量和标准价格。

在编制制造费用预算时，应按照制造费用的成本习性，将制造费用划分为变动制造费用和固定制造费用。对于变动制造费用项目，一般情况下，应以计划期的一定业务量为基础，规划具体的预算数字；对于固定制造费用项目，则大多根据基期的实际开支水平，再结合上级下达的成本降低率，进行折算后填入预算表。另外，在这张预算表下面还要附有预计现金支出计算表，以便今后编制财务预算类的现金预算。需要注意的是，固定资产折旧费的性质属于固定制造费用，不属于现金支出项目，故在编制附表时应剔除。

【例 8－5】 依前例，假定××公司制造费用的变动部分按计划年度所需直接人工小时总数进行规划，固定部分则根据基期的实际开支数，按上级下达的成本降低率 3% 进行计算，并编制如下的四个季度支出相等的制造费用预算，固定制造费用在各季度之间平均分配，具体如表 8－6 所示。

表 8－6　××公司 2025 年制造费用预算

<table>
<tr><th colspan="2">成本项目</th><th>金额（元）</th><th colspan="4">费用分配率计算</th></tr>
<tr><td rowspan="5">变动制造费用</td><td>间接人工费用</td><td>20 800</td><td colspan="4" rowspan="5">变动制造费用分配率
＝变动制造费用预算合计/标准总工时
＝80 800/40 400
＝2(元/小时)</td></tr>
<tr><td>间接材料费用</td><td>30 000</td></tr>
<tr><td>维修费</td><td>13 000</td></tr>
<tr><td>水电费</td><td>17 000</td></tr>
<tr><td>合计</td><td>80 800</td></tr>
<tr><td rowspan="5">固定制造费用</td><td>折旧费</td><td>25 000</td><td colspan="4" rowspan="5">固定制造费用分配率
＝固定制造费用预算合计/标准总工时
＝101 000/40 400
＝2.5(元/小时)</td></tr>
<tr><td>维护费</td><td>21 000</td></tr>
<tr><td>管理费</td><td>45 000</td></tr>
<tr><td>保险费</td><td>10 000</td></tr>
<tr><td>合计</td><td>101 000</td></tr>
<tr><th colspan="2">项目</th><th>第一季度</th><th>第二季度</th><th>第三季度</th><th>第四季度</th><th>全年合计</th></tr>
<tr><td colspan="2">预计直接人工工时（小时）</td><td>5 200</td><td>12 800</td><td>14 400</td><td>8 000</td><td>40 400</td></tr>
<tr><td colspan="2">变动制造费用分配率（元/小时）</td><td>2</td><td>2</td><td>2</td><td>2</td><td>2</td></tr>
<tr><td colspan="2">预计变动制造费用（元）</td><td>10 400</td><td>25 600</td><td>28 800</td><td>16 000</td><td>80 800</td></tr>
<tr><td colspan="2">预计固定制造费用（元）</td><td>25 250</td><td>25 250</td><td>25 250</td><td>25 250</td><td>101 000</td></tr>
<tr><td colspan="2">预计制造费用（元）</td><td>35 650</td><td>50 850</td><td>54 050</td><td>41 250</td><td>181 800</td></tr>
<tr><td colspan="2">减：折旧费用</td><td>6 250</td><td>6 250</td><td>6 250</td><td>6 250</td><td>25 000</td></tr>
<tr><td colspan="2">现金支出的制造费用（元）</td><td>29 400</td><td>44 600</td><td>47 800</td><td>35 000</td><td>156 800</td></tr>
</table>

（六）产成品成本预算

编制完以上五种业务预算以后，产成品成本预算即可得出，但在实际工作中企业通常要求实行标准成本制度，因而产成品成本的预算就是单位产品的“标准成本单”。所谓标准成本，就是按成本项目反映的单位产品的目标成本。因为通过成本预测确定的目标总成本不便于进行日常控制和考核，所以在实际工作中还必须由设计、技术、生产、供销和会计部门具体落实，并分别按成本项目逐一、详细地制定成本标准，确定标准成本。

西方企业通常只针对产品生产成本中的直接材料、直接人工和制造费用三大项目制定标准成本；对于管理费用和销售费用，则采用编制费用预算的方法进行控制，一般不为其制定标准成本。料、工、费三大项目的标准成本应根据企业的总体目标制定。

直接材料的标准成本＝计划单价×消耗定额

直接人工的标准成本＝工资率×工时定额

式中，工资率＝预计支付直接人工工资总额/标准总工时。

变动制造费用的标准成本＝变动制造费用分配率×工时定额

固定制造费用的标准成本＝固定制造费用分配率×工时定额

产成品成本预算（标准成本单）的编制方法很简单，只需将料、工、费三大项目的价格标准与用量标准分别相乘，然后加总即可，如表8－7所示。另外，在实际工作中，往往还需在正表下面附期末存货预算，其可根据生产预算中的期末存货数量乘以产品的标准成本得出。

表8－7 ××公司2025年产成品成本预算

项目	单位成本			生产成本（元）（50 500件）	期末存货成本（元）（2 000件）	销货成本*（元）
	单价（元）	单位耗用量	成本（元）			
直接材料（见表8－4）	0.5	4	2	101 000	4 000	100 000
直接人工（见表8－5）	5	0.8	4	202 000	8 000	200 000
变动制造费用（见表8－6）	2	0.8	1.6	80 800	3 200	80 000
固定制造费用（见表8－6）	2.5	0.8	2	101 000	4 000	100 000
合计			9.6	484 800	19 200	480 000

*销货成本根据公式“销货成本＝期初产成品存货成本＋本期生产成本－期末产成品存货成本”计算得出，期初产成品存货为1 500件。

（七）销售费用及管理费用预算

这项预算是对计划期内发生的除产成品成本以外的一系列其他费用所做的预算。其中，销售费用预算是指对为实现销售预算而需要支出的费用所做的预算，即以销售预算为基础，对过去发生的销售费用进行分析，运用本量利分析等方法，探究销售收入、销售利润与销售费用之间的关系，以合理安排销售费用，使之得到最有效的使用。

管理费用预算是对企业运营过程中需要支出的管理费用所做的预算，在编制时应以过去发生的实际支出作为参考，结合分析企业的业务情况，努力做到使费用支出更合理、更有效。如果销售费用及管理费用预算包括的项目太多，也可以针对各部门分别编制预算。

在编制销售费用及管理费用预算时，应区分变动费用和固定费用。变动费用可以根据销售量在各季度之间分配，固定费用则可以在四个季度平均分配或列入实际支付的季度，混合成本应在分解为变动费用和固定费用后分别列入预算的变动部分和固定部分。××公司 2025 年销售费用及管理费用预算如表 8－8 所示。

表 8－8　××公司 2025 年销售费用及管理费用预算

项目	第一季度	第二季度	第三季度	第四季度	全年
预计销售量（件）（见表 8－2）	5 000	15 000	20 000	10 000	50 000
单位变动销售及管理费用耗用量（元/件）	1.5	1.5	1.5	1.5	1.5
预计变动销售及管理费用耗用额（元）	7 500	22 500	30 000	15 000	75 000
固定销售及管理费用（元）：					
广告费	25 000	25 000	45 000	25 000	120 000
管理人员工资	32 000	32 000	32 000	32 000	128 000
保险费	20 000		10 000		30 000
财产税				12 000	12 000
固定销售及管理费用合计（元）	77 000	57 000	87 000	69 000	290 000
预计销售及管理费用合计（元）	84 500	79 500	117 000	84 000	365 000

注：销售费用及管理费用全部在发生当期以现金支付。

二、专项预算

专项预算（special decision budget）是指企业为不经常发生的长期投资决策项目或筹资项目所编制的预算。其包括资本支出预算和筹资预算。

（一）资本支出预算

资本支出预算是规划未来期间长期资本投资活动的预算。简要地说，成功的资本投资应该遵循以下步骤：（1）产生投资意向；（2）估计战略、市场和技术因素，预计现金流量；（3）评价现金流量；（4）在可接受的标准基础上选择项目；（5）执行计划；（6）在投资项目的现金流量和经济状况被接受以后，不断重新评价，或进行事后审计。

所以，资本支出预算是对上述步骤在未来期间进行全面考虑，并把相应指标量化，以供管理人员进行决策。资本支出预算编制时的评估和专业水平需要达到什么层次，由企业的规模以及资本支出的规模和甄选标准决定。资本支出量越大，需要进行的甄选层次就越多。分公司的经理人有权决定本公司内部中等规模的投资项目，更高级别的管理人员可以决定更大型的投资项目。不同企业之间的投资甄选管理程序各不相同，集权和分权的企业之间、紧凑型和松散型管理的企业之间、各级别管理人员的决策权都有很大的区别。

【例8-6】 依前例，假设××公司董事会批准在计划期间的第二季度用自有资金购置一台固定设备，总投资额为50 000元，分4个季度付款。2025年资本支出预算如表8-9所示。

表8-9 ××公司2025年资本支出预算

单位：元

项目	预计购买日期	预计成本	第一季度	第二季度	第三季度	第四季度	全年
动力设备现金支出	第一季度	50 000	20 000	10 000	10 000	10 000	50 000

（二）筹资预算

筹资预算是指企业在预算期内需要新借入的长短期借款、经批准发行的债券，以及原有借款、债券还本付息的预算，其主要依据企业有关资金需求决策资料、发行债券审批文件、期初借款余额及利率等编制。企业经批准发行股票、配股和增发股票，应当根据股票发行预算、配股预算和增发股票预算等资料单独编制预算。股票发行费用应当在筹资预算中分项作出安排。

【例8-7】 依前例，假定××公司根据计划期间现金收支情况，预计第一季度初需向银行借款94 000元，第三、四季度分别偿还本金和利息。另外，根据税法规定，计划期间每季度末预付所得税17 000元，全年共计68 000元。在第一、三季度发放现金股利10 000元。该公司2025年筹资预算如表8-10所示。

表8-10 ××公司2025年筹资预算

单位：元

项目	第一季度	第二季度	第三季度	第四季度	全年
筹措资金①	94 000③				94 000
归还资金			50 000	44 000	94 000
偿还利息			3 750④	4 400	8 150
预付所得税②	17 000	17 000	17 000	17 000	68 000
预付股利	10 000		10 000		20 000

①假设借款应为1 000元的整倍数，所有借款发生在期初、还款发生在期末。

②所得税支出根据计划期的销售情况及利润情况的分析得出。

③××公司最低现金余额为30 000元，因此第一季度借款额为63 620+30 000=93 620(元)，由于借款为1 000元的整数倍，故取整为94 000元。

④借款年利率为10%，偿付的利息就当期偿还的本金部分计算，因此本例中第三季度偿付的利息为50 000×10%×(3÷4)=3 750(元)；第四季度偿付的利息为44 000×10%=4 400(元)。

三、财务预算

财务预算（financial budget）是指企业在计划期内反映有关现金支出、经营成果和财务状况的预算。财务预算实际上就是对企业整体的预算，即总预算（master budget），各种业务预算和专项预算就称为分预算（partial budget）。财务预算主要包括现金预算、预计利润表和预计资产负债表三种。

(一) 现金预算

它是为了反映企业在计划期间预计的现金收支的详细情况而编制的预算。现金预算包括四个部分：现金收入、现金支出、现金的余缺与资金融通、期末现金余额。

现金收入包括：(1) 计划期期初的现金余额；(2) 计划期内的预计现金收入（可从表 8-2 中获得该项数据)。

现金支出是指计划期内预计可能发生的一切现金支出，包括用现金支付的材料采购费、直接人工费用、制造费用、销售费用、管理费用、固定资产购置费用以及所得税支出和股利的发放等，其数据来源于表 8-4、表 8-5、表 8-6、表 8-8。一旦确定了业务预算和目标利润，所得税支出和股利的发放金额就很容易确定了。

现金的多余或不足反映的是现金收入与支出之间的差额。如果现金收入小于支出即发生现金不足，企业需要向银行或其他单位借款以应对现金的需要；如果现金收入大于支出即发生现金多余，企业则应考虑如何安排多余的现金，如用于短期投资或归还借款。资金融通是对计划期内出现现金多余或不足时所做的具体现金安排。对计划期内的资金融通预先做安排，可以避免企业在需要用款时由于现金短缺而陷入麻烦，还可有效利用暂时闲置的资金进行投资以获取利益。资金融通的数据在现金预算表中直接填列。

将计划期内的现金收入总额减去现金支出总额，再减去资金投放或归还总额，或加上资金筹措总额，即可得出期末现金余额。

现金预算是企业预算的一个重要部分，为了对现金收支进行有效的控制和调度，企业应尽可能缩短现金预算的编制时间。大多数企业按月或季编制现金预算，有些企业则按周甚至按天编制。

【例 8-8】 依前例，假定××公司是按年度分季度编制现金预算的，该公司规定计划期内现金的最低库存余额为 30 000 元，计划期期初现金余额为 31 000 元，现根据以上各种预算中的有关资料编制现金预算，如表 8-11 所示。

表 8-11　××公司 2025 年现金预算　　单位：元

项目	数据来源	第一季度	第二季度	第三季度	第四季度	全年
期初现金余额	表 8-2	31 000	30 380	30 360	39 210	31 000
加：销售现金收入		110 000	240 000	370 000	260 000	980 000
现金收入合计		141 000	270 380	400 360	299 210	1 110 950
减：现金支出						
直接材料	表 8-4	17 720	24 920	33 600	26 210	102 450
直接人工	表 8-5	26 000	64 000	72 000	40 000	202 000
制造费用	表 8-6	29 400	44 600	47 800	35 000	156 800
销售与管理费用	表 8-8	84 500	79 500	117 000	84 000	365 000
所得税		17 000	17 000	17 000	17 000	68 000
购置生产设备	表 8-9	20 000	10 000	10 000	10 000	50 000

续表

项目	数据来源	第一季度	第二季度	第三季度	第四季度	全年
发放股利	表8-10	10 000		10 000		20 000
现金支出合计		204 620	240 020	307 400	212 210	964 250
资金融通前现金余额		(63 620)	30 360	92 960	87 000	273 940
资金融通：						
借款	表8-10	94 000				94 000
还款				50 000	44 000	94 000
偿还利息				3 750	4 400	8 150
资金融通合计		94 000		(53 750)	(48 400)	(8 150)
期末现金余额		30 380	30 360	39 210	38 600	38 600

（二）预计利润表

它是用货币金额来反映企业在计划期间全部经营活动及其最终财务成果而编制的预算，也称利润预算（profit budget），是整个预算体系中的重要组成部分。它的格式与实际的利润表相同，只是数据来源于上述各项具体预算而不是实际利润表。

【例8-9】 依前例，××公司根据以上预算表的有关资料，编制2025年预计利润表，如表8-12所示。

表8-12 ××公司2025年预计利润表 单位：元

项目	数据来源	金额
销售收入	表8-2	1 000 000
减：变动成本		
变动生产成本	表8-4、表8-5、表8-6	384 050
变动销售及管理费用	表8-8	75 000
边际贡献总额		540 950
减：期间成本		
固定制造费用	表8-6	101 000
固定销售及管理费用	表8-8	290 000
营业净利润		149 950
减：利息费用	表8-10	8 150
利润总额		141 800
所得税	表8-10	68 000
净利润		73 800

预计利润表中的所得税金额是在对企业利润进行预测分析时估算出的，并非通过预计利润表中的利润总额与所得税税率计算得出的。这是由于该项支出已列入现金预算，并对利息费用产生了影响，而预计利润表在编制过程中又利用了现金预算的有关

数据。如果在编制预计利润表时根据利润与所得税税率重新计算所得税，就需要根据计算出的新结果修改现金预算，继而影响现金预算中的有关数据并反过来对预计利润表产生影响，结果又要修改预计利润表，如此一来就会陷入无休止的循环修改中。

（三）预计资产负债表

它是为反映企业在计划期末的财务状况而编制的预算。预计资产负债表是根据计划期的销售预算、生产预算等具体预算，对期初资产负债表进行适当调整编制而成的。××公司 2025 年预计资产负债表见表 8－13。

表 8－13　××公司 2025 年预计资产负债表　　单位：元

资产			负债与所有者权益		
项目	期初余额	期末余额	项目	期初余额	期末余额
流动资产：			流动负债：		
现金（见表 8－11）	31 000	38 600	应付账款	9 500	8 300
应收账款（见表 8－2）	40 000	60 000①	流动负债总额	9 500	8 300②
直接材料（见表 8－4）	2 500	2 750	长期负债：		
产成品（见表 8－7）	14 400	19 200	长期借款	100 000	100 000
流动资产总额	87 900	120 550	长期负债总额	100 000	100 000
固定资产：			负债总额	109 500	108 300
土地③	80 000	80 000	所有者权益：		
房屋与设备	150 000	194 950	普通股股本	100 000	100 000
减：累计折旧	64 000	89 000	未分配利润	44 400	98 200④
固定资产总额	166 000	185 950	所有者权益总额	144 400	198 200
资产总额	253 900	306 500	负债与所有者权益总额	253 900	306 500

①期末应收账款＝第四季度销售额×30％＝200 000×30％＝60 000(元)。
②期末应付账款＝第四季度材料采购金额×40％＝20 750×40％＝8 300(元)。
③土地、长期借款、普通股股本三项未发生变动。
④期末未分配利润＝期初未分配利润＋本期净利润－本期发放股利＝44 400＋73 800－20 000＝98 200(元)。

第三节　全面预算编制方法的改进

现代预算编制工作是随着现代预算制度的建立而逐步形成的。17 世纪，英国编制了世界上第一个政府预算；到了 20 世纪，绝大多数国家都建立了政府预算编制制度。其间，预算编制方法也经历了多次变革。早期的政府预算内容比较单一，采用的是简单的职能预算编制法。随着社会生产力的巨大发展，政府预算所包含的内容逐渐增多，为满足需要，逐步形成了一套比较完整的预算程序，其中包括现代的预算编制方法，如计划和绩效预算编制法（绩效预算）、项目预算编制法（项目预算）等，目前世界上很多国家使用零基预算编制法（零基预算）。

上述国际通行的预算编制方法（绩效预算、项目预算），均用于改进政府预算规划和评估的功能。绩效预算（performance budget）是一种强调工作项目和活动业绩计量的预算编制方法。通过编制绩效预算，可以对投入的成本和产生的效益进行比较。项目预算（program budget）是依据实施的项目或执行的功能的总成本来编制提议的预算。而本章前面提到的零基预算，是指不考虑过去预算项目和收支水平，以零为基点编制预算的方法。零基预算主要是作为计划工具，而不是控制或评估的工具。因此，作为编制具有法律效力的国家年度财政收支计划，即政府预算的编制方法，零基预算具有明显的优越性。

由此可以看出，预算编制方法处于不断的变革和发展之中。如果认真分析每一种预算编制方法，就可以发现，在新的预算编制方法中，往往可以看到旧方法的影子。这是因为每一次变革，对原有的预算编制方法并不是全盘抛弃，而是扬弃，即在吸收原有方法优点的基础上创新。

一、零基预算

（一）零基预算的由来

零基预算是以零为基础编制计划与预算的方法。根据零基预算的思路，企业在编制成本费用预算时，不考虑以往会计期间所发生的费用项目或费用数额，而是以所有的预算支出为零作为出发点，一切从实际需要与可能出发，逐项审议预算期内各项费用的内容及其开支标准是否合理，在综合平衡的基础上编制费用预算。这种预算不以历史数据为基础做修修补补，而是在期初重新审查每项活动对实现企业目标的意义和效果，并在成本效益分析的基础上重新排列各项管理活动的优先次序，据此决定资金和其他资源的分配。

传统的预算编制方法可归纳为三个步骤：

（1）以外推法将过去的支出趋势（或上年支出额）延伸至下一年度。

（2）将数额酌情予以增加，以适应工资提高和物价上涨引起的人工成本和原材料成本的提高。

（3）将数额再予以提高，以满足修改原设计方案所需追加的预算支出，通常这方面达到原预算的30%或更多。

目前，我国各级政府包括中央一直采用上述传统的预算编制方法即基数法编制预算。这种方法较为简便，易于操作，但随着我国经济体制改革的不断深入，这种预算编制方法越来越不适应公共财政的要求。其主要弊端有：

（1）预算编制方法既不科学规范，也不符合公平原则。采用基数法编制预算，年年得出的结果都是基数加增长，各部门经费的多少不是取决于事业的发展，而是取决于原来的基数。基数大的部门资金多，可以大手大脚；而基数小的事业，经费却得不到有效保障。在财力有限的情况下，高的下不来，低的上不去，单位之间苦乐不均。从预算单位来说，有的单位由于分工调整，人员减少，而其他一些单位又可能由于增加了职责，需要增加人员。还有的事业单位通过发展“三产”，取得创收收入。采用基数法编制预算往往不能考虑这些变化的情况，仍然在基数上进行累加或递增，预算安排与实际动态过程不能同步。

（2）基数法实际上是增量预算，不利于提高资金的使用效益。增量预算，即预算支出只能在上年基数的基础上增加，一般不能比上年基数减少，因此不利于控制支出。长期使用基数法，基数成了常数，无论财政收入状况如何，每年支出预算安排只能在基数之上增加。基数里面有一些专项资金到期了也无法取消，有的被挪作他用，从而导致一方面部分资金形成沉淀，另一方面需要上马的项目却没有资金。

（3）预算编制粗放，不够细化，影响预算的及时性。采用“基数加增长”的预算编制方法，一般对基数部分不再认真分析，只是根据财力状况和新的增支因素考虑增长水平。人头经费和专项经费混在一起，导致家底不清。同时，由于下年预算的编制必须以上年的决算支出为依据，因此下年的支出安排必须待上年决算经人民代表大会批准后方可作出。所以，本年度详细的支出预算往往要在四五月份甚至七八月份才能正式下达实施，造成了“一年预算，预算一年”的现象。

（4）随意追加支出，预算约束软化。基数法带有明显的包干性质，但实际上也是包而不干。各部门在年初编制预算时“保基数、争增长”，与财政部门争吵不休；预算确定以后，由于苦乐不均，执行中马上要求追加支出，领导批钱较为随意，财政部门不可抗拒，各单位缺乏预算意识。这些均对加强预算管理极为不利，必须借鉴其他国家的成功经验，改革原有的预算编制方法，推行零基预算。

对这种传统预算编制方法的逻辑进一步剖析，就可看出其实质上是基于如下假设：

（1）上年的每个支出项目都是必要的，而且都是实现组织目标和任务所必不可少的。

（2）上年的每个支出项目在下年中仍有继续进行的必要，且均比其他的新计划或新方案更为必要。

（3）上年的每个支出项目在下年仍然需要，充其量只需对其中的人工成本和原材料成本做某些调整。

按照这样的步骤、这样的假设所编制的预算，必然会出现前述的危险倾向以及如下的结果：

（1）在每个预算年度开始时，各单位以上年实际支出为基础，再增列一笔金额，经过巧妙装饰后，作为新计划提交最高领导层审批。

（2）主持预算审批的领导明知预算中有“水分”，但因不能透彻了解情况，只得不分良莠，一律砍掉30%（或更多），随后开始一个反复博弈的过程。

（3）经过一段时间后，预算编制完成。几乎所有的申请单位意见纷纷，认为这套办法必须改革，但年复一年，仍不见有多少起色。

（4）这种不分青红皂白砍一刀的做法，使有经验的财务人员有意把预算编制得大大超过实际需要，以便砍一刀后还能满足需要，而那些老老实实编制预算的人员则叫苦不迭，下年再编制预算时也如法炮制。结果，不啻是在鼓励下级欺骗上级。针对传统预算编制方法存在的问题，美国得州仪器公司的彼得·派尔于1970年提出了零基预算的概念。美国的政府部门，特别是佐治亚州政府最早采用零基预算法，并取得了成效。随后，各企业组织也相应采用。

（二）零基预算法的特点

零基预算法与传统的调整预算法截然不同，有以下三个特点。

1. 预算的基础不同

调整预算法的编制基础是前期结果，本期的预算额是根据前期的实绩调整确定的。零基预算法的编制基础是零，本期的预算额是根据本期经济活动的重要性和可供分配的资金量确定的。

2. 预算编制分析的对象不同

调整预算法重点对新增加的业务活动进行成本效益分析，而对性质相同的业务活动不做分析研究。零基预算法则不同，它要求对预算期内所有的经济活动进行成本效益分析。

3. 预算的着眼点不同

调整预算法以金额高低为重点，着重从货币角度控制预算金额的增减。零基预算法除重视金额高低外，主要是根据业务活动的必要性以及重要程度来分配有限的资金。

（三）零基预算编制的步骤

零基预算编制有以下五个步骤。

1. 划分和确定基层预算单位

企业中各基层业务单位通常被视为能独立编制预算的基层单位。

2. 编制本单位的费用预算方案

由企业提出总体目标，然后各基层预算单位从企业的总目标和自身的责任目标出发，编制本单位为实现上述目标的费用预算方案。在方案中，必须详细说明提出的项目的目的、性质、作用，以及需要的费用开支数额。

3. 进行成本效益分析

基层预算单位按下达的预算年度业务活动计划，确认预算期内需要进行的业务项目及其费用开支后，管理层对每一个项目的所需费用和所得收益进行比较分析，权衡轻重，区分层次，划出等级，排出先后。基层预算单位的业务项目一般分为三个层次：第一层次是必要项目，即非进行不可的项目；第二层次是需要项目，即有助于提高质量、效益的项目；第三层次是改善工作条件的项目。进行成本效益分析的目的在于判断基层预算单位各个项目费用开支的合理程度、先后顺序以及对本单位业务活动的影响。

4. 审核分配资金

根据预算项目的层次、等级和次序，按照预算期可动用的资金及其来源，依据项目的轻重缓急，分配资金，落实预算。

5. 编制并执行预算

资金分配方案确定后，制定零基预算正式稿，经批准后下达执行。执行中遇有偏离预算的地方要及时纠正，遇有特殊情况要及时修正，遇有预算本身问题要找出原因，总结经验加以改进。

二、作业基础预算

（一）概念

作业基础预算（activity-based budget，ABB）是以作业管理为基础，以企业价值增值为目的的预算管理形式。作业基础预算简称作业预算，财政部发布的《管理会计应用指引第 204 号——作业预算》将其定义为基于“作业消耗资源、产出消耗作业”的原理，以作业管理为基础的预算管理方法。它在作业分析和业务流程改进的基础上，结合企业战略目标和据此预测的作业量，确定企业在每一个部门的作业所发生的成本，并运用该信息在预算中规定每一项作业所允许的资源耗费量，实施有效的控制、绩效评价和考核。建立在作业层次上的预算制度是支持持续改进和过程管理的有效工具。

与传统预算不同，作业预算在战略与预算之间增加了作业和流程分析及可能的改进措施，并在改进的基础之上预测作业的工作量以及相应的资源需求，通过预算来予以满足。作业预算的编制是一个动态过程，其目的是追求持续的改进。

（二）编制

作业预算的编制路径正好与作业成本的计算路径相反。关键编制步骤如下：

（1）将战略与预算联系起来。编制作业预算，首先需要将战略目标分解为作业层次的目标，分解过程中常用的方法包括顾客调查、核心竞争力分析、标杆法等。

（2）对现有的作业进行分析。通过作业分析，尤其是增值作业和非增值作业的区分，可以了解作业存在的必要性，并据此进行岗位的分散、组合等。这既增强了业务的可控程度，也能从根本上达到降低成本、提高效益的目的。

（3）按照改进后的作业和流程估计未来的作业量，并以此为依据进行资源分配，编制预算草案。

（4）按照战略目标确定的作业优先顺序调整资源需求和资源限额之间的差异，形成最终的作业预算。

（三）流程

作业预算的目的在于预测未来期间组织对资源的需求量，而这些需求是由未来期间生产的产品或提供的劳务的数量决定的。因此，作业预算编制的起点是下一经营期间产品或劳务的需求量。

由于作业预算追踪组织的流程是如何生产产品或劳务的，因此与建立在成本分配观基础上的作业成本法（ABC）不同的是，它建立在资源消耗观的基础上，根据“作业消耗资源、产出消耗作业”的原理，首先预测产出量，再预测产出消耗的作业量，最后预测作业消耗的资源量。可以总结为七个步骤，构成一个动态的可循环的过程：

（1）预测产品或劳务（即成本标的）在下一经营期间的需求量。

（2）确定作业消耗比率，即每单位产品或劳务消耗的作业数量。

（3）用作业消耗比率乘以产品或劳务的预测需求量，预测下一经营期间可以满足成本标的消耗需求的作业量。

（4）确定资源消耗比率，即每单位作业消耗的资源数量。

（5）用资源消耗比率乘以第（3）步中预测出来的作业需求量，预测下一经营期间可以满足作业消耗需求的资源量。

在这一步中，必须寻求资源的经营平衡，即资源的需求量必须与目前资源的供应量一致。如果预测的资源需求量等于或大致（在一个可接受的限度内）等于资源的供应量，则资源达到了经营平衡，进入第（6）步。如果没有达到经营平衡，应增加或减少目前资源的供应量（如引进新设备或出租闲置生产设备，雇用或解聘临时工等），或者重新回到第（1）步，修订第（1）～（4）步的投入量（如重新预测产出需求，降低消耗比率，改变产品或劳务的功能等），计算新的资源需求量，以达到经营平衡。

（6）用资源供应量乘以资源的预计单价，以预测出资源需求成本数据。

（7）将资源成本额分配到预测的产品或劳务上。

在这一步中，利用作业成本的计算原理，把第（5）步中达到经营平衡时的资源供应总成本分配到作业和成本标的上，计算相关的财务指标（利润、投资回报率等），并与组织确定的财务目标进行比较，判断财务目标是否达到。如果计算出的利润、投资回报率等指标大于或等于财务目标，则预算达到了财务平衡。如果没有达到财务平衡，回到第（1）步，修订第（1）～（4）步的投入量和资源的供应量，重新寻求经营平衡并转化为财务数据，以达到新的财务平衡。

（四）作用

战略管理对于组织取得竞争优势具有重要的作用和意义。战略管理由确定业务范围、设定战略目标、制定战略、贯彻和执行战略、评估战略业绩以及进行战略调整等环节组成，每个环节都需要大量内部和外部的、财务和非财务的、绝对和相对的、历史和现实的管理会计信息，于是企业战略管理产生了对战略管理会计的需要。作业预算在战略管理中也具有很大的作用。

（1）加强预算与战略规划的联系。企业的战略目标往往是一套具有内在一致性的多重目标，它既包括诸如营业利润这样的财务指标，也包括衡量企业经营业绩的非财务指标，如市场占有率、增长率、产品质量及客户关系等。作业预算的作业安排基于对企业长远发展战略的考虑，而非仅仅是为了完成预算期的财务业绩指标，这有利于提高企业的综合素质，增强企业市场竞争和持续发展能力。

（2）以作业、流程、价值链为预算组织基础，强调整体业绩，增强预算系统处理跨部门事项的能力。作业预算首先确定各职能部门、业务部门提供的作业量和服务对象，在这个过程中，各部门要充分沟通协调，以寻求最佳作业安排，这有利于打破各部门之间的壁垒，将预算视作一个系统的整体，而不仅仅是每个部门的目标。

（3）优化企业资源配置。作业预算的前提是作业分析后的作业管理，即已经识别了增值与非增值作业。作业预算在考虑完成预算目标时，首先对上期经营情况进行作业分析，找出各项作业和企业价值增值之间的联系，以便在以后的预算中能清除、替换或减少非增值作业和低效率的增值作业。根据作业本身的增值能力确定资源分配的优先顺序，作业预算的编制过程有利于降低成本、消除无效的作业及实现作业和流程的持续改进。

(4) 提高基层管理者和员工的参与度。作业预算提供了关于作业量的预算数据，基层员工对于预算年度内每个月分别需要完成的作业量有很清楚的认识。这使得预算更易被基层员工接受和理解，有利于充分提高基层员工参与预算制定的积极性和工作热情；有利于克服传统预算中员工的抵制情绪，使预算得到更有力的执行，并使基于预算的业绩考评更加合理；同时，也使企业的战略可以在日常的运营活动中得到理解和体现。

综上所述，作业预算在企业推行战略管理、提高竞争优势、克服传统预算的缺陷等方面，均具有不可忽视的作用。但是，在我国实行作业预算的条件并不成熟。作业预算是以企业实行作业成本法和作业成本管理为基础的，而这些方法在我国企业中较少采用。随着我国企业管理水平的不断提高，战略管理思想、作业成本法、作业成本管理的普及，作业预算将会得到广泛的应用。

小结

1. 全面预算编制方法包括：固定预算法与弹性预算法、增量预算法与零基预算法、定期预算法与滚动预算法、概率预算法以及作业预算法。

2. 全面预算编制包括业务预算、专项预算和财务预算的编制。

3. 零基预算法和作业预算法是对传统预算编制方法的改进。

练习题

一、选择题

1. 在全面预算的几大编制方法中，(　　) 是最基础的方法。

A. 固定预算　　B. 零基预算

C. 弹性预算　　D. 滚动预算

2. 在企业预算编制过程中，直接材料预算中的购料款的支付比率应该（　　）货物回收的当期收款百分比，以保证企业经营的稳健性。

A. 低于　　B. 高于

C. 等于　　D. 权衡

3. 在全面预算管理及其编制活动中，销售及管理费用涉及（　　）。

A. 财务费用　　B. 销售费用

C. 管理费用　　D. 接待费用

4. 财务预算是一种总预算，它是对企业整体的预算，具体包括（　　）。

A. 现金预算　　B. 预计利润表

C. 预计资产负债表　　D. 预计现金流量表

5. 与传统预算方法不同，（　　）能够在企业推行战略管理、提高竞争优势、克服传统预算的缺陷等方面发挥不可忽视的作用。

A. 作业预算　　B. 零基预算

C. 环境预算　　D. 战略预算

二、简答题

1. 结合财政部发布的《管理会计应用指引第204号——作业预算》，简述作业预算的内容结构。

2. 为何要进行预算管理工具的整合与创新？

三、论述题

面对新经济时代的技术创新需求，作业预算能够发挥什么功能与作用？

四、计算题

1. ABC公司预计2025年四个季度的销售量分别为100件、200件、300件、400件，假定计划期每一季度的产成品存货占下季度销售量的10%。年末预计产品盘存量为30件。

要求：编制计划期的生产预算表（见表8-14）。

表8-14　ABC公司2025年生产预算表　　单位：件

项目	第一季度	第二季度	第三季度	第四季度	本年合计
预计本季度销售量					
预计期末存货量					
期初存货量					
本期生产量					

2. 某公司某年11月份现金收支的预计资料如下：

（1）11月1日的现金（包括银行存款）余额为13 700元，已收到未入账支票40 400元。

（2）产品售价为8元/件。9月份销售20 000件，10月份销售30 000件，预计11月份销售40 000件、12月份销售25 000件。根据经验，商品出售后当月可收回货款的60%，次月收回30%，再次月收回8%，另外2%为坏账。

（3）进货成本为5元/件，平均在15天后付款。在编制预算时，月底存货为次月销售量的10%加上1 000件。10月底的实际存货为4 000件，应付账款余额为77 500元。

（4）11月份的费用预算为85 000元，其中折旧为12 000元，其余费用须当月用现金支付。

（5）预计11月份购置设备一台，支出150 000元，须当月付款。

（6）11月份预缴所得税20 000元。

(7) 现金不足时可以从银行借入，借款额为10 000元的倍数，利息在还款时支付，期末现金余额不少于5 000元。

要求：

编制11月份的现金预算，指出表8-15中用字母表示的数字。

表8-15　11月份的现金预算

项目	金额
期初现金余额	A
加：销售现金收入	B
可供使用资金	C
减：本月各项支出	
进货现金支出	D
其他费用支出	E
购置设备支出	F
预缴所得税	G
支出合计	H
现金多余或不足	I
向银行借款	J
还银行借款	
合计	K
期末现金余额	

案例1

预算编制的权变思维

多年前，一个美国人购买了大约12 000平方米的房产，其中包括一些可供出租的单元，房产位于美国加利福尼亚州南部某城市未来开发区的入口处。他为自己做了一个预算，即购买该房产的成本与出租房屋带来的收入相比，明显是收入大于成本，因此觉得这是一项明智且安全的投资。但是买下该房产不久，他就陆续收到通知：某处的屋顶需要翻新，给水系统出现故障，污水处理系统需要全部更换……结果，这些意料之外的开支累计起来几乎相当于他的购房金额。

由于外部环境的不确定性与不稳定性，我们需要注重预算的动态变化，树立权变思维。如果始终以静态的眼光看待预算管理，则后期的预算执行就会遇到大麻烦。一些企业由于没有坚持预算编制的权变原则，持续承受着由此带来的痛苦，有时承担的损失可能很大。因为它们发现，所购买的设备如果没有昂贵的维护和更新投入，很快就会无法运转。比如，技术知识产权需要不断通过法律诉讼来维护；而对于海外收购的情境，由于距离遥远，可能会造成很大的损失。如果发现刚刚斥巨资购买的海外工厂的设备需要更新升级，那更是雪上加霜。

“买的不如卖的精”。卖方往往比买方知道更多有关所售资产的信息，而且往往具有隐瞒的冲动。比如：(1) 最大的客户正在采用新的技术，可能会因此停止向公司下订单；(2) 公司所在国政府计划出台提高企业退休金、增加税收和鼓励竞争的政策或措施；(3) 某个消费者团队正在考虑对公司提起集体诉讼；(4) 主要竞争对手因交通设施的改善而实力大增，从而蚕食公司的利润空间。

思考：

1. 结合上述材料，谈谈预算编制前开展尽责调查的重要性。

2. 阅读上述材料并结合本章内容，谈谈应当如何通过完善制度建设来提高预算编制流程的科学性与有效性。

案例2

Q公司滚动预算的应用

Q公司属于家电行业，其战略管理绩效在行业中处于领先水平。Q公司的预算管理方法随着公司规模的扩大逐步成熟。为了及时适应市场变化，准确反映连续不断的业务活动，从而给管理层提供一个长期的计划，Q公司从2017年开始采用滚动预算法作为其预算编制方法。

1. 滚动预算人员架构：以总部财务部为主、各供应线财务部为辅

Q公司滚动预算的组织结构如图8-3所示。

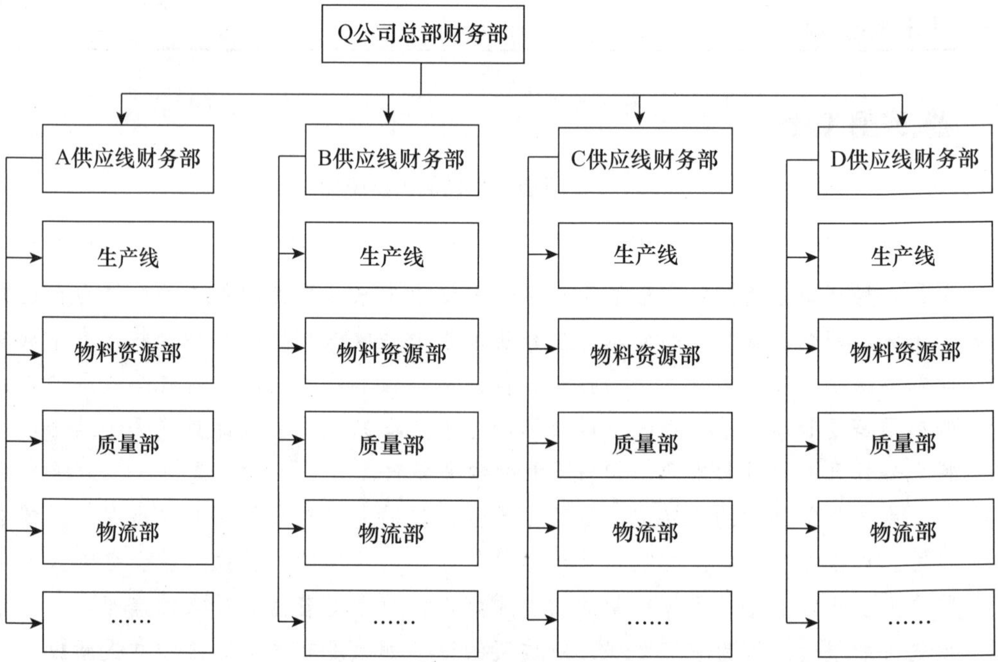

图8-3 Q公司滚动预算的组织结构

2. 滚动预算的假设基础：市场需求量

Q公司的市场营销部分析影响订单变化的因素，随时与顾客沟通，之后作出订单量预测。然后，市场营销部将预测的销售数据细化为区域、规格等方面的信息并提供给供应线。供应线根据市场营销部提供的数据并结合生产周期，作出某种家电的产出数量预测，作为滚动预算的主要依据。此外，产品价格调整、集团总部分摊给供应线的成本、原材料价格变动、生产效率、通货膨胀影响、员工调薪比例及外币汇率波动等影响都将纳入预算更新的假设基础。

3. 滚动预算时间的界定：多层次

Q公司供应线的滚动预算时间分为三个层次。以2016年为例，首先，2016年5月，预算工作组根据市场营销部提供的2017—2018年订单量预测信息编制2017—2018年的供应线两年计划。其次，预算工作组在2016年各季度编制全面预算，第四季度编制2017年全年预算。具体来说，3月下旬制定出2016年第二季度到2017年第一季度的预算；6月下旬制定出2016年第三季度到2017年第二季度的预算；9月下旬制定出2016年第四季度到2017年第三季度的预算；10—12月制定出2017年1—12月全年预算，用于2017年考核。最后，预算工作组在2016年其他各月份做前期预算的修正，即1月、2月修正2015年第四季度编制的2016年预算；4月、5月修正2016年3月的预算；7月、8月修正2016年6月的预算。

4. 滚动预算的实务操作流程

首先，在编制每季度及全年全面预算之前，供应线总部根据高层的政策策略以及与市场营销部沟通确认的销售信息，将预算目标和时间表下达给各供应线。各供应线根据总部的要求制定各自的目标和时间表。例如，物料资源部提供原材料降价计划及比例；工厂提供产能、固定资产投资、工人人数、加班比例；物流部提供仓储、运输和装卸的计划；质量部反馈成本降低计划及比例；各生产及辅助支持部门提供本部门的差旅、培训计划等。

其次，各部门将所有的数据、计划等上交给财务部。财务部计算并汇总编制出预算初稿，其中包含季度及滚动年度销售额和利润等财务数据、相关各部门的考核指标以及此次数据指标与上期预算和实际的对比分析报告，然后提交给供应线管理层。

最后，供应线管理层以从上至下的视角审议预算，提出修改意见。财务部协调各相关部门重新更新个别预算项目，如此多次往复，直至最终的预算经供应线管理层复审通过。

资料来源：胡玉明．管理会计应用指引详解与实务．北京：经济科学出版社，2018.

思考：

1. 结合上述材料，谈谈滚动预算对企业管理及时性要求的现实意义。
2. 你认为这种滚动预算存在哪些优点与不足，提出你的改进建议。

第九章

全面预算的执行和控制

本章结构图

- 全面预算的执行和控制
  - 全面预算管理执行和控制的重要性
    - 全面预算管理的难题
    - 全面预算管理执行和控制的必要性
  - 全面预算的执行
    - 预算执行准备
    - 预算执行组织
  - 全面预算的控制
    - 预算控制概述
    - 预算控制的具体内容
  - 预算调整与追加
    - 预算调整
    - 预算追加
  - 预算差异分析
    - 预算差异分析概述
    - 预算差异分析具体方法

学习目标

- 认识全面预算管理执行和控制的重要性
- 明确全面预算执行的流程
- 掌握全面预算控制的内容
- 理解预算的调整与追加
- 掌握预算差异计算的方法

素养目标

- 以权变性理念优化预算管理的执行行为
- 构建刚性与弹性相结合的预算执行和控制手段
- 结合国内外环境的变化适时调整预算战略

引 例

预算执行中的“玄机”

在预算管理实践中，如果企业需要五个环节来完成整体的全面预算，且每个环节均能完成预算的90%，那么，企业整体的全面预算完成情况是怎样的呢？请大家思考这样一道数学题，即90%×90%×90%×90%×90%等于多少。答案是59%。

它表明，这家企业整体的全面预算完成率只有59%。单纯地观察每一环节的90%完成率，其执行效果似乎并不存在特别大的问题，然而从整体角度考察企业的预算管理，问题则很严重。

从小到大，无数次应对各种考试的我们都知道，60分是及格线，达到100分比较难，而90分则是一个引以为豪的分数了。工作中也是如此，很多人认为“把工作做到60%太危险，会被公司炒鱿鱼；做到100%太辛苦，也不太现实；做到90%就很不错了”。这种说法似乎很有道理，但工作过程是由一个一个细微的环节串联而成的，每个环节都以上一个环节为基础，各个环节之间相互影响的关系以乘法为基准最终产生结果，而不是百分比的简单叠加。环环相扣的过程结束后，“很不错”的90分最终带来的结果可能是59分。这个事例为预算执行的全面性、整体性等的要求提供了一个典型的注解，即必须重视预算管理的过程控制及其带来的效应。

全面预算管理不只是一种管理的方法、一种管理的工具，还是一种思想，要求人本思想、民主思想、战略思想、系统思想等落地生根。预算作为一种制度，是企业价值理念与各责任主体行为规范的统一，没有一种制度体系会比预算更具有对人们行为的全覆盖性。如果不能在每个环节认真对待，不能对每个环节及时反馈和修正，不致力于追求每个环节的完美，而是想当然地认为“结果不会太差”，那么最终的结局可能是：这个环节做到了90%，下一个环节还是90%，在五个环节之后，工作成绩就不是平均值90%，而是59%。这是一个会在激烈的竞争环境中被淘汰的分数。

在某些情况下，这个分数可能更低，甚至变成负数。到那时，再回头按照100%的标准进行“检修”，就可能意味着整个项目、整个工程都需要推倒重来，意味着时间和资源的浪费，意味着效率低下和错失时机，意味着先前的努力付诸东流。这个简单的数学等式背后的意义，必须高度重视。请务必注重预算的执行！

对于这个案例我们需要思考的问题很多，比如，如何优化全面预算的执行和控制，以及如何从执行和控制的视角反向推动预算的改进与完善等。

资料来源：根据网络资料加工而成。

第一节　全面预算管理执行和控制的重要性

一、全面预算管理的难题

虽然全面预算管理在我国企业的管理实践中已经比较普及，但是在实际开展中仍然存在很多误区和盲区，实施得并不理想，或是流于形式，达不到预期效果。目前我国的全面预算管理面临的主要难题有以下几个。

1. 缺乏战略导向性，预算目标短期化

全面预算管理是服务于企业战略目标的，应该作为企业长期战略的服务和支持系统，然而许多企业并没有意识到两者之间的紧密联系。企业战略是对企业长期持续发展的计划，在不考虑战略目标的情况下制订预算计划，会导致短期行为，使企业只注重短期预算目标的实现，忽视长期目标，这是一种本末倒置的行为；缺乏战略引导的全面预算管理是盲目的、没有依据的，难以真正增加企业价值，有时甚至还会与企业发展背道而驰。而预算对于企业战略也是十分必要的，因为预算是配置资源的具体计划，是监测业务运行的过程，是推动企业实现长期目标的工具，是考核业绩的重要尺度。

为了避免预算的盲目性和目标的短期化，企业在制定全面预算时，一定要以战略为导向，使预算目标服从于整体战略。

2. 产生全面预算松弛

预算松弛是指预算水平与最优水平存在差距，具体表现为蓄意夸大业务活动预计耗用的资源量及作业难度，或蓄意降低业务活动预计产出水平。产生预算松弛的原因主要有：经理人员为了提升业绩刻意压低收入或利润指标，使得实际业绩更容易达到预算目标，为自己赢取更多的绩效奖励或升迁的机会；部门之间为了争夺资源，使得本部门业绩更容易达成，在内部资源分配中获得更多主动权和机会。

预算松弛给企业带来了很大的危害。一是会造成企业内部资源不合理分配，使资源更多地流向预算松弛的部门；二是会使企业业绩看起来比实际出色，使得对企业业绩的评价缺乏公正性、客观性；三是使刻意造成预算松弛的经理人员虚增自己的业绩，从而对他们的绩效无法正确评判，加剧信息不对称；四是会对企业长期发展产生不利的影响。全面预算管理作为实现企业战略目标的重要手段，如果产生松弛，就无法达到预期的效果，会掩盖企业中存在的很多问题。

3. 缺乏相应的控制和业绩评价体系

我国企业普遍存在“重编制、轻执行”的现象，许多企业在编制预算以后，却没有很好地进行事中和事后的控制，导致全面预算管理流于形式。事中控制主要是对执行过程的监督，事后控制主要是对执行结果的评价、考核和反馈。许多执行者以自己业务的特殊性，如存在系统性的市场波动、政策与制度的变化等风险为理由，强调预算目标得不到一致的贯彻和执行。这种预算是虎头蛇尾的，失去了意义。要杜绝这种现象，企业必须建立起强有力的预算控制和业绩评价体系，除非遇到不可抗拒的外在因素，否则预算目标执行必须坚持刚性原则，不得轻易变更。对于不可抗拒的外在因素，也应该设计完善的调整体系，这样才能保证预算的有效性和准确性。对于执行的考评结果还要实施相应的奖惩制度，对无法很好地执行预算、违规乱纪的人员要予以严厉的处罚，以提升预算的重要性和严肃性。

4. 缺乏完善有效的组织结构的支持

预算工作顺利地开展还有赖于健全的组织结构的支持。企业的组织结构是实现企业经营战略目标的基础和保证，也是全面预算管理得以实施的载体，犹如人体的骨架，在企业管理中起到支撑的作用。企业作为一个组织客体，必须不断调整自身结构，在发展过程中不断适应种种环境变化的需要，以组织结构为基础的全面预算管理方法和程序也应作出相应的调整。目前，我国企业在组织结构上存在的问题有：一是有的企业未设置专门的预算管理委员会，预算的编制和控制交由财务部门来负责；二是基层部门并不参与编制，导致预算与实际脱节，缺乏科学性、可操作性和权威性，还会导致预算计划在下达时遇到基层部门和人员的阻力，如传递不力、理解有误等；三是在企业集团中，由于组织机构的庞杂性和母子公司之间复杂的层级关系，各层级之间的信息传递困难，全面预算管理难以有效贯彻执行。要改变这些现象，就需要对企业组织结构进行完善或调整，减少结构上的阻力。

二、全面预算管理执行和控制的必要性

我国企业在全面预算管理中面临的诸多难题，大多不是源于编制环节，而是源于缺乏完善的执行与控制体系。

事实上，预算的编制在预算管理中只是第一步，编制出各种各样的预算并不是预算管理的最终目的，能够按照编制完成的预算进行企业各项经营活动并在企业运作中发现问题、解决问题才是企业推行预算管理的真正意义。因此，预算编制完成并不代表预算管理就成功了，后期的预算执行和控制对预算管理同样重要。

全面预算管理执行和控制对于解决目前我国企业全面预算管理中面临的难题至关重要。企业的预算难以很好地贯彻执行，容易流于形式，很大一部分原因就在于缺乏有效的执行控制制度。可以说，执行控制是全面预算管理活动能否顺利开展的关键因素。因此，本章将就如何建立科学有效的全面预算执行和控制体系进行介绍。

第二节　全面预算的执行

在预算编制完成到预算正式执行之前，我们需要做预算审查、分解、下达等一系列准备工作，而预算目标要分解为更加具体的目标就需要提前明确预算执行的组织，本节将对这些内容进行详细的介绍。

一、预算执行准备

为了保证所编制的预算能够顺利地执行，企业需要在预算执行之前做如下准备工作。

（一）预算的审查通过

预算编制完成之后，必须经过预算管理委员会或者由董事会授权的机构审查通过后才能够正式执行。

预算管理委员会是董事会的一个专门机构，一般由企业的董事长或总经理担任主任委员，企业内各相关部门的主管为成员（如主管销售的副总经理、主管生产的副总经理、主管财务的副总经理以及预算管理委员会秘书长等）。预算管理委员会作为预算的最高管理机构，应该承担审阅预算合理性和整体利益协调性的责任。预算管理委员会应在考虑企业整体战略规划和长期目标的基础上，对预算进行讨论和分析。如果预算数据合理并具有可执行性，则批准执行。如果有不合理的或者与企业整体利益冲突的地方，预算管理委员会必须要求相关部门修改，否则不能批准执行。修改后再重复上述审查过程，直到预算通过。

（二）预算的分解、下达

1. 预算的分解

年度预算经过批准后，为了更加便捷地执行，需要分解到更加具体的时间段，比如分解为季度预算、每月预算，甚至可以分解到天。这样企业可以在更细致的时间范围内将实际情况与预算进行对比，及时找到差异，解决问题。

2. 预算的下达

预算经过分解后，就可以将其传达给各个业务部门。通常企业的总预算仅分发给企业高级管理人员以及经高级管理人员授权的其他人员。分发给各部门主管和中层管理人员的预算不需要是完整的，但是必须保证与他们的权力和职责相关的预算传达到位。

（三）预算的讲解

预算能否成功地执行，很大程度上取决于员工是否充分地了解预算编制的依据、原理，明确自己在预算中的职责和任务。虽然预算编制必须遵循全员参与的原则，但实际上关键步骤都是由管理人员和专业人员完成的，一般员工对于预算并不一定有很全面的认识和很深刻的理解。因此，对预算的讲解是十分必要的。预算分解下达后，必须以部门为单位举行预算说明会，讲解企业整体预算以及本部门的职责和任务，使每个员工都能明确自己的职责。

二、预算执行组织

责任中心是企业预算执行和控制的基础。企业在对预算目标进行层层分解后，依据各责任中心的职责范围进行分配传达。预算的执行、控制以及后期的考评和激励都以责任中心为单位来进行。

责任中心指的是具有一定管理权限并承担相应经济责任的企业内部责任单位。责任中心可能是一个人、一个班组、一个车间、一个部门，也可能是分公司、事业部，甚至是整个企业。具体如何建立责任中心、建立多少责任中心，取决于企业内部控制、考核的要求。一般根据不同的控制范围和责任对象的特点，责任中心可分为三种类型：成本中心、利润中心和投资中心。

（一）成本中心

成本中心是指责任人对其责任领域内发生的成本负责的一种责任中心。成本中心是成本发生的单位，一般没有收入。任何只发生成本或者仅有少量收入的责任领域都可以确定为成本中心，其责任人可以对成本的发生进行控制，但不能控制收入与投资，因此成本中心只需要对成本负责，无须对利润情况和投资效果承担责任。例如，一个只负责生产产品的车间可以作为成本中心，因为它不具备销售的功能，不能形成收入，对该车间只考核成本发生情况。

成本中心可以分成两种：技术性成本中心和酌量性成本中心。

技术性成本中心又称标准成本中心，是指有明确具体的产品，并且对生产产品所需各种要素的投入量能够合理预计的成本中心。

酌量性成本中心又称费用中心，是指工作成果不是明确的实物，无法有效计量，或者投入与产出之间没有密切联系的成本中心。一般来说，行政管理、科研开发、广告宣传等服务性部门应列为酌量性成本中心。酌量性成本中心的实际成本可以准确计算，但难以根据其投入与产出的数量来判定其支出的有效性以及工作成绩的好坏，因此很难对无效开支进行有效控制。

技术性成本中心在进行财务控制时要着重于标准的制定和实施，而酌量性成本中心应该重视控制成本。

（二）利润中心

利润中心是责任人对其责任领域内的成本和收入均要负责的责任中心。利润中心的责任人既能控制其成本，又能控制其收入，但不能控制投资活动。利润中心同时具有生产和销售的职能，有独立的、经常性的收入来源，可以决定生产什么产品、生产多少、生产资源在不同产品之间如何分配，并自行决定销售策略。相比成本中心，利润中心有更大的自主经营权。利润中心可以是自然形成的，也可以是人为设定的。自然形成的利润中心一般是直接向企业外部销售产品、提供劳务以获取利润的单位，例如，一个既负责生产又负责销售的分厂就是一个自然形成的利润中心。人为设定的利润中心一般是按照内部转移价格销售产品或者提供劳务给本企业其他部门而形成的。

（三）投资中心

投资中心是指既要发生成本又能获得利润，还有权进行投资的责任中心。责任人不仅要对其责任领域内的成本、收入负责，还要对投资负责，相当于一个独立核算的企业。一般来说，整个企业本身就可以作为一个投资中心。投资中心通常是由几个利润中心构成的，既有成本中心和利润中心拥有的所有决策权，还有对其进行的投资享有的决策权。

第三节 全面预算的控制

一、预算控制概述

预算开始执行后，必须以编制好的预算为标准进行严格的控制。支出项目必须控制在预算之内，收入项目必须达到预算指标，现金的流动必须满足企业日常和长期发展的需要。进行预算控制的目的主要包括：更好地实施企业战略，控制成本和费用，控制利润和损失，防范企业风险，提高经营效率，等等。总而言之，预算控制是决定企业预算管理体系能否顺利实施、企业战略目标能否顺利达成的关键环节。

预算控制指的是根据预算规定的收入与支出标准，检查和监督各部门活动，以保证组织经营目标的实现，并使费用支出受到严格有效的约束的过程。预算控制以预算编制为基础，执行和控制企业经营活动并在活动过程中比较预算和实际的差距及原因，然后对差异进行处理，是管理控制中运用最广泛的一种控制方法。它涵盖了预测、试算、平衡、执行、调整、分析、评价、奖惩等环节。

预算控制的形式可以分为外部控制和内部控制。外部控制是指企业外部环境对企业预算执行产生的影响，包括经济政策、社会环境、市场状况等宏观因素对企业产生的阻力和动力，这些一般是企业无法避免的。内部控制是指企业内部的组织机构和人员主动进行的对预算执行过程的跟踪反应、分析调控。内部控制可以通过自我控制和管理控制两种手段来实现。自我控制是特定部门或人员对自己权责范围内的预算执行的监督，以及自我分析。管理控制则有赖于上级对下级预算执行情况的监督和分析。

二、预算控制的具体内容

预算控制的内容就是对预算编制产生的各类预算，即经营预算、资本支出预算和财务预算的控制。

（一）经营预算控制

经营预算中包括的销售预算，生产预算，成本费用预算都是预算控制的内容。

1. 销售预算控制

销售预算主要关注销售收入的实现，所以控制目标应该集中于销售价格和销售数量，监督二者在预算期间的变化。可以采取以下措施：

（1）将销售预算涉及的地区划分为若干部分，每部分由专人负责，如分区销售经理。

（2）建立销售预算完成进度表，随时检验预算完成情况。

（3）建立有效的预算评估程序，对每一阶段预算执行情况进行评价。

另外，销售预算中还涉及产品期初、期末的存货。由于各种环境因素的影响，销售量的波动会比较大，为了生产的稳定，对存货预算也应该进行控制，使存货数量处在最低安全存量和最高存量之间。

2. 生产预算控制

生产预算控制主要包括产量预算控制、直接材料预算控制、直接人工预算控制和制造费用预算控制。

（1）产量预算控制。产量会受到销售预算和存货预算控制结果的影响。一般来说，产量预算控制的指导原则应包括以下几点：

1）决定每项或每类产品的标准存货周转率。

2）利用每项或每类产品的标准存货周转率和销售预测值来决定存货数量的增减。

3）预算期内的生产数量等于销售预算加减存货增减的数量。

总之，产量预算的控制必须符合管理控制的政策，使生产稳定，并将存货数量保持在最低安全存量以上和管理决策所决定的最高存量以下。

（2）直接材料预算控制。直接材料预算控制的基本目的有两个：一是关于直接材料存货的，通过预算控制使相关人员能够在最适当的时候发出订单，以适当的价格和质量获得适当数量的直接材料；二是关于直接材料消耗的，通过控制使材料消耗符合预算标准，将损失控制在确定范围之内。

有效的直接材料存货控制必须做到：及时供应生产所需的材料，保证生产的连续性；在供应短缺时（季节性等因素造成），设法提供充足的材料，以最少的处理时间和成本储存材料，并避免火灾、盗窃等意外情况以及减少自然消耗；系统地报告材料状况，使过期、过剩、陈旧的材料项目降到最低程度。这些要求可以通过定期汇报、定期检查、限定材料存货最低最高量等手段来实现。

直接材料消耗控制应该使生产过程中的材料消耗控制在预算标准范围之内，尽量减少浪费和损失，提高材料利用率。实现直接材料消耗控制的方法有：

1）限额领料制。限额领料制是指为更有效地控制材料的领发、节约使用材料，供应部门根据生产计划以及材料消耗定额计算材料定额消耗量，与生产计划部门共同签发限额领料单。这种方法适用于经常领用并规定有领用限额的材料领发业务。

2）配比领料制。配比领料制是指供应部门根据生产计划和所用各种材料的配方比例，计算各种材料的配方用量，与生产计划部门共同签发材料配比领料单，据以领发材料。这种方法适用于生产产品需要耗用若干种材料，而且各种材料之间有固定配方比例的情况。

3）盘存控制法。在盘存控制法下，首先定期对产品进行盘存，然后根据完工产品数量和在产品数量计算产品投产数量，再将投产数量乘以材料消耗定额来计算材料定额消耗量，最后将材料实际消耗量与定额消耗量进行比较，即可计算出实际消耗量与定额消耗量的差异。这种方法适用于不需要经过切割就可以进行加工的材料，以反映材料实际消耗量与定额消耗量的差异。

在使用这几种方法时，要注意严格执行标准，如果出现超标现象，需要说明原因，并经有权作出决策的部门和人员批准。另外，还应该注意材料的品种和规格是否符合工艺技术的要求，防止大材小用或者优材劣用。

（3）直接人工预算控制。直接人工预算控制的有效性取决于各级主管人员的持续监督和观察，以及主管人员与员工的接触。直接人工预算中最重要的环节是单位小时人工标准的确定，另外，工作流程的规划以及物料、设备的布置安排都会对直接人工总成本产生影响。同时，在一定的工时标准基础上，员工的工作效率会直接影响生产数量和质量。所以，对直接人工的预算控制可以从两个角度着手：

1）通过控制人工标准和员工人数来控制工资费用总额。从最终财务结果来看，总的工资费用才是直接相关的，所以必须对工资总额进行控制。企业要结合国家和行业的相关规定，以及企业的实际情况来制定适合本企业的人工支付标准，控制员工工资、奖金等。同时，要控制员工人数，遵守定员标准，增减员工要通过一定的审批程序。

2）监督劳动生产率情况。监督劳动生产率主要是控制生产工人的出勤率、工时利用率以及工时定额的完成情况，通过提高劳动生产率来提高产品产量，降低单位产品成本中的工资费用。但是，除了产量，还要注重产品质量的控制。

（4）制造费用预算控制。制造费用预算控制的基本原则是区分可控和不可控因素。

制造费用预算控制中的可控因素与直接材料和人工预算控制都有关联，控制方法可以参照直接材料和人工预算控制。

制造费用预算控制中的不可控因素，如分摊的折旧和管理费用等，则只能由负责计算分摊这些费用的部门实施控制，调控费用总额和分配给相应受益部门的份额。接受这些间接费用的部门则无须承担控制责任。

3. 成本费用预算控制

（1）成本预算控制。成本预算是对直接材料、直接人工、制造费用预算的总结概括，因此成本预算控制是站在一个更高的角度对产品总成本进行监督，而不是分项目的详细控制。在以销定产、从目标利润倒推生产成本的情况下，成本预算控制就是直接材料、直接人工和制造费用预算控制的基础，即通过成本预算中要求的各项目的完成情况来详细制定各项目的控制措施。

（2）销售费用预算控制。销售费用可以分为变动销售费用和固定销售费用，其控制方法各不相同。

变动销售费用是指与产品销售数量成正比例变动的费用，如销售佣金、包装费、运输费等。对于变动销售费用，一般应在不影响销售的前提下控制其单位消耗。例如，通过采用更科学的打包技术降低包装物的消耗来减少单位产品的包装费。

固定销售费用是指与产品销售数量没有直接关系的销售费用，如广告费、销售部门管理人员的工资等。由于固定销售费用与销售量没有直接关系，所以控制时以总额控制为主，如限定预算期间用于广告费用的支出金额。

（3）管理费用预算控制。管理费用预算由许多明细项目组成，对于不同项目的费用，应采用不同的控制方法，但就费用水平而言，应采用费用预算总额控制的方法。例如，对于可能发生的坏账，应该按照应收账款的一定比例和账龄来核定预算年度的坏账准备。如果实际发生的坏账超过了预算数额，则在核销时应由有权控制的部门核准，并查找发生超额坏账的原因。

（二）资本支出预算控制

对于资本支出预算，不能仅仅考虑压缩支出，还应该考虑战略成本。所谓战略成本，是指那些能使企业创造价值和获得核心竞争力的成本，包括技术研发的成本、开发市场的成本、扩大生产的成本、提高质量的成本等。这些成本注重的是企业的长远利益而非短期利益。技术研发可以使企业获得技术上的领先地位，开发市场可以使企业提高市场占有率，扩大生产可以使企业生产能力提高而获得规模效益，提高质量可使企业争创名牌。因此，资本支出预算控制应根据实际情况的变化，随时调整支出项目与支出额，使资产的取得、维护、升值等能够顺利进行。一旦发生无法预计和解决的问题，应依据谨慎性原则，及时停止资本支出项目，以最大限度地减少损失。

资本支出预算的控制分为三个阶段：

第一阶段是正式授权进行特定资本项目的计划。主要的资本支出计划需经最高管理层批准，批准的形式可以是正式或非正式的通知。相应地，对于重要程度递减的资本支出计划，由相应级别的管理部门授权即可。

第二阶段是资本支出项目进行中的支出控制。一旦资本支出项目经过批准并开始实施，应立即设立专门档案记录发生的成本、费用支出，并根据责任范围编制工作进度作为补充资料。每个资本支出项目的进展情况报告都应该每隔一段时间呈送相应的管理机构，对于重要的资本项目则需要将报告呈送企业最高管理层审核。报告中应包括以下几项内容：

（1）成本项目。成本项目中应列明资本支出项目的预算金额、到报告期为止的累计支出和尚需支付的款项、预算中未使用的金额、已经超过或低于确定支出的数额。

（2）收入项目。如果资本支出项目投入后马上就可以产生收益或在报告期内产生收入，则应在报告中列明收入数额以及收入取得的原因和方式等。

（3）进度报告。进度报告中需要说明项目的开始日期、预计的进度表、实际的进展程度和预计项目完成所需的时间。

（4）其他需要说明的情况。未包括在上述三个项目中但又比较重要的问题可以放在这一项中，如项目的质量、一些事先未估计到的问题等。

第三阶段是资本支出项目完成后的记录归档。项目完成后，相关的档案资料也应记录完毕，包括实际情况、预算情况以及两者的对比、分析和解决措施，项目的验收和试运行情况等。这些档案资料经相应管理机构核准后可以归档。

经过以上阶段，对资本支出预算的控制已经基本完成。但如果是重大的资本支出项目，还应遵循重要性原则进行跟踪观察和定期研究，以确定该项目是否产生当初分析师所预期的结果。这样的考察是十分必要的，既可以对原分析的适当性进行良好的测验，还可以为将来的经营决策提供有价值的参考资料。

（三）财务预算控制

财务预算控制的重点是现金预算。通过对前面各项预算的控制，预计利润表和预计资产负债表已经得到了较好的保证，但还必须对现金进行专门的管理控制。良好的现金控制制度是非常重要的，因为现金的多余和不足，特别是不足，给企业带来的潜在影响是很难估计的。

实际现金收支与预算收支的差异是一定存在的，发生差异的原因可能有影响因素的变化、发生突然和意想不到的情况、现金控制不力等。管理层为了缩小差异，避免出现现金不足，可以采取下面的方法：（1）加大应收账款的催收力度；（2）减少付现费用；（3）延迟资本支出；（4）推迟待付的款项；（5）在不影响生产经营的情况下减少存货数量。

一般来说，对现金预算进行控制的方法有：

（1）对现金及未来可能的现金状况作出适当和连续的评价。这个程序涉及定期评估截至报告期的实际现金流动情况及预测下一期间可能发生的现金流量。

（2）保存逐日（或更长间隔期间）的现金状况资料。为减少利息费用，确保现金充足，有条件的企业可以每天对现有现金状况进行评估。这个方法特别适用于现金需要波动幅度较大、分支机构分散且有庞大现金流量的企业。在实际经济生活中，企业可以编制现金收支日报表来控制现金流量。

第四节　预算调整与追加

预算调整是指对预算执行中发现的错误和由环境因素变化所造成的不恰当的预算标准进行的调整。一般来说，预算一经制定，原则上不能随意更改，否则预算就难以使人信服，很难顺利地执行。但是，预算编制中的错误是不可能完全避免的，现实与计划也不可能完全符合。当实际情况与计划出现重大差异时，依旧遵循现有预算是不可取的，这时就应该考虑对预算进行调整。不能随意对预算进行调整，应该按照严格的程序和操作规范，由具体的预算执行人提出调整申请，视内容重要程度由相应级别的管理人员批准，并经预算管理委员会审核。

本节将从预算调整的原因和程序两个方面来对预算调整进行介绍。

一、预算调整

（一）预算调整的原因

预算执行单位在执行预算时，如果发现预算出现偏差，必须对原因进行分析，如果是主观原因则不得进行调整，如果是客观原因则可以向预算管理委员会申请进行调整。可能导致预算出现偏差的客观原因包括以下几点：

1. 时间变化

一般来说，预算执行的期间和预算编制的期间是不同的，这种时间的差异很可能使预算编制环境和执行环境、预算编制人员和执行人员，乃至企业具体的短期目标发生变化。这些因素的变化都要求对预算作出相应调整。

（1）预算编制环境和执行环境不同。预算是以当时的情况和对未来的预测为基础来编制的，虽然考虑了可能出现的不确定因素，但无法做到与未来完全相同。一旦环境发生变化，原来编制的预算就可能无法适应新环境的需要。为了企业预算期间的目标实现，乃至长远的发展，就必须对不合时宜的预算标准进行调整。

（2）预算编制人员和执行人员不同。企业的预算一般是在预算年度开始之前几个月就着手编制，预算执行要在一段时间之后。在此期间，如果出现人事变动，使某一项目预算编制和执行的人员发生变更，就可能会因每个人思考和看待问题方式的不同而造成原有的预算标准不恰当。这时，可以对预算进行适当的更改。

（3）预算编制时的短期目标和执行中的短期目标不同。预算编制时需要充分考虑企业的长期和短期目标，并为实现这些目标而努力。但在预算执行过程中，企业的短期目标可能会发生变化，与预算编制时的目标产生分歧。比如，企业预算中确定的某一期间的短期目标是销售额增加 100 万元，但在实际执行时，由于应收账款回收渠道不畅等，企业现金严重短缺。这时，企业的短期目标就不再是增加销售额，而是保障正常生产经营的现金需要。相应地，预算标准也需要变更。

2. 空间变化

空间变化主要指的是进行预算编制和预算执行的部门和人员不同。

预算中包含了通过上下级之间的反复沟通协调实现的具有普遍接受性的目标。在这个过程中，具体的预算执行人员虽然参与了预算编制，但预算框架体系和关键的数据主要还是由财务部门和各级管理人员确定的。这样，预算的编制和执行的人员就产生了不一致，很可能会造成目标和实际情况脱节。所以，在执行过程中，如果出现了预算中没有考虑到的特殊情况，只有及时对预算进行修改，才能使计划更好地与实际相符合。

（二）预算调整的程序

企业的预算调整一般要经过以下程序。

1. 预算调整的申请

预算中的错误和不当之处一般是由具体的预算执行人员发现的，但是他们并没有直接修改的权力，所以在发现需要修改的预算项目之后，应由该预算执行单位向预算管理委员会提出书面申请。

申请报告的内容应该包括原有的预算标准、调整的理由、调整的建议方案、调整前后预算指标的比较、调整后可能对企业预算总目标的影响、调整后预算责任人的变化、相关人员签字等。

2. 预算调整的审议

在申请报告到达预算管理委员会之前，会先提交至预算执行单位的上级主管机构进行审核。对于确实需要修改的项目，由预算执行单位管理人员在报告中加注自己的意见并签名呈送至上一级主管机构，之后逐级向上传递，直到预算管理的最高机构——预算管理委员会。预算管理委员会接到预算调整申请后即进入调整审议程序，审议时应注意与预算审议人、预算单位及时交换意见。

3. 预算调整的批准和后续跟踪

批准预算调整的权力机构是预算管理委员会。预算管理委员会根据预算调整事项性质的不同，按照权限批准预算调整事项，下发至预算单位执行。调整之后，通过对预算进展情况的跟踪报告，可以发现调整的效果，以作为业绩评价和今后预算执行的一个重要参考。

二、预算追加

与预算调整不同，预算追加通常是由于公司经营规模扩大导致业务量增加或者出现新的业务而年度预算未予以考虑，不得不对已有的预算指标进行追加或新增预算项目和指标。而预算调整一般是由于预算编制前提发生变化，预算指标必须进行修正。

预算追加也是获得预算弹性的一种方法。在这种方法下，年度预算的首要目标是提出公司的计划纲要，然后协调各部门制定预算目标。编制预算时，需要以最基本的、最低限度的收入或支出预算为标准，然后按照每月营业额预测编制月度的追加预算。如果短期计划在一定程度上是正确的并且被批准，每个部门的主管就可以安排超出基本预算的产量和经费。这种制度避免了传统变动预算中烦琐的计算，但是也会使得主管人员无法对成本进行全面分析，无法将成本和业务量联系起来。

下面就对预算追加的程序和注意事项进行介绍。

（一）预算追加的程序

预算追加的程序与预算调整大致相同，也要遵循逐级审批、统一受理的原则。

1. 预算追加的申请

预算追加申请部门在对当月实际业务量进行分析后，发现需要追加预算时，填写预算追加申请表，并上交至预算管理委员会审批。

2. 预算追加申请审批

预算管理委员会接到申请后，提请申请部门的上级部门进行审核，同时展开全面调查。

3. 预算追加的批准

预算管理委员会根据申请部门上级部门的审核意见，结合自身调查情况，对追加申请予以审批。批准后，由预算管理委员会下达追加通知，通知相关部门执行。

（二）预算追加的注意事项

预算追加是保证企业预算灵活性，使预算目标能更好地服务企业生产经营需要的重要环节。同样，如果预算追加没有得到很好的控制，可能会使企业预算制度的严谨性、权威性受到损害。因此，企业在预算追加环节需要注意以下事项。

首先，预算追加的权限应该根据追加金额分级授予。分级标准可以按比例或者按固定金额设定。按比例分级是指以追加金额占预算指标的比例来分级，例如，追加申请金额占预算指标5%以下的，由预算管理委员会审批通过后即可执行；追加申请金额占预算指标5%～20%的，要由预算管理委员会、财务总监、总经理共同审批通过方可执行；追加申请金额占预算指标20%以上的，要由预算管理委员会、财务总监、总经理、董事长共同审批通过才能执行。按固定金额分级是指以固定的金额范围来对审批权限进行分级，例如，追加申请金额在5万元以下的，只需由预算管理委员会批准；追加申请金额在5万元以上、50万元以下的，需由预算管理委员会、财务总监、总经理批准；而追加申请金额在50万元以上的，需由预算管理委员会、财务总监、总经理、董事长共同审批通过。采取分级审批标准可以有效地控制预算追加过程中可能出现的风险，保证预算的权威性和严谨性，同时对于额度较小的追加申请也可以节约时间和成本，保证预算的灵活性。

其次，预算追加审批要遵循逐级审批、统一受理的原则。预算追加审批要统一提交至预算管理委员会受理，以保证预算管理的一致性和权威性。之后，预算管理委员会应通知申请部门的上级部门先行审批，这主要是由于上级部门对该部门的情况较为熟悉，可以深入了解相关的收入和开支的实际发生情况，使审批更加科学、有效。

最后，预算追加要符合企业战略目标和统一的预算管理制度。追加的预算指标既要严格符合预算管理制度，也要切实符合企业发展战略目标，如生产部门必须在对当月的实际生产能力与销售需求进行分析后再决定是否追加生产支出。预算追加既要做到符合企业战略目标规划，保证正常生产经营的开展，又要厉行节约，防止浪费。

第五节　预算差异分析

预算差异分析是预算执行与控制中必不可少的环节，它主要是对实际情况和预算目标进行对比，并确定差异、分析原因、落实责任、总结经验教训。预算差异分析也是后期预算考评和激励的关键，为企业建立公平有效的业绩激励提供条件。本节首先对预算差异分析进行概述，然后结合案例，从销售、成本、利润等不同方面来具体介绍预算差异分析的方法。

一、预算差异分析概述

（一）预算差异的概念

预算差异指的是预算实际执行情况与预算目标之间的差距。

编制预算，一方面是要对企业的生产经营活动进行事前协调、安排；另一方面还要对企业的生产经营活动进行事中和事后控制，及时纠偏，以避免或减少不必要的偏差。预算差异分析就是通过比较实际执行结果与预算目标，确定差异额及其原因，采取应对措施，使企业的生产经营活动按照预算正常运行。

（二）预算差异分析的主体

预算差异分析的主体应该在预算执行过程中负责跟踪调查，并在预算执行结束之后专门负责预算执行情况考评。该主体应该及时发现实际预算执行情况和预算指标之间的差异，并分析差异的性质以及产生的原因，然后制定应对措施，纠正预算过程中出现的偏差或者对不合理的预算指标进行调整。

从目前的实践情况来看，许多已经推行全面预算管理的企业的预算差异分析工作是由企业财务部门来做的，即使一些企业已经设立了专门的预算管理委员会。由于财务部门的职能和特殊性，它可以反映企业的财务状况、经营成果和现金流量，在企业信息传递和处理以及企业管理中处于一个枢纽位置。加之财务部门有任何部门都无法比拟的专业水平和经验，所以其在企业预算差异分析工作中具有不可替代的地位。因此，在目前全面预算管理刚刚起步的企业中，为了充分利用资源，帮助企业尽快将全面预算管理工作开展起来，由财务部门来负责预算差异分析工作是合理的。但是，随着企业经验的积累和专业分工的细化，将预算差异分析工作交给专门的预算管理委员会是企业全面预算管理发展的必然趋势。

（三）预算差异分析的基本方法

预算差异分析的基本方法是在收集整理各种数据资料、评价预算执行和完成情况、分析差异原因的过程中使用的方法，主要有性质分析法和数量分析法两大类。

性质分析法是通过实地观察、座谈调查、因素评价等形式，达到收集资料、了解情况、查询问题、判断原因的目的的方法。

数量分析法是主要通过对比数据、因素替换等方式，达到找出差异、发现问题、分析原因的目的的方法。

在实际的分析工作中，需要根据分析的目的和要求灵活选择不同的分析方法。下面主要介绍几种常见的数量分析法。

（1）比较分析法。比较分析法是最基本的差异分析方法，即通过指标对比，确定数量差异，主要作用是揭示客观上存在的差距。比较分析法比较的主要是绝对值，即实际情况和预算指标绝对值的差异。在运用时，要注意所比较的指标必须具有同质性，计算口径必须一致。

（2）比率分析法。比率分析法是通过计算和对比经济指标的比率来进行数量分析，确定经济活动变动程度的方法。比率分析法具体包括相关指标比率分析法、构成比率分析法、动态比率分析法等。比率分析法与比较分析法的区别就在于：比较分析法比较的是绝对数，而比率分析法比较的是相对数。

（3）因素分析法。因素分析法是一种分析各种影响因素，计算各种因素影响程度的分析方法。在预算执行中，造成实际业绩与预算标准之间差异的因素很多，有的是主要因素，有的是次要因素。为了对各种因素的影响程度进行度量，就要采用因素分析法。根据计算方法和程序的不同，因素分析法主要有差额分析法、指标分解法、连环替代法等。

（四）预算差异分析的程序

预算差异分析的一般程序包括以下几个步骤。

1. 明确分析对象及分解标准

在进行预算差异分析之前，首先要确定此次差异分析的对象，该对象要符合几个特征：对预算目标的实现有较重要的影响；成本动因数据可以准确获得；该费用与其动因之间有较为确定的对应关系。

其次要确定分解标准。预算管理委员会应结合公司实际，根据差异分解原则，制定主要成本、费用项目的差异分解标准，包括：差异分解的程度；各项目差异分解所参照的数据来源及收集方式；差异的各细分部分对应的责任方。

确定分析对象和分解标准的工作一般由预算管理委员会负责。

2. 收集有关信息

在预算管理中，需要进行长期且连续的信息收集，但并不是企业的所有信息都对预算差异分析有用，要有所取舍，一般包括：预算执行过程中的财务信息；重要的外部市场信息；公司内部的非财务信息等。信息收集的工作需要全员参与，最后汇总和整理的过程由专人负责，如财会人员。

3. 计算差异与分解差异

在预算执行中，需要对预算完成情况随时记录，定期编制预算控制报告，将这些报告中的企业业务实际完成情况与预算目标进行对比，发现其中的差异，此时就可以运用之前提到的几种数量分析法。

4. 判断差异的重要程度

在确定预算执行情况和预算指标的差异后，需要确定该差异对整个预算目标的重要性和影响程度。预算管理委员会应根据实际经验，制定差异重要性标准，并以此为依据衡量预算差异，确定其中重要的、需要由相关部门作出解释的项目。

在制定标准时，根据不同项目的性质可以采用不同的形式：设定差异率，即超过某一特定百分比的差异为重要差异；设定差异金额，即超过某一特定金额的差异为重要差异；设定差异变动趋势，即连续若干个月持续增长的差异为重要差异。

5. 分析差异的原因

确定重要差异以后，更重要的是要分析差异出现的原因，以便采取相应的措施纠正偏差，促进企业业务的良好发展。预算管理委员会应要求责任单位对差异产生的原因进行解释。

在调查原因时，对于比较明确的差异不需要花费过多的时间来分析，如报告中的错误造成的差异、特定的经营决策导致的差异、企业不可控制的因素造成的差异等。对于原因不明确的差异和重要差异要着重考察。在分析原因时，要在差异分解的基础上对其经营活动进行深入的分析，充分收集各方面的资料信息，从定性和定量两个方面充分反映预算执行状况。

6. 报告差异

在当期或月度预算执行完毕并进行差异分析与确定原因之后，由各责任中心完成业绩报告。业绩报告应包括三部分内容：

(1) 进度报告。对预算执行进度进行分析，计算汇总各月预算完成情况等，为计划调整和控制提供指导。

(2) 差异分析与业绩评价。根据各部门预算完成情况，运用差异分析的方法，分析差异产生的原因，评价部门业绩，并通过对预算考核指标的分析，对各责任中心进行考核。

(3) 调整对策与建议。根据预算完成进度，在年度预算的指导下，针对外部及内部的重大调整需要，在不影响年度预算目标的前提下，对以后各期预算进行必要的调整，为各级领导决策提供支持和建议。而当所发生的重大事项影响到企业预算目标时，则需要对预算进行修正。各责任中心应该根据自身条件，在每一期预算执行完毕后进行进度分析与差异分析，研究是否应对后期预算进行调整并在业绩报告中提出调整建议。

二、预算差异分析具体方法

在编制预算时，是以销售预算为起点，确定成本、利润的预算目标。预算差异分析也将依据这个思路，从销售预算差异分析开始，然后进行成本预算和利润预算的差异分析。下面依次介绍销售预算、成本预算和利润预算的差异分析。

（一）销售预算差异分析

1. 销售预算差异确定

销售预算差异是实际销售与预算目标之间的差距。企业需要定期确定销售预算差异，时间长短可以视企业的具体情况而定。选定一个具体期间后，差异分析人员就可以根据取得的分析数据编制销售预算完成情况分析表，通过直观对比找到各项目之间的差异，为后面的原因分析和应对措施提供数据资料。

这里主要考察销售量和销售收入的预算完成情况。

【例9-1】 A企业2024年销售预算完成情况详见表9-1、表9-2和表9-3。

表9-1 A企业2024年销售量预算完成情况分析表

产品名称	销售量（万个）		销售价格（元）		预算销售收入（万元）(5)=(1)×(3)	实际销售收入（万元）		销售量预算完成率(%) (8)
	预算(1)	实际(2)	预算(3)	实际(4)		按预算价格计算(6)=(2)×(3)	按实际价格计算(7)=(2)×(4)	
B	180	200	20	20	3 600	4 000	4 000	111.11
C	100	150	16	15	1 600	2 400	2 250	150
D	96	120	50	50	4 800	6 000	6 000	125
合计					10 000	12 400	12 250	124

表9-1中第(8)列的数字计算如下：

$$B产品2024年销售量预算完成率=\frac{200}{180}\times100\%=111.11\%$$

$$C产品2024年销售量预算完成率=\frac{150}{100}\times100\%=150\%$$

$$D产品2024年销售量预算完成率=\frac{120}{96}\times100\%=125\%$$

$$A企业2024年总销售量预算完成率=\frac{12\ 400}{10\ 000}\times100\%=124\%$$

表 9－2　A 企业 2024 年销售收入预算完成情况分析表

季度	预算销售收入（万元）(1)	实际销售收入（万元）(2)	预算完成情况（%）(3)=(2)/(1)	全年预算完成情况（%）(4)
一	1 000	1 200	120	12
二	5 000	4 800	96	48
三	2 500	4 000	160	40
四	1 500	2 250	150	22.5
合计	10 000	12 250	122.5	122.5

表 9－2 中第（4）列的数字计算如下：

$$第一季度完成预算份额=\frac{1\ 200}{10\ 000}\times100\%=12\%$$

$$第二季度完成预算份额=\frac{4\ 800}{10\ 000}\times100\%=48\%$$

$$第三季度完成预算份额=\frac{4\ 000}{10\ 000}\times100\%=40\%$$

$$第四季度完成预算份额=\frac{2\ 250}{10\ 000}\times100\%=22.5\%$$

$$A企业2024年总销售收入预算完成率=\frac{12\ 250}{10\ 000}\times100\%=122.5\%$$

表 9－3　A 企业 2024 年产量预算完成情况分析表　　单位：万个

产品名称	期初存货		产量		期末存货		销售量	
	预算	实际	预算	实际	预算	实际	预算	实际
B	30	25	160	180	10	5	180	200
C	0	10	110	150	10	10	100	150
D	0	0	96	135	0	15	96	120

表 9－3 中产量的计算遵循如下公式：

产量＝销售量＋期末存货－期初存货

在计算预算产量和实际产量时，分别代入表格中的预算数据和实际数据。

2. 销售预算差异分析的方法

销售预算差异分析从销售收入入手，可以将销售收入进一步分解为销售量和销售价格，再找出影响各差异的内外部原因，如图 9－1 所示。

（1）销售收入预算差异分析。

1）总差异分析。根据图 9－1 可知，实际销售收入与预算目标产生差异可能有两

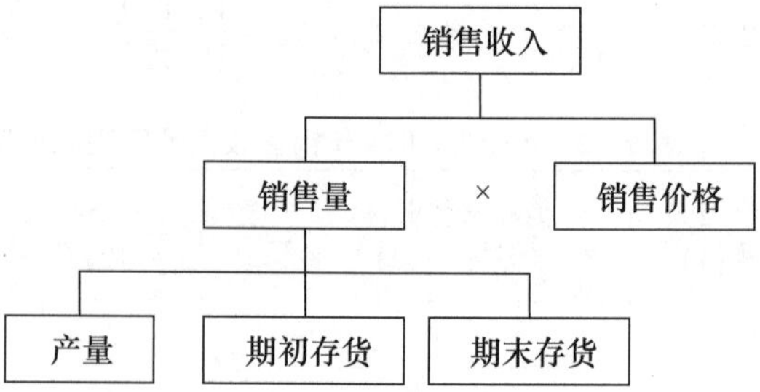

图 9－1　销售收入分解

个主要原因，即销售量和销售价格的变化。因此，销售收入预算总差异实际上由两个部分组成：销售量差异和销售价格差异。这可以用以下计算公式表示：

$$\begin{aligned}\text{销售收入预算总差异} &= \text{实际价格}\times\text{实际销量}-\text{预算价格}\times\text{预算销量}\\ &= \left(\text{实际价格}\times\text{实际销量}-\text{预算价格}\times\text{预算销量}\right)+\left(\text{预算价格}\times\text{实际销量}-\text{预算价格}\times\text{实际销量}\right)\\ &= \left(\text{实际价格}\times\text{实际销量}-\text{预算价格}\times\text{实际销量}\right)+\left(\text{预算价格}\times\text{实际销量}-\text{预算价格}\times\text{预算销量}\right)\\ &= \text{销售价格差异}+\text{销售量差异}\end{aligned}$$

从公式中可以看到，销售价格差异是由于实际价格高于或低于预算价格而形成的销售收入预算差异；而销售量差异是由于实际销量高于或低于预算销量而形成的销售收入预算差异。

通过对销售价格和销售量差异的分解，可以将销售收入预算完成情况进一步细化，找到影响销售收入预算执行情况的具体原因，并为寻找深层次原因提供突破点。

【例 9－2】 各数据见表 9－1。A 企业 2024 年销售收入预算超额完成了 22.5%，这是什么原因导致的？

从表 9－4 中可以看到，A 企业销售收入预算总体完成情况良好，形成了 2 250 万元的正差异。能够取得这样的成果，是因为实际销量超过预算销量，为销售收入贡献了 2 400 万元的正差异。但是，销售价格没有达到预算，造成了 150 万元的负差异。对于销售量的良好表现和销售价格的失利，尚需进一步分析原因，判断其属于内部差异还是外部差异，并提出对策或者建议。

表 9－4　A 企业 2024 年销售收入预算总差异分析表

项目	金额		
实际价格×实际销量	12 250万元	销售价格差异为－150万元	总差异为2 250万元
预算价格×实际销量	12 400万元		
预算价格×预算销量	10 000万元	销售量差异为2 400万元	

2）分项目差异分析。在销售收入预算总差异分析的基础上，还需要考虑各生产项目或产品种类的具体情况，以便发现获利能力强、发展前景好的项目或品种，同时明确存在问题的项目或品种，为下一步的生产经营决策提供依据。

【例 9-3】 各数据见表 9-1 和表 9-4，分析 A 企业各种产品的销售收入预算差异。

根据表 9-5 可知，B 产品在销售价格达到预算目标的同时，销售量超额完成了预算，形成了 400 万元的正差异。

表 9-5　A 企业 2024 年 B 产品销售收入预算差异分析表

基本数据	项目	预算情况	实际情况
	销售价格（元）	20	20
	销售量（万个）	180	200
价格和数量差异分析	销售价格差异=(实际价格－预算价格)×实际销量 =(20－20)×200=0(万元)		
	销售量差异=(实际销量－预算销量)×预算价格 =(200－180)×20=400(万元)		
总差异	销售收入预算总差异=实际价格×实际销量－预算价格×预算销量 =20×200－20×180=400(万元) =销售价格差异+销售量差异 =0+400=400(万元)		

根据表 9-6 可知，C 产品的销售价格没有达到预算，形成了 150 万元的负差异，但是由于 C 产品的销售量超额完成，形成了 800 万元的正差异，因此总体上看，C 产品为企业的销售收入贡献了 650 万元的正差异。

表 9-6　A 企业 2024 年 C 产品销售收入预算差异分析表

基本数据	项目	预算情况	实际情况
	销售价格（元）	16	15
	销售量（万个）	100	150
价格和数量差异分析	销售价格差异=(实际价格－预算价格)×实际销量 =(15－16)×150=－150(万元)		
	销售量差异=(实际销量－预算销量)×预算价格 =(150－100)×16=800(万元)		
总差异	销售收入预算总差异=实际价格×实际销量－预算价格×预算销量 =15×150－16×100=650(万元) =销售价格差异+销售量差异 =－150+800=650(万元)		

根据表 9-7 可知，D 产品销售价格刚好与预算目标持平，但由于销售量超额完成了预算，因此形成了 1 200 万元的正差异。

表9-7 A企业2024年D产品销售收入预算差异分析表

	项目	预算情况	实际情况
基本数据	销售价格（元）	50	50
	销售量（万个）	96	120
价格和数量差异分析	销售价格差异＝(实际价格－预算价格)×实际销量 ＝(50－50)×120＝0(万元)		
	销售量差异＝(实际销量－预算销量)×预算价格 ＝(120－96)×50＝1 200(万元)		
总差异	销售收入预算总差异＝实际价格×实际销量－预算价格×预算销量 ＝50×120－50×96＝1 200(万元) ＝销售价格差异＋销售量差异 ＝0＋1 200＝1 200(万元)		

经过以上分析，可以用表9-8对三种产品对销售收入预算差异的不同影响进行总结：A企业的三种产品都为销售收入提供了正的差异，在销售价格方面，B和D两种产品都为零，C产品则有150万元的负差异，但是由于其销售量差异为正，所以C产品的总差异还是正的。可以看出，A企业的产品销售价格波动不大，但是销售量变动较大。

表9-8 A企业2024年三种产品销售收入预算差异分析总结表 单位：万元

产品	销售价格差异	销售量差异	总差异
B	0	400	400
C	－150	800	650
D	0	1 200	1 200
合计	－150	2 400	2 250

3）阶段性差异分析。对销售收入预算完成情况的分析不能仅仅停留在全年考察上，全年目标的实现固然很重要，但年度中每个阶段的预算进度也不容忽视，因为企业的生产经营是连续的，每个阶段的预算对企业年度预算目标的实现影响很大。

企业的销售年度总预算在空间上会分解到各部门、项目、产品及人员，在时间上会分解到季度、月份、周甚至每一天。一般把按时间划分的预算作为阶段性差异分析的基础。通过对销售预算进行阶段性差异分析，既可以在预算执行过程中随时监控销售实现情况，也可以在预算完成后分析各时间段销售状况对总预算实现情况的影响。

【例9-4】 各数据见表9-2，分析A企业销售收入预算阶段性差异。

根据表9-9可知，A企业四个季度中，除了第二季度没有完成预算，其他三个季度都超额完成了预算，第三和第四季度的预算更是超额完成了50%。

表 9-9 A 企业 2024 年销售收入预算完成情况分阶段分析表

季度	预算销售收入（万元）(1)	实际销售收入（万元）(2)	实际与预算的差异		全年预算完成情况（%）(5)
			金额（万元）(3)=(2)-(1)	百分率（%）(4)=(3)/(1)	
一	1 000	1 200	200	20	12
二	5 000	4 800	-200	-4	48
三	2 500	4 000	1 500	60	40
四	1 500	2 250	750	50	22.5
合计	10 000	12 250	2 250	22.5	122.5

从各季度完成全年预算的百分比来看，第二和第三季度的销售收入合计占全年预算销售收入的近 90%，说明这两个季度是 A 企业的销售旺季，企业应给予更多的关注。

另外，虽然第二季度没有完成预算，但是第二季度的销售收入仍占到企业全年预算销售收入的 48%，因此第二季度作为企业的销售高峰是毋庸置疑的，企业应该在提高第二季度销售收入上下更大功夫。

（2）销售量预算差异分析。销售量预算的完成受到外部市场环境和内部营销策略等因素的综合影响，其中很重要的一个方面就是企业的生产和库存情况，没有产品也就谈不上销售。虽然很多以市场为导向的企业都遵循以销定产的原则，但在生产中可能出现的一些突发或偶然情况也难免会影响到原定目标，从而对销售产生影响，形成一种产销相互作用的局面。

销售量预算差异分析可以说是对销售收入预算差异分析的一种补充。通过对生产和库存的了解，可以进一步说明生产量、期初存货数量和期末存货数量对销售量的影响，还可以将销售预算和成本费用预算衔接起来，进而将企业各项预算差异分析都连接在一起。

【例 9-5】 各数据见表 9-3，分析 A 企业销售量预算差异。

根据表 9-10 可知，三种产品的产销量都达到了预算。

表 9-10 A 企业三种产品 2024 年销售量预算差异分析表 单位：万个

项目	预算	实际	差异
B 产品			
期初存货	30	25	-5
产量	160	180	20
期末存货	10	5	-5
销售量	180	200	20
C 产品			
期初存货	0	10	10
产量	110	150	40
期末存货	10	10	0
销售量	100	150	50

续表

项目	预算	实际	差异
D产品			
期初存货	0	0	0
产量	96	135	39
期末存货	0	15	15
销售量	96	120	24

对于销售量预算差异，不能简单地认为正差异就是有利的，而负差异就是不利的，特别是生产和库存的差异，如果超过了企业正常的生产和库存能力，不但对企业无利，还可能造成额外的负担。所以，对销售量差异需要根据企业所处的特定行业、企业自身生产经营条件、所处的经营周期，以及各种不断变化的条件，进行综合分析。

（二）成本预算差异分析

成本预算差异是实际成本与预算成本之间的差异，既包括总成本的差异，也包括各成本项目的差异。根据性质不同，成本可分为变动成本和固定成本，其成本差异分析方法也有一定区别，应当分开进行。

1. 变动成本差异分析

对于直接材料、直接人工和变动制造费用等变动成本，成本差异应分为价格差异和数量差异两个方面。

价格差异是指实际价格与标准价格之间的差异。价格差异在直接材料成本差异中称为材料价格差异，在直接人工成本差异中称为工资率差异，在变动制造费用成本差异中称为变动制造费用耗费差异。

数量差异是指实际单位耗用量与标准单位耗用量之间的差异。数量差异在直接材料成本差异中称为材料数量差异，在直接人工成本差异中称为人工效率差异，在变动制造费用成本差异中称为变动制造费用效率差异。

成本差异用公式表示为：

$$\begin{aligned}\text{成本差异}&=\text{实际成本}-\text{标准成本}\\&=\text{实际数量}\times\text{实际价格}-\text{标准数量}\times\text{标准价格}\\&=\text{实际数量}\times\text{实际价格}-\text{实际数量}\times\text{标准价格}\\&\quad+\text{实际数量}\times\text{标准价格}-\text{标准数量}\times\text{标准价格}\\&=\text{实际数量}\times\left(\begin{matrix}\text{实际}\\\text{价格}\end{matrix}-\begin{matrix}\text{标准}\\\text{价格}\end{matrix}\right)+\left(\begin{matrix}\text{实际}\\\text{数量}\end{matrix}-\begin{matrix}\text{标准}\\\text{数量}\end{matrix}\right)\times\text{标准价格}\end{aligned}$$

有关数据之间的关系如图9-2所示。

（1）直接材料成本差异分析。直接材料成本差异是指直接材料实际成本与标准成本之间的差额。该差异可以分解为材料价格差异和材料数量差异。

$$\text{材料价格差异}=\text{实际数量}\times(\text{实际价格}-\text{标准价格})$$

$$\text{材料数量差异}=(\text{实际数量}-\text{标准数量})\times\text{标准价格}$$

(1) 实际数量×实际价格
　　　　价格差异 (1) − (2)
(2) 实际数量×标准价格　　　　成本差异 (1) − (3)
　　　　数量差异 (2) − (3)
(3) 标准数量×标准价格

图 9-2　变动成本差异分解

【例 9-6】 B 企业 2024 年有关成本数据如表 9-11 所示。

表 9-11　B 企业 2024 年成本数据

项目	标准成本			实际成本		
	用量	单价（元）	金额（元）	用量	单价（元）	金额（元）
直接材料	80 000 千克 (80 000 件×1 千克/件)	3	240 000	90 000 千克	3.3	297 000
直接人工	80 000 小时 (80 000 件×1 小时/件)	9	720 000	85 000 小时	9.15	777 750

材料价格差异是在采购过程中形成的，应该由采购部门作出说明。采购部门未能按标准价格采购的原因有很多，如供应厂家价格变动、未按经济采购批量进货、未能及时订货造成紧急订货、采购时舍近求远使运费和途耗增加、选择不必要的快速运输方式、违反合同被罚款、承接紧急订货造成额外采购等。需要进行具体调查和分析，才能查明原因。

材料数量差异是在材料耗用过程中形成的，它反映了生产部门的成本控制情况。材料数量差异形成的原因一般包括操作疏忽造成废品废料增加、工人用料浪费、操作技术改进而节省材料、新工人上岗操作不熟练造成多用料、机器或工具不适用造成用料增加等。有时多用料并非生产部门的责任，如购入的材料质量低劣、规格不符也会使用料超过标准，工艺变更、检验过严也会使数量差异加大。因此，要进行具体的调查研究才能明确责任归属。

(2) 直接人工成本差异分析。直接人工成本差异由工资率差异和人工效率差异构成，其计算公式分别为：

工资率差异＝实际工时×(实际工资率－标准工资率)

人工效率差异＝(实际工时－标准工时)×标准工资率

【例 9-7】 根据表 9-11 计算直接人工成本差异。

工资率差异＝实际工时×(实际工资率－标准工资率)
＝85 000×(9.15－9)
＝12 750(元)

人工效率差异=(实际工时−标准工时)×标准工资率
=(85 000−80 000)×9
=45 000(元)

工资率差异形成的原因包括直接人工升级或者降级、奖励制度调整、合理工资率调整、临时工出勤率变化等，原因复杂且难以控制。一般来说，企业在一段较长时间内的工资率应该是稳定的，频繁波动不利于企业其他相关经营目标的制定，也不利于员工的稳定。所以，人事部门或者具体生产部门应尽量制定长期稳定的薪资政策，避免波动过大。

人工效率差异形成的原因包括工作环境不良、工人经验不足、劳动情绪不佳、新工人上岗太多、机器或工具选用不当、设备故障较多、作业计划安排不当、产量太少无法发挥批量节约优势等，主要由生产部门负责。但有时工时差异也可能是其他部门造成的，比如材料质量不佳而影响生产效率等，这时就应该由采购部门或仓储部门负责。

(3) 变动制造费用差异分析。变动制造费用差异是指实际变动制造费用与标准变动制造费用之间的差额。它也可以分解为耗费差异和效率差异两部分。耗费差异反映的是变动制造费用的实际分配率与标准分配率之间的差异。效率差异反映的是实际工时与标准工时之间的差异。

$$\text{变动制造费用耗费差异}=\text{实际工时}\times\left(\begin{array}{c}\text{变动制造费用}\\\text{实际分配率}\end{array}-\begin{array}{c}\text{变动制造费用}\\\text{标准分配率}\end{array}\right)$$

变动制造费用效率差异=(实际工时−标准工时)×变动制造费用标准分配率

【例9-8】 本月实际产量为400件，使用工时为890小时，实际发生变动制造费用为1 985元。变动制造费用标准成本为4元/件，每件产品标准工时为2小时，标准的变动制造费用分配率为2元/小时。按上述公式计算：

变动制造费用耗费差异=890×(1 985/890−2)=205(元)
变动制造费用效率差异=(890−400×2)×2=180(元)

变动制造费用耗费差异是实际支出与按实际工时和标准费率计算的预算数之间的差额。它反映的是在承认实际工时的基础上，每小时业务量支出的变动费用与标准耗费之间的差异，即耗费水平的高低。

变动制造费用效率差异是在标准分配率的基础上实际工时与标准工时之间的差额，反映的是工作效率变化引起的费用节约或超支。

2. 固定制造费用差异分析

固定制造费用差异分析的方法有二因素分析法和三因素分析法。

(1) 二因素分析法。二因素分析法将固定制造费用差异分为固定制造费用耗费差异和固定制造费用生产能力利用差异。

耗费差异是指固定制造费用实际金额与固定制造费用预算金额之间的差额，其计算公式为：

$$\text{固定制造费用耗费差异}=\text{固定制造费用实际数}-\text{固定制造费用预算数}$$

固定制造费用生产能力利用差异是指固定制造费用预算与固定制造费用标准成本之间的差额，或者说是实际业务量的标准工时与生产能力的差额用标准分配率计算的金额，反映了未能充分使用现有生产能力而造成的损失，其计算公式如下：

$$\begin{aligned}\begin{matrix}\text{固定制造费用}\\ \text{生产能力利用差异}\end{matrix}&=\begin{matrix}\text{固定制造}\\ \text{费用预算}\end{matrix}-\begin{matrix}\text{应耗的}\\ \text{标准工时}\end{matrix}\times\begin{matrix}\text{固定制造费用}\\ \text{标准分配率}\end{matrix}\\ &=\left(\begin{matrix}\text{以工时表现的}\\ \text{正常生产能力}\end{matrix}-\begin{matrix}\text{按实际产量}\\ \text{计算的标准工时}\end{matrix}\right)\times\begin{matrix}\text{固定制造费用}\\ \text{标准分配率}\end{matrix}\end{aligned}$$

【例 9-9】 C 公司生产产品月生产能力为 1 100 件，单位标准直接人工工时为 3 小时，固定制造费用标准分配率为 1 元/小时。1 月份实际生产 1 000 件，实际直接人工工时为 2 900 小时，固定制造费用为 3 150 元。

固定制造费用耗费差异＝3 150－1 100×3×1＝－150(元)

固定制造费用生产能力利用差异＝(1 100×3－1 000×3)×1＝300(元)

(2) 三因素分析法。三因素分析法将固定制造费用成本差异分为耗费差异、效率差异和闲置生产能力差异。耗费差异的计算方法与二因素法相同，不同的是将生产能力利用差异分解成了两部分：一部分是实际工时未达到标准能力而形成的闲置生产能力差异；另一部分是实际工时脱离标准工时而形成的效率差异。其计算公式如下：

$$\begin{aligned}\begin{matrix}\text{固定制造费用}\\ \text{闲置生产能力差异}\end{matrix}&=\begin{matrix}\text{固定制造}\\ \text{费用预算}\end{matrix}-\begin{matrix}\text{实际}\\ \text{工时}\end{matrix}\times\begin{matrix}\text{固定制造费用}\\ \text{标准分配率}\end{matrix}\\ &=\left(\begin{matrix}\text{正常生产}\\ \text{能力}\end{matrix}-\begin{matrix}\text{实际}\\ \text{工时}\end{matrix}\right)\times\begin{matrix}\text{固定制造费用}\\ \text{标准分配率}\end{matrix}\end{aligned}$$

$$\begin{aligned}\begin{matrix}\text{固定制造费用}\\ \text{效率差异}\end{matrix}&=\begin{matrix}\text{实际}\\ \text{工时}\end{matrix}\times\begin{matrix}\text{固定制造费用}\\ \text{标准分配率}\end{matrix}-\begin{matrix}\text{实际产量}\\ \text{标准工时}\end{matrix}\times\begin{matrix}\text{固定制造费用}\\ \text{标准分配率}\end{matrix}\\ &=\left(\begin{matrix}\text{实际}\\ \text{工时}\end{matrix}-\begin{matrix}\text{实际产量}\\ \text{标准工时}\end{matrix}\right)\times\begin{matrix}\text{固定制造费用}\\ \text{标准分配率}\end{matrix}\end{aligned}$$

【例 9-10】 根据上例中的数据，采用三因素法计算差异：

固定制造费用闲置生产能力差异＝(1 100×3－2 900)×1＝400(元)

固定制造费用效率差异＝(2 900－1 000×3)×1＝－100(元)

两者之和为 300 元（400－100），与使用二因素分析法得出的生产能力利用差异相同。

（三）利润预算差异分析

1. 利润预算差异确定

利润预算差异的确定一般可根据企业利润表中计算利润项目的顺序来进行。

(1) 主营业务利润差异确定。主营业务利润差异就是实际主营业务利润与目标主营业务利润之间的差距。主营业务利润差异需要根据销售预算、成本预算的完成情况以及税金的缴纳情况来计算。

【例9-11】 D公司主营业务为销售A，B，C三种产品，除此以外没有其他主营业务，其2024年主营业务利润差异如表9-12所示。

表9-12 D公司2024年主营业务利润差异汇总表

产品名称	主营业务收入（万元）(1)		销售量（万件）(2)		单位生产成本（元）(3)		主营业务成本（万元）(4)＝(2)×(3)		主营业务利润（万元）(5)＝(1)－(4)	
	预算	实际	预算	实际	预算	实际	预算	实际	预算	实际
A	2 000	2 400	100	120	16	15	1 600	1 800	400	600
B	1 875	1 500	125	100	12	12	1 500	1 200	375	300
C	2 000	2 375	80	95	18	19	1 440	1 805	560	570
合计	5 875	6 275					4 540	4 805	1 335	1 470

为了简化计算，这里没有考虑销售时发生的税金。

$$\text{主营业务利润差异}=\text{实际主营业务利润}-\text{主营业务利润预算}$$
$$=1\,470-1\,335=135(\text{万元})$$

从表9-12中可以看出，D公司2024年实际的主营业务利润超过了预算目标，产生了135万元的正差异。

（2）营业利润差异确定。营业利润差异是实际营业利润与目标营业利润之间的差距，确定营业利润差异需要在主营业务利润差异的基础上考虑其他业务利润、销售费用、管理费用和财务费用等项目。

【例9-12】 结合表9-12，D公司2024年营业利润差异如表9-13所示。

表9-13 D公司2024年营业利润差异汇总表

单位：万元

产品名称	主营业务利润(1)		销售费用(2)		管理费用(3)		财务费用(4)		其他业务利润(5)		营业利润(6)＝(1)－(2)－(3)－(4)＋(5)	
	预算	实际	预算	实际	预算	实际	预算	实际	预算	实际	预算	实际
A	400	600										
B	375	300	85	95	130	155	50	30	75	55	1 145	1 245
C	560	570										
合计	1 335	1 470	85	95	130	155	50	30	75	55	1 145	1 245

根据表9-13可知，D公司的销售费用和管理费用都超过了预算，财务费用低于预算，而其他业务利润没有达到目标金额，结合主营业务利润来看，总的营业利润还是超过了预算。

营业利润差异＝实际营业利润－营业利润预算

＝(实际主营业务利润－实际销售费用－实际管理费用－实际财务费用＋实际其他业务利润)

－(主营业务利润预算－销售费用预算－管理费用预算－财务费用预算＋其他业务利润预算)

＝主营业务利润差异－销售费用差异－管理费用差异－财务费用差异＋其他业务利润差异

＝(1 470－1 335)－(95－85)－(155－130)－(30－50)＋(55－75)

＝100(万元)

(3) 利润总额差异确定。利润总额差异是实际利润总额与目标利润总额之间的差距，确定利润总额差异需要在营业利润差异的基础上进一步考虑投资收益和营业外收支项目。

【例 9－13】 D公司 2024 年没有投资收益，结合表 9－13，其 2024 年利润总额差异如表 9－14 所示。

表 9－14　D公司 2024 年利润总额差异汇总表

单位：万元

营业利润 (1)		营业外收入 (2)		营业外支出 (3)		利润总额 (4)＝(1)＋(2)－(3)	
预算	实际	预算	实际	预算	实际	预算	实际
1 145	1 245	60	50	35	40	1 170	1 255

根据表 9－14 可知，D公司 2024 年营业外收入没有达到预算，而营业外支出高于预算标准，结合营业利润差异来看，其利润总额还是超过了预算。

利润总额差异＝实际利润总额－利润总额预算

＝(实际营业利润＋实际营业外收入－实际营业外支出＋实际投资收益)

－(营业利润预算＋营业外收入预算－营业外支出预算＋投资收益预算)

＝营业利润差异＋营业外收入差异－营业外支出差异＋投资收益差异

＝(1 245－1 145)＋(50－60)－(40－35)＋(0－0)

＝85(万元)

(4) 净利润差异确定。净利润差异是预算净利润与实际净利润之间的差距，确定净利润差异需要在利润总额差异的基础上考虑所得税项目。

【例 9－14】 D公司的所得税税率为 20%，结合表 9－14，其 2024 年净利润差异如表 9－15 所示。

表 9-15　D公司2024年净利润差异汇总表

单位：万元

利润总额（1）		所得税（2）=（1）×20%		净利润（3）=（1）-（2）	
预算	实际	预算	实际	预算	实际
1 170	1 255	234	251	936	1 004

根据表9-15可知，D公司2024年实际净利润超过预算。由于企业的所得税税率一般是固定的，因此影响净利润差异的主要还是利润总额差异。

2. 利润预算差异分析

明确了利润预算差异后，需要分析各项目产生差异的原因及其对净利润指标的影响，以便正确评价企业利润预算的完成情况，寻找未来减少亏损、增加利润的方法，为企业提供更加合理有效的盈利途径，也为以后预算的制定提供可靠依据。

利润预算差异的分解如图9-3所示。图9-3描绘出了利润预算差异的分析脉络。从净利润开始，向下逐层分解，将各有关部门纳入其中。在主营业务收入和主营业务成本这一层还可以继续向下分解到销售预算和成本预算。这样，企业的预算管理体系就成为一个有机的整体，将生产、销售、服务、采购、财务管理等各业务和职能部门联系到了一起。

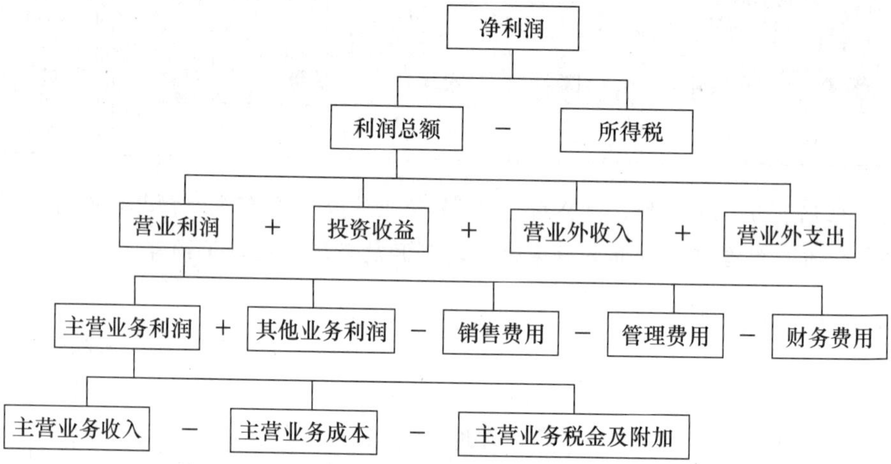

图 9-3　利润预算差异的分解

【例9-15】 分析D公司2024年的预算差异。

根据例9-11至例9-14的各项数据以及图9-3，可以得出以下几个结论：

首先，主营业务利润差异为正。D公司的实际主营业务成本和实际主营业务收入均超过了当年的预算，但主营业务收入的正差异更大，所以综合起来主营业务利润差异为正。

其次，营业利润差异为正。D公司的销售费用和管理费用均超过了预算，财务费用略少于预算，而其他业务利润未完成预算目标，综合主营业务利润差异，营业利润还是实现了100万元的正差异。

再次，利润总额差异为正。D公司的营业外收支状况并不理想，营业外收入低于预算，而营业外支出超过了预算，但在营业利润正差异的影响下，利润总额还是实现了 85 万元的正差异。

最后，净利润差异为正。由于D公司的所得税税率较为固定，因此净利润差异主要是受利润总额的影响，在扣除所得税后，D公司的净利润实现了 68 万元的正差异。

小 结

1. 预算的编制只是预算管理的第一步，如果不能很好地执行和控制，企业的全面预算管理很可能就会流于形式。

2. 责任中心是企业预算执行和控制的基础。根据不同的控制范围和责任对象的特点，责任中心可分为三种类型：成本中心、利润中心和投资中心。

3. 预算控制指的是根据预算规定的收入与支出标准，来检查和监督各部门活动，以保证组织经营目标的实现，并使费用支出受到严格有效的约束的过程。预算控制一般包括经营预算控制、资本支出预算控制和财务预算控制。

4. 当由于时间、空间变化等原因，实际情况与预算目标出现差异时，可以在经过申请和批准之后对预算进行适当的调整。预算调整后还需要进行后续跟踪，以保证调整效果，并为业绩评价和今后预算执行提供重要参考。

5. 预算差异分析是对实际情况和预算目标进行对比，并确定差异、分析原因、落实责任、总结经验教训的过程。预算差异分析的方法包括性质分析法和数量分析法。在进行具体差异分析时，可以从销售预算差异分析开始，然后进行成本和利润预算的差异分析。

练习题

一、选择题

1. 全面预算管理是一项系统性工程，（ ）是基础，（ ）是关键，（ ）是保证。

A. 预算编制　　B. 预算执行

C. 预算考评　　D. 奖惩制度

2. 企业的预算难以很好地贯彻执行，容易流于形式，很大原因就在于缺乏有效的执行控制（ ）。

A. 制度　　B. 方法　　C. 手段　　D. 管理

3. 预算控制与预算管理具有紧密的相关性，从内容上看，预算控制一般包括经营预算控制、资本支出预算控制和（ ）。

A. 财务预算控制　　B. 专项预算控制

C. 资金预算控制　　D. 利润预算控制

4. 受外部环境等的影响，企业预算管理的实际情况和预算目标总会出现偏差，需要对预算进行适当的调整。预算调整后要进行后续跟踪，以保证调整效果，为（　　）和（　　）提供重要参考。

A. 业绩评价　　B. 预算执行
C. 业绩管理　　D. 预算管理

5. 预算差异分析是对实际情况和预算目标进行对比，并确定差异、分析原因、落实责任、总结经验教训，其方法包括性质分析法和（　　）。

A. 数量分析法　　B. 价值分析法
C. 经验分析法　　D. 案例分析法

二、简答题

1. 简述强化预算执行和控制的必要性。
2. 简述预算调整的定义及其原因。

三、论述题

试述全面预算管理的重要性及其注意事项。

四、计算题

某公司上年实际销售额（含税）为500万元，销售数量为7 000件，销售单价为500元/件；本年预计销售额增长率为15%的可能性为40%，增长率为5%的可能性为30%，不增长的可能性为20%，增长率为−10%的可能性为10%。

要求：

（1）计算本年预计销售数额。

（2）假设第一季度销售2 500件、第二季度销售2 750件、第三季度销售2 850件，第四季度销售2 550件，且销售当季度收现60%，下一季度收回剩余部分，编制销售收入预算。其中，应收账款第一、二、三、四季度分别为0、500 000元、550 000元、570 000元。

案　例

超越控制：合理分解战略目标

最近，一家在美国注册的跨国公司制订了一个新的业务计划，其目标是提升盈利能力和增加公司的现金流入。这一新的业务战略主要体现在对当前三个业务中心的重组上。公司高级经理人员办公会议对新战略的实施进行了多次讨论，并要求各个职能部门制订好各自的计划以适应新战略的需要。

财务部门在公司CFO的领导下，认真开展了战略实施的布置工作。从财务战略开始，计划以股东价值为基准来比较公司和它的竞争者，从中寻找公司价值增值的机会。同时，在财务工作会议上，高级经理还为自己制定了财务工作目标，即除了25%的利润增长外，资本成本也将从占销售收入的15%下降至9%，营运资本也应缩减1/3。

为达成这一目标，应该制定切实可行的具体措施，并考虑如何将整体目标融入各基层管理人员的执行措施之中，因此分解与落实成为关键。经过充分的酝酿，各基层部门在讨论的基础上，均制订了具体的工作计划。比如，有的部门制订了财务计划和分解后的年度预算，有的部门则对业绩评价指标体系进行了改进，还有的部门对财务风险评估跟踪系统进行了改进。当然，对于传统的财务活动，如融资、投资评估和短期资产管理等，各部门也都制订了各自的工作计划。

通过这些财务计划和日常管理活动的分解落实，公司对实施财务战略以及支持公司战略发展的目标等充满了信心。

思考：

1. 结合案例材料，你认为预算执行的精髓是什么？
2. 围绕预算的执行和控制，谈谈战略目标分解的必要性。

第十章

全面预算的考评

本章结构图

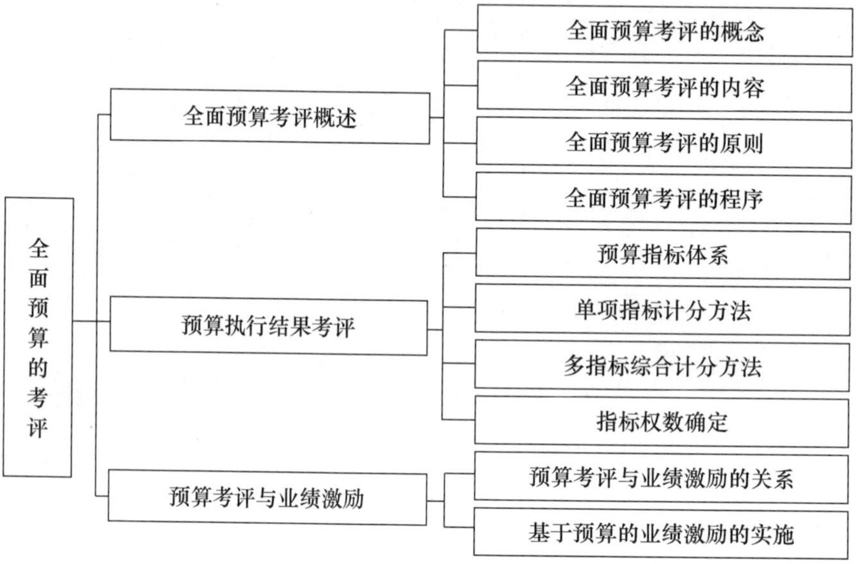

学习目标

- 了解全面预算考评的内容
- 掌握预算执行的考评指标
- 理解预算考评与业绩激励的内在联系

素养目标

- 以共同富裕作为考评的指导思想
- 避免单纯依靠指标考评组织与个人的业绩
- 中国式现代化是物质文明和精神文明相协调的现代化

引例

嵌入成本控制的预算考评机制

为了促进家居与装饰等行业的消费，国家出台了相关政策。2023 年 7 月发布了《商务部等 13 部门关于促进家居消费若干措施的通知》，其中涉及家庭装饰等业务。

成本控制与预算管理是贯通的，全面预算是一种财务收入计划，它以财务预算为主。全面预算的核心载体是事先编制的利润表、资产负债表和现金流量表，以及资金收支应用表等。通常以年度为一个预算管理周期，在经营与投资活动之前，提交并编制的是“预算”。在经营与投资活动结束后提交的各类报表数据，则称为“决算”。全面预算管理与成本控制之所以需要结合应用，是因为：(1) 企业是一个协同生产的组合体。各个部门的利润空间是不同的，预算管理就是事先将这些问题考虑周全，使各个部门或单位之间的收益趋于一致。(2) 全面预算管理能够强化公司治理。各个部门或单位在预算管理的过程中，要想获得更多的利润，就需要增强企业自主治理的能力，其中的一个重要手段就是强化成本控制。

喜相逢是国内一家以房屋装饰为主营业务的民营企业，该公司自 2000 年开始推行全面预算管理制度，且形成了自身的特色，即重视在全面预算管理过程中嵌入成本管理与控制的方法或手段，充分发挥成本管理结构性动因与执行性动因的重要功能与作用。比如，根据与客户的沟通交流，了解客户的家庭成员构成与房屋面积等特征，并将具体的装饰要求与客户的支付能力等相结合，这体现的是成本控制的结构性动因。而关于装饰材料的来源及其应用、质量与安全、公司与客户对性价比的要求等，体现的是成本控制的执行性特征要求。也就是说，喜相逢结合企业情境特征构建了嵌入成本控制的全面预算管理的内部控制结构，在全面预算管理的执行性动因上始终坚守诚信，以客户价值创造为中心。成本管控视角下的全面预算考评机制如图 10-1 所示。

该案例启示我们，全面预算管理的考评必须与成本控制相结合。对于以房室装饰为主的喜相逢来说，这是一种比较适宜的战略选择。也就是说，通过预算与决策的对接，使嵌入成本管理与控制的预算编制及其执行与评价更加准确与有效。

第一节 全面预算考评概述

在企业预算管理实践中，预算考评体系被视为预算管理的生命线。因此，建立合理的预算考评体系对于企业预算管理的顺利实施至关重要。预算的编制仅仅是预算管理的起点，为了发挥预算的作用，必须对预算跟踪到底，对预算的结果进行全面考核和分析，否则预算就很可能流于形式。本节将对全面预算考评的概念、内容、原则和

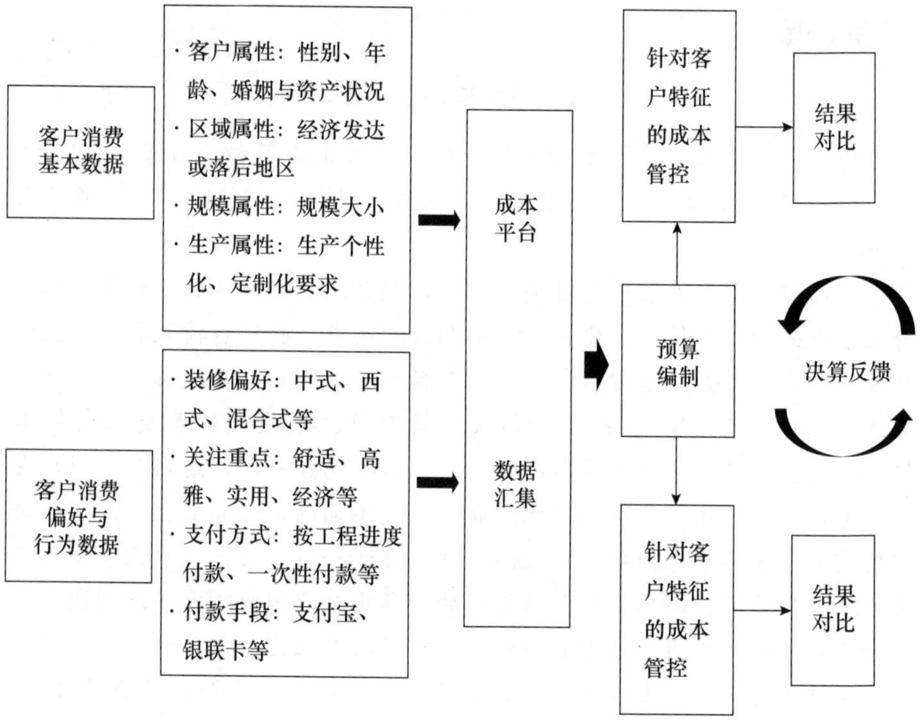

图 10-1 成本管控视角下的全面预算考评机制

程序进行概述。

一、全面预算考评的概念

全面预算考评是对企业内部各级责任单位和个人全面预算执行情况的考核和评价。在企业全面预算管理体系中，全面预算考评既起着检查、督促各级责任单位和个人积极落实预算任务、及时提供预算执行情况的相关信息以便纠正实际与预算的偏差的重要作用，又使得企业有效激励相关部门和人员有了合理、可靠的依据，还有助于企业管理当局了解企业生产经营状况。同时，从整个企业生产经营循环来看，全面预算考评作为一次全面预算管理循环的结束环节，为下一次科学、准确地编制全面预算积累了实践经验，是以后编制企业全面预算的基础。

全面预算考评具体有两层含义：评价和奖惩。它的最主要目的在于通过沟通、激励和控制，推动责任单位和员工的行为表现共同朝着企业的整体目标前进。

二、全面预算考评的内容

全面预算考评应以企业各级预算执行主体为考评对象，以预算目标为考评标准，以预算完成状况为考评核心，通过比较预算实际执行情况与预算目标，确定差异并查明产生差异的原因，进而据以评价各级责任单位和个人的工作业绩，并与相应的激励制度挂钩，使其利益与工作业绩相匹配，充分调动各级责任单位和个人的工作积极性，促进企业整体效益的提高。

具体地讲，全面预算考评包括期中预算考评和期末预算考评两种形式。所谓期中预算考评，是指在预算执行过程中依照企业全面预算内容对预算实际执行情况和预算指标进行考核、比较，发现并分析造成差异的原因，为企业生产经营过程中的纠偏和事中控制提供及时、可靠的依据；期末考评是在预算期末对各预算执行主体的预算完成情况进行的分析评价。目前企业的全面预算考评以期末预算考评为主（期中预算考评更多地体现在预算控制过程中），期末预算考评又以成本费用、利润及投资报酬率等财务指标的考评为主。

三、全面预算考评的原则

全面预算考评工作要遵循以下几个原则。

1. 目标性原则

全面预算考评的主要目的是更好地实现企业战略和预算目标。通过将目标分解、落实到各个责任主体的预算指标考核上，能够明确各相关部门和人员的具体目标并督促其完成，以更好地确保整体目标的实现。在考评工作中，要特别注意各级责任单位和员工目标的一致性，要避免出现只顾局部利益、不顾全局利益甚至损害整体利益的行为，要保证企业上下预算体系的一致性，共同推动企业整体战略目标的实现。

2. 时效性原则

全面预算考评要讲求时效性，这样才能及时弥补预算管理工作中出现的漏洞，确保预算指标顺利完成。企业在实践中应该根据管理方针、内外部环境以及生产经营的需求，选择合适的考评周期，如月度考评、季度考评、年度考评等。如果当期的预算到下一期再考评，就为时已晚，失去了考评的意义。

3. 合理性原则

全面预算考评工作涉及各责任主体和个人的切身利益，因此在考评时一定要遵循合理性原则。企业的全面预算考评必须做到公开、公正和公平，使各预算主体的风险和收益相配比、权力和责任相对应，做到责权利相统一。

4. 分级考评原则

分级考评原则要求企业根据企业组织结构层次或者预算分解层次来进行预算考评。考评应根据不同层次的责任主体所拥有的权力和承担的责任来进行，而考评的执行者应是每一级主体所属的上级部门，因为每一责任单位的上级部门对该责任单位的情况最了解，考评可以更加科学、合理、有效。

5. 例外原则

在预算管理中，企业管理者应该对可能影响预算目标实现的关键因素给予特别的关注，尤其要关注这些因素的例外情况，如宏观经济环境的变化、自然灾害等。这些因素不受企业控制，一旦受到这些因素的影响，企业应该及时修正预算，并按照修正后的预算指标进行考评。

四、全面预算考评的程序

企业全面预算考评一般包括以下几个步骤：

（1）比较预算与实际情况，确定预算差异。根据实际情况与预算的差异性质，可将差异分为有利差异和不利差异。一般来说，有利差异是指实际情况优于预算目标，如实际收入高于预算收入，或者实际成本低于预算成本等；而不利差异则相反，如实际收入低于预算收入，或者实际成本费用超出预算额度等。全面预算考评的目的之一就是消除不利差异，确保预算目标的实现。因此，比较、确定差异是全面预算考评的首要工作，它可以帮助掌握差异形成的具体原因和追踪责任主体的责任，以便采取相应的措施，消除不利差异，扩大有利差异。

（2）分析差异原因，明确相关经济责任。对预算执行结果的实际差异的分析应侧重于对重点差异的分析，遵循重要性原则，针对不利差异和有利差异分析原因，明确应负责的责任单位或者责任人。

（3）预算管理委员会对考核结果进行审核和通报。在对各责任中心预算执行情况进行考核和原因分析之后，要将结果上报给预算管理委员会，由预算管理委员会进行审批，再将考评结果进行通报。

第二节　预算执行结果考评

预算的考评主要是针对预算执行结果进行的。预算执行结果考评就是将预算执行结果与预算目标进行比较，按照预算目标的实现程度，对预算执行主体进行考评。预算执行结果考评的要素包括预算指标体系及其标准值计分系统。下面将对预算指标体系和如何通过预算指标计分来考评预算业绩等做详细介绍。

一、预算指标体系

预算指标体系是预算控制的标准，为预算业绩考评提供依据，因此在考评之前需要确认衡量企业各方面绩效的关键指标。衡量企业业绩的指标可以分为两大类：财务指标和非财务指标。下面将对这两类指标做具体介绍。

（一）财务指标

根据企业的资产负债表、利润表和现金流量表中的数据可以计算出多个指标值来衡量企业各方面的绩效，这些财务指标一般分为四类：偿债能力指标、盈利能力指标、营运能力指标、发展趋势指标。

1. 偿债能力指标

企业的偿债能力指标是指用于衡量企业偿还债务能力的指标，可以衡量企业财务风险的大小。

衡量企业短期偿债能力的指标一般包括流动比率、速动比率和现金比率，这些指标的计算公式如下：

$$流动比率=\frac{流动资产}{流动负债}\times 100\%$$

$$速动比率=\frac{速动资产}{流动负债}\times100\%=\frac{流动资产-存货}{流动负债}\times100\%$$

$$现金比率=\frac{可立即动用的资金}{流动负债}\times100\%=\frac{货币资金+交易性金融资产}{流动负债}\times100\%$$

这三个指标对于企业偿债能力的要求依次提高，且指标值越高，企业偿债能力越强。在运用上述三个指标对企业短期偿债能力进行分析时要注意：每项指标各有侧重，要根据实际需要进行选择；如果企业有即将到期的长期负债，也需要考虑进来。

衡量企业长期偿债能力的指标一般包括资产负债率、产权比率、利息保障倍数、带息负债比等。

资产负债率反映的是企业资产中有多大比例是由借款筹集而来的。这一比率能反映资产对负债的保障程度。这一比率越高，借款占比越大，企业债权人的风险也就越大。因此，该比率越高，说明企业长期偿债能力越弱；反之，则越强。当然，该指标并不是一味地越低越好。其计算公式如下：

$$资产负债率=\frac{负债总额}{资产总额}\times100\%$$

产权比率反映的是企业债权人和股东提供资本的相对比率，与资产负债率没有本质区别，只是表示方式不同。这一比率越高，说明企业长期偿债能力越弱；反之，则越强。其计算公式如下：

$$产权比率=\frac{负债总额}{所有者权益总额}\times100\%$$

利息保障倍数是企业的息税前利润与利息费用的比率，反映企业支付利息的能力。该指标值越高，说明企业长期偿债能力越强；反之，则越弱。其计算公式如下：

$$利息保障倍数=\frac{息税前利润}{利息费用}$$

带息负债比是企业所有负债中带息负债占总负债的比例，反映企业未来偿还债务的压力。这一比率越高，说明企业未来偿还债务的压力越大；反之，则越小。其计算公式如下：

$$带息负债比=\frac{带息负债总额}{负债总额}\times100\%$$

2. 盈利能力指标

盈利能力指标衡量的是企业赚取利润的能力。企业的盈利能力无论是对于股东还是债权人来说都是十分重要的，因为利润是债权人和股东权益的保障，不断提高企业利润是企业财务预算的重要目标之一。衡量企业盈利能力的主要指标包括销售利润率、资产报酬率、净资产收益率等。

销售利润率是企业一定时期内的利润总额与营业收入的比率，是反映企业盈利能力的最主要指标。这一指标值越高，说明企业盈利能力越强；反之，则越弱。需要注意的是，该指标只能反映企业一定时期内的盈利水平，难以反映盈利的持久性和稳定性。其计算公式如下：

$$销售利润率=\frac{利润总额}{营业收入}\times100\%$$

式中：

$$利润总额=营业收入-营业成本-期间费用$$

资产报酬率是企业一定时期内净利润与平均资产总额的比率，反映了企业利用资产产生利润的效率。这一指标值越高，说明企业资产利用效率越高，盈利能力越强；反之，则说明企业资产利用效率越低，盈利能力越弱。其计算公式如下：

$$\begin{aligned}资产报酬率&=\frac{净利润}{平均资产总额}\times100\%\\&=\frac{净利润}{(期初资产总额+期末资产总额)/2}\times100\%\end{aligned}$$

净资产收益率是企业一定时期内净利润与平均资本总额的比率，反映的是企业所有者权益盈利的能力。这一指标值越高，说明所有者权益盈利能力越强；反之，则越弱。其计算公式如下：

$$\begin{aligned}净资产收益率&=\frac{净利润}{平均资本总额}\times100\%\\&=\frac{净利润}{(期初资本总额+期末资本总额)/2}\times100\%\end{aligned}$$

除了上述三个指标，企业盈利能力指标还包括每股盈余、市盈率等，在此不一一列出。企业在运用盈利能力指标时，可以根据具体需求，选择有不同侧重点的指标，如与销售收入有关的指标、与股票数量或者股价有关的指标、与现金流量有关的指标等。

3. 营运能力指标

营运能力是指企业经营运行的能力，具体来说就是企业各项资产周转的能力，反映了企业对各项资源的管理和运用效率的高低。营运能力对企业的偿债能力和盈利能力都有重要影响。一般来说，企业资产周转速度越快，流动性越强，企业的偿债能力就越强，企业获取利润的速度也越快。衡量企业营运能力的指标主要包括应收账款周转率、存货周转率、流动资产周转率、固定资产周转率、总资产周转率等。

应收账款周转率是赊销收入净额与平均应收账款余额的比率。应收账款周转情况可以从绝对数（天数）与相对数（比率）两个视角加以反映，即可以有两种表示方法：应收账款周转率和应收账款周转天数。在一定时期内，应收账款周转次数越多，周转天数越短，则周转速度越快，应收账款的利用效率越高。其计算公式如下：

$$应收账款周转率=\frac{赊销收入净额}{平均应收账款余额}$$

$$应收账款周转天数=\frac{365}{应收账款周转率}=\frac{平均应收账款余额\times 365}{赊销收入净额}$$

存货周转率是销售成本与平均存货余额的比率。存货周转情况有两种表示方法：存货周转率和存货周转天数。在一定时期内存货周转次数越多，周转天数越短，则周转速度越快，存货的利用效率越高。其计算公式如下：

$$存货周转率=\frac{销售成本}{平均存货余额}$$

$$存货周转天数=\frac{365}{存货周转率}=\frac{平均存货余额\times 365}{销售成本}$$

流动资产周转率是销售收入与平均流动资产总额之比。流动资产周转情况也有流动资产周转率和流动资产周转天数两种表示方法。在一定时期内，流动资产周转次数越多，周转天数越短，则周转速度越快，流动资产的利用效率越高。其计算公式如下：

$$流动资产周转率=\frac{销售收入}{平均流动资产总额}$$

$$流动资产周转天数=\frac{365}{流动资产周转率}=\frac{平均流动资产总额\times 365}{销售收入}$$

固定资产周转率是销售收入与平均固定资产净值之比。固定资产周转率越高，表明企业对固定资产利用越充分，固定资产投资越恰当；反之，则说明固定资产利用效率越低。其计算公式如下：

$$固定资产周转率=\frac{销售收入}{平均固定资产净值}$$

总资产周转率是销售收入与平均资产总额之比。这一比率可用来分析总资产的利用效率。总资产周转率越高，则说明企业对全部资产营运的能力越强，资产盈利能力也越强；反之，则说明企业对全部资产的利用程度需要提高。其计算公式如下：

$$总资产周转率=\frac{销售收入}{平均资产总额}$$

4. 发展趋势指标

衡量企业发展趋势可以从总资产、利润和销售收入等几个方面入手，具体指标有以下几个。

总资产增长率，又称总资产扩张率，是企业本年总资产增长额与年初资产总额的比率，反映企业本期资产规模的增长情况。该指标值越高，说明企业当期资产经营规模扩张速度越快；反之，则说明越慢。但该指标值并不是一味地越大越好，除了数量，还要注重质量和长期发展能力，避免盲目扩张。其计算公式如下：

$$总资产增长率=\frac{本年总资产增长额}{年初资产总额}\times100\%$$

利润增长率是企业本年净利润增长额与上年净利润的比率。净利润是衡量企业当年经营效益的重要指标。利润增长率越高，说明企业当年的盈利能力越强；反之，则说明盈利能力越弱。在分析该指标时，要进一步揭示其变化的原因，可以结合盈利能力指标来进行。其计算公式如下：

$$利润增长率=\frac{本年净利润增长额}{上年净利润}\times100\%$$

销售收入增长率是企业本年销售收入增长额与上年销售收入的比率，从企业收入扩张角度衡量了企业的发展能力。其计算公式如下：

$$销售收入增长率=\frac{本年销售收入增长额}{上年销售收入}\times100\%$$

（二）非财务指标

以企业会计信息为基础的财务指标虽然具有可比性、客观性等优点，一直在企业业绩评价中占据重要地位，但是也有一定的局限性，比如，财务指标只能滞后地反映过去的经营成果，受会计政策影响较大，可能会加剧管理层的短视行为，可能被操纵，等等。20世纪50年代以来，许多学者提出将非财务指标引入企业绩效评价体系，其中比较有代表性的观点有以下几种。

罗伯特·霍尔的四尺度论：评价企业的业绩需要以四个尺度为标准，即质量、作业时间、资源利用和人力资源开发。

凯文·克罗斯和理查德·林奇的业绩金字塔论：提出了一个把企业总体战略与财务及非财务指标结合起来的业绩评价体系。在业绩金字塔中，总体战略位于最高层，往下是具体目标，逐级分解，直到最基层的作业中心，其中非财务指标不是作为财务指标的补充而是财务指标的解释。

罗伯特·卡普兰和戴维·诺顿的平衡计分卡体系：该体系包括的四个指标分别是财务、内部流程、客户、学习与成长。它通过内部流程、客户、学习与成长三个非财务指标弥补了财务指标的不足。衡量内部流程的具体指标包括产品制造周期、产品质量等级、产品设计水平、工艺改造能力、新产品开发能力、生产能力利用率等。衡量客户的具体指标包括市场份额、客户保持率、客户满意度、客户盈利能力等。衡量学习与成长能力的指标一般包括职员能力、信息系统能力、激励与权力三个方面，具体有职员满意度、职员保持率、职员工作效率、管理水平、研发费用增长率、信息系统更新程度等。

与财务指标相比，非财务指标能更好地衡量和反映企业未来业绩，更具有及时性，能衡量财务指标无法衡量的对企业未来发展有重要影响的价值创造因素，如人力资源、创新能力、客户忠诚度等。但是，非财务指标同时也有难以用货币来衡量、缺乏统计上的可靠性等缺陷。

非财务指标是一个外延很大的概念，包括企业生产、营销、研发、人力资源等各方面与企业经营相关的信息。需要注意的是，非财务指标并不等同于定性指标。事实上，非财务指标既有定性指标，又有定量指标。企业在制定非财务指标时，要根据自身具体的情况和需求来选择适当的指标。企业可以通过价值相关分析，根据对企业价值贡献的多少，选取对企业战略及具体生产经营有重要影响的非财务指标来构建非财务评价体系。

下面介绍几个比较典型的非财务指标。

1. 市场占有率

市场占有率是本企业某种商品销售额占该种商品市场总额的比例，反映的是企业在市场上的竞争地位和盈利能力。其计算公式如下：

$$市场占有率=\frac{本企业某种商品销售额}{该种商品市场总额}\times 100\%$$

市场占有率衡量的主要是企业对市场的控制程度和客户对该企业的满意程度。一般来说，市场占有率越高，说明企业对市场的控制力越大，竞争能力越强。但要注意的是，市场占有率高并不意味着利润就一定高，如果在市场份额扩大的同时，用于扩大市场份额的费用也大幅提升，加上激烈的竞争使得商品价格下降，利润就可能下降。因此，在分析市场占有率时，还要考虑市场竞争程度、市场容量、销售利润率等因素的影响。

2. 顾客满意度

顾客满意度衡量的是企业的商品或者服务在多大程度上能够达到顾客的心理预期。大量实证研究表明，顾客满意度与企业绩效呈正相关。评价顾客满意度的方法主要有问卷调查、访谈、电话访问等，可以通过这些途径了解顾客对于企业商品或者服务的要求，然后将统计结果划分为不同的等级，一般可以分为五个或者七个级别。除以上方法外，还可以通过具体的指标来衡量，如产品交货及时率、客户保持率、客户获得率、客户盈利率等。这些指标的计算公式如下：

$$产品交货及时率=\frac{本期产品及时交货的次数}{本期产品交货的总次数}\times 100\%$$

$$客户保持率=\frac{企业期末客户量-企业本期新增客户数}{企业期初客户数}\times 100\%$$

$$客户获得率=\frac{企业本期新增客户数}{企业期初客户数}\times 100\%$$

$$客户盈利率=\frac{某客户的净利润}{该客户的服务成本}\times 100\%$$

3. 学习与创新绩效

现代企业要在竞争中立于不败之地，必须不断创新和积累知识，这就要求管理人员和员工不断学习新的知识和技术。企业应该建立有效的信息系统以及时获取信息，并建立良好的激励机制以激发全体员工的工作积极性。衡量企业学习与创新绩效的具体指标包括员工培训费用比、员工培训率、研发费用率等。它们的计算公式如下：

$$员工培训费用比=\frac{员工培训费用}{销售收入}\times100\%$$

$$员工培训率=\frac{培训员工数量}{员工总人数}\times100\%$$

$$研发费用率=\frac{研发费用}{销售收入}\times100\%$$

4. 社会生态环保指标

随着环境恶化和资源枯竭问题日益严重，企业的环境责任也越来越受到重视，它对企业未来可持续发展和企业价值增长具有重要的影响。衡量企业社会生态环保绩效的指标主要有三类。

（1）减少能源消耗类指标：这类指标衡量的主要是企业在提高资源和能源利用效率方面的绩效。这类指标具体包括原料密集度、能源密集度、原料可回收率等，计算公式如下：

$$原料密集度=\frac{原料总成本}{生产产品总产值}$$

$$能源密集度=\frac{能源总成本}{生产产品总产值}$$

$$原料可回收率=\frac{可回收原料成本}{产品原料总成本}\times100\%$$

（2）控制污染类指标：这类指标衡量的主要是企业在减少污染物排放和污染成本方面的绩效。这类指标具体包括排放物效率、污染成本率等，计算公式如下：

$$排放物效率=\frac{利润总额}{某种排放物总量}\times100\%$$

$$污染成本率=\frac{因污染所支付的成本}{产品总成本}\times100\%$$

（3）环境改善投入类指标：这类指标衡量的主要是企业环境保护和资源节约投入的状况。这类指标具体包括环保资金投入率、产品寿命周期平均成本等，计算公式如下：

$$环保资金投入率=\frac{环保资金投入}{企业总投入}\times100\%$$

$$产品寿命周期平均成本=\frac{产品原料、能源消耗成本与回收处理费用}{产品寿命周期}$$

二、单项指标计分方法

在明确需要评价的预算指标之后，就可以按照这些指标来比较预算目标与实际执行结果，对预算执行绩效进行考评。在对某项指标或者几项指标进行考评时，可以依据一定方法对结果计分，使考评结果更具系统性。下面首先介绍单项指标计分方法。一般来说，单项指标计分方法包括分等评分、比率评分和功效系数法等。

（一）分等评分

分等评分是指将各项评价指标的实际数值同标准数值相比较，按照实现程度划分等级，根据每等级规定的分数评定各项评价指标的得分，如根据实际数值相对于标准数值的升降情况，划分为进步、持平和退步三个等级。评价指标的实际数值高于标准数值的为进步，评 10 分；评价指标的实际数值和标准数值持平的，评 5 分；评价指标的实际数值低于标准数值的为退步，评 0 分。

（二）比率评分

比率评分是指对各项评价指标分别规定标准分数，根据评价指标的实际数值达到标准数值的程度计算实现比率，评定各项评价指标的得分。计算公式如下：

$$\text{某项评价指标分数}=\text{某项评价指标标准分数}\times\frac{\text{某项评价指标实际数值}}{\text{某项评价指标标准数值}}$$

按比率评分时，也可按评价指标的实际数值脱离标准数值的程度大小依一定比率扣分。比如，规定差距在 10%以内的，给予标准分数的 60%～90%；差距大于 10%的，给予标准分数 60%以下的分数。或按比标准数值低 1%扣 1 分等评分方法。

（三）功效系数法

功效系数法是指根据多目标规划原理，把所要评价的各项指标分别对照各自的标准，并根据各项指标的权数，通过功效函数转化为可以度量的评价分数，再对各项指标的单项评价分数进行加总，求得综合评价分数。功效系数法是一种常用的定量评价方法。其计算公式为：

$$\text{单项指标评价分数}=60+\frac{\text{该指标实际值}-\text{该指标不允许值}}{\text{该指标满意值}-\text{该指标不允许值}}\times 40$$

企业可根据需要灵活运用功效系数法。比如，可以增加评价标准档次，将上述公式中的满意值和不允许值两档评价标准值，扩展到优秀值、良好值、平均值、较低值和极低值五档评价标准值。也可对上述公式中的基础分 60 分和 40 分进行调整。其计算公式为：

$$\begin{matrix}\text{单项指标}\\\text{评价分数}\end{matrix}=\begin{matrix}\text{本档}\\\text{基础分}\end{matrix}+\frac{\text{该指标实际值}-\text{该指标不允许值}}{\text{该指标满意值}-\text{该指标不允许值}}\times\left(\begin{matrix}\text{上档}\\\text{基础分}\end{matrix}-\begin{matrix}\text{本档}\\\text{基础分}\end{matrix}\right)$$

三、多指标综合计分方法

在计算多个指标综合分数时，先按照各项评价指标符合评价标准的程度，分别计算各项指标的评价分数，然后综合计算评价总分。各单项指标评价分数已经在上面做了介绍，下面介绍几种主要的计算综合分数的方法。

（一）加法评分法

加法评分法是将各项评价指标所得分数累计相加，根据总得分来综合评价，其计算公式如下：

$$S=\sum_{i=1}^{n}S_i$$

式中，S 表示总分；S_i 表示某单项指标的评价分数；n 表示评价指标项目数。

（二）连乘评分法

连乘评分法是指将各项评价指标所得分数相乘，根据乘积来综合评价，其计算公式如下：

$$S=\prod_{i=1}^{n}S_i$$

（三）简单平均评分法

简单平均评分法是指对各项评价指标所得分数用简单的算术平均法计算得到平均分数，根据平均分数来综合评价，其计算公式如下：

$$S=\frac{1}{n}\sum_{i=1}^{n}S_i$$

（四）加权平均评分法

加权平均评分法是指对各项评价指标按照相应的权数用加权算术平均法计算得到平均分数，根据平均分数来综合评价，其计算公式如下：

$$S=\frac{\sum_{i=1}^{n}S_iW_i}{\sum_{i=1}^{n}W_i}$$

式中，W_i 表示某单项指标对应的权数。

相比其他方法，加权平均评分法考虑了各项评价指标对总体评价分数的重要程度，在实际中应用较为广泛。

四、指标权数确定

指标权数是指在评价时某项指标的重要程度。在对多项指标进行评分时，由于每项指标对企业的贡献和重要程度可能不同，因此如果不赋予一定的权数，就会使得评分失之偏颇。目前国内外关于权数确定的方法多达数十种，根据计算权数时原始数据的来源不同，大致可分为三类：主观赋权法、客观赋权法和主客观综合集成赋权法。

1. 主观赋权法

主观赋权法采取定性的方法，由专家根据经验和对实际的判断给出权数，如层次分析法、专家调查法、模糊分析法、二项系数法等。这种方法最大的缺点是主观随意性强，选取的专家不同，得出的权数也不同，有时得到的结果可能会与实际情况有较大出入。

2. 客观赋权法

客观赋权法是根据历史数据与研究指标之间的相关关系或指标与结果之间的关系来进行综合评估，如最大熵技术法、主成分分析法、均方差法等。用客观赋权法的原始数据来评价矩阵的实际数据，使得赋权系数具有绝对的客观性，并且视评价的指标对所有的评价方案差异按大小来决定其权数的大小。客观赋权法最大的优点是客观性强，但是没有考虑到决策者的主观意图，而且计算比较烦琐。此外，在现实中，最重要的指标不一定具有最大的权数，而最不重要的指标可能具有最大的权数。

3. 主客观综合集成赋权法

主客观综合集成赋权法是针对上述两种方法的优缺点所提出的，这类方法主张将主观赋权法和客观赋权法结合在一起使用，充分利用各自的优点。这种方法将主观偏好信息和客观矩阵信息相结合，使确定的权重可以同时反映主观和客观的信息。

第三节　预算考评与业绩激励

基于预算的业绩激励是指依据考评结果对相关责任中心或者责任人进行激励。建立科学有效的激励机制是保证企业全面预算管理长期稳定运行的重要条件。本节将对预算考评与业绩激励的关系以及如何具体实施基于预算的业绩激励做介绍。

一、预算考评与业绩激励的关系

制定科学合理的激励制度是确保企业全面预算管理系统长期稳定运行的一个重要条件。明确的激励制度可以让预算者明白其业绩与奖励之间的关系，使个人的利益与组织的利益统一起来，激发员工的工作积极性。事实上，现阶段的预算管理在实践中出现的一系列诸如预算目标不准、预算松弛现象频繁、预算控制力不足、预算管理流于形式等问题，很大部分要归咎于许多企业没有建立起配套的、合理的预算管理激励机制。如果考评制度不完善，考评以后没有奖惩措施，考评就失去了意义。因此，在全面预算管理工作中，企业一定要确立一套完善的预算激励机制。

在实施预算管理时，要坚持以人为本的观念。企业要重视人的作用，因为人是预算的制定者、预算信息的录入者、预算的执行者、预算执行情况的考评对象、预算工作的主体。在执行预算工作的过程中，应充分发挥人的主观能动性，鼓励各级员工参与预算工作，通过合理的激励机制调动员工的工作积极性。

二、基于预算的业绩激励的实施

在建立预算激励制度时，我们首先要明确预算激励的对象主要是各责任中心和企业的员工。下面将分别就责任中心和一般员工的考评与激励来具体介绍如何实施基于预算的业绩激励。

（一）责任中心的考评与激励

在第九章中，我们对责任中心做了介绍。责任中心根据控制范围和责任对象可以分为成本中心、利润中心和投资中心，对不同责任中心的考评与激励也应该选取不同的依据和侧重点。

（1）成本中心只着重考核其所发生的成本或费用，而不考核收入。成本中心工作成果的考核与评价，主要是通过一定期间内实际发生的成本费用同其责任预算所确定的目标进行对比来实现的。成本中心通常以标准成本作为评价与考核的依据；费用中心则以一定的业务工作量为基础。

在责任中心考评工作中，一个十分重要的考评原则就是可控性。为发挥责任会计的积极作用，明确各责任中心的可控性具有重要意义。责任中心的成本中，能被这个责任中心所控制、影响其工作好坏的成本才属于可控成本，否则就是不可控成本。在考核中，应以可控成本为主要依据，不可控成本只具有参考意义。

要明确什么是可控成本，什么是不可控成本，还要正确区分责任成本与产品成本。责任成本是具体的责任单位以其承担的责任为范围所归集的成本，而产品成本是按不同产品来归集的成本。

【例10-1】 某企业有A，B两种产品，都需经过甲、乙两个车间生产，本期共发生成本2 000万元。表10-1、表10-2所示的是A，B两种产品分别按产品和按责任中心归集的成本表。

表10-1　A，B产品成本表

单位：万元

成本项目	A	B	全厂
直接材料	450	235	685
直接人工	250	180	430
制造费用	600	285	885
合计	1 300	700	2 000

表10-2　A，B责任成本表

单位：万元

成本项目	甲车间	乙车间	全厂
直接材料	400	285	685
直接人工	250	180	430
制造费用	350	235	585
责任成本	1 000	700	1 700
不可控制造费用	100	200	300
合计	1 100	900	2 000

通过分析可以看出，产品成本和责任成本有很大区别。在根据责任中心对产品成

本进行分析时，需要先按不同责任中心对产品成本进行归集，然后再分析哪些属于可控成本，哪些属于不可控成本。

一般来说，各个成本中心中直接发生的成本大多是可控成本，而由其他部门分配而来的间接成本大多属于不可控成本。将直接成本等同于可控成本，或者将间接成本等同于不可控成本都是不正确的。一个成本中心的间接成本有两种可能的类型：一类是与生产活动没有直接联系的成本；另一类是在生产中耗用的、可随生产需要改变的成本。前一类一般是不可控的，后一类如果采用正确的分配方式就可以成为可控成本。

在对成本中心进行激励时，主要应当根据其预算期间内可控成本或费用预算的完成情况以及其他节约情况进行定额和按比例的奖励。

（2）利润中心既要考核成本，又要考核收入，因此其工作成果的考评主要是将一定期间内实际实现的利润同预算目标进行对比，进而对差异形成的原因和责任进行具体的分析，借以对其经营上的得失和有关人员的是非功过作出比较全面、正确的评价。

对利润中心进行考核时，也要首先明确利润中心的可控利润和各种不可控因素。可控利润可以具体分解为可控收入与可控成本。具体考评方法参照评价企业利润的方法，可运用各项利润评价指标来进行。对于达到利润预算目标的责任中心，应当给予奖励；对于未达到利润预算目标的责任中心，则要给予相应的惩罚。

（3）投资中心不仅对收入和成本负责，还能够自主地运用资金进行投资，所以在考核时主要看全部资产的盈利能力。在对投资中心工作成果进行考评时，可以参考对企业投资进行考核的指标，比如投资利润率和剩余利润。

对于投资中心的激励，因其本身的特征，应当在其预算考评工作结果的基础上，比照企业整体的激励方式进行，以调动全体人员的积极性，保证责任预算目标的顺利达成，不断提高企业经济效益。

对责任中心的奖惩方式可以根据企业的具体情况来确定，一般有以下三种。

第一种方式是直接奖惩：规定各项责任预算目标达到后能够获得的奖金总额，并制定超额完成责任预算或未达到责任预算目标时加奖或扣奖的计算方法，然后根据各责任中心的预算执行情况确定相应的奖惩。

第二种方式是按比例奖惩：针对各责任中心的各项责任预算目标采取不同的方式，并制定不同的预算目标的权重和分值加减方法，然后据以计算各责任中心预算期间的总分值，并根据分值按照事先确定的奖励方法按比例奖惩。

第三种方式是收益分享计划：收益分享计划是一种把一个部门或一个群体的生产率提高作为收益评价指标，并在员工与企业之间分享生产率提高带来的收益的计划。它可以将责任中心的利益与企业利益结合起来，促使责任中心更好地为企业的总体目标而努力。收益分享计划一般包括拉克计划、斯坎伦计划等。在运用收益分享计划时，首先要依据过去的经验确定一个基准分配率，然后根据基准分配率计算责任中心当期基准分配额，并以此确定奖励额。其计算公式如下：

$$基准分配率=\frac{薪酬}{生产价值}$$

当期基准分配额＝当期生产价值×基准分配率

奖励额＝当期基准分配额－应付薪酬

（二）一般员工的考评与激励

企业在进行考评与激励时要做到以人为本，因为人才是企业组成的根本。预算的编制、执行、控制乃至考评体系的设计等均需要员工参与。企业应当充分调动广大员工的积极性，动员全体员工主动参与预算的编制和控制，使全体员工都能够直接或者间接地参与预算管理过程，为更好地实施预算管理献计献策，真正实现企业全员参与预算管理，保证预算管理目标的全面达成。在实际工作中，只有企业全体员工积极参与预算编制工作，并且受到了应有的重视，企业制定的预算才易于被员工接受，预算管理工作的推进才有可靠的群众基础。同时，动员企业全体员工积极参与预算管理，还可以减少企业管理层与一般员工之间的信息不对称，从而减少其可能带来的负面影响，为顺利实现企业全面预算管理目标提供保障。

企业必须设计一套与企业全面预算管理制度配套的、针对企业一般员工的考评与激励制度。在设计考评与激励制度时，要注意以下几点：首先，要明确员工应该承担的责任、应享有的权利，明确其可控因素，合理评价其工作业绩；其次，应通过个人绩效与所在团队绩效按比例综合加权来确定个人预算考评结果，培养员工的团队合作精神；再次，员工业绩与奖惩结果要挂钩，应遵循公平、公正的原则，不能有失公允；最后，激励机制应注意员工的多样化的需要，不仅要考虑物质上的需要，还要考虑精神上的需要，如获得尊重、升职等，应对此进行调查分析后再设计相应的激励制度。

明确了一般员工的重要性以及设计考评与激励制度应注意的要点后，应进一步关注考评与激励的具体内容。员工激励制度的设计应该考虑到员工的多层次需求。根据马斯洛的需求层次理论，员工的需求可以分为五个层次，从低到高依次是生理需求、安全需求、社交需求、尊重需求和自我实现需求。当低层次的需求得到满足以后，员工就会开始追求更高层次的需求。除了需求层次理论以外，许多学者的研究也认同员工的需求不仅包括物质层面的，更包括心理和精神层面的，如亚当斯的公平理论、波特和劳勒的综合激励模式等。下面将结合这几种理论，从物质和精神两个层面来具体分析一般员工的激励机制。

1. 物质层面

物质层面的激励是激励机制中最基础的一层，可以根据激励的形式分为三个方面。

（1）员工基本工资的确定。这既包括员工合理的基本工资数额的确定，也包括如何将基本工资的提升与企业预算考评结果挂钩，并体现企业预算考评的结果。大致来讲，基本工资的确定方式有以下四种：

1）与单位效益挂钩的统一基本工资。这种方式缩小了员工之间的工资差距，有利于形成良好的员工关系，操作起来也简单易行，但可能导致企业内部出现扯皮、怠工等行为，以及不利于调动所有员工的工作积极性等问题。

2）按件计酬。按件计酬就是根据个人完成工作量的大小来支付薪酬。这种方式直接将员工的工作成果与薪酬联系在一起，体现了基于预算考评的业绩激励理念。但在实际中，这种方法可能导致员工只重数量不重产品质量，而且由于缺乏最低工资保障，往往不被企业员工接受，主要适用于临时员工的基本工资。

3）按时计酬。按时计酬就是根据员工工作时间支付薪酬。采用这种方式的一个必要前提是员工小时工作效率能得到保证。在工作效率差异较大的情况下，这种方式不利于提高企业整体工作效率。

4）反映年功序列和个人价值的基本工资。这种方式综合考虑了员工在企业工作的年限，以及员工的个人价值和其对企业贡献的大小，侧重于员工在企业工作的长期表现。这种方式在一定年限的年功序列内保持了适度的稳定性，便于操作和保障员工最低生活水平，有利于稳定员工队伍，激励员工为企业多做贡献。

（2）员工奖金的确定。员工奖金一般可以分为绩效奖金和效益奖金，绩效奖金基于员工业绩，而效益奖金基于公司整体经济效益。在预算考评和激励体系中，主要涉及的是员工的绩效奖金，它是根据预算执行期间员工的工作业绩，或员工既定预算目标的完成情况来评定的。因此，绩效奖金的确定一定要与企业预算考评结果紧密联系，并且能准确、及时地反映预算考评结果。具备条件的企业还可以分别针对月度、季度、年度的预算考评工作，评定发放员工月度奖、季度奖和年终奖。

（3）员工福利的确定。企业应充分考虑员工的各类需求，设计出全面的员工福利制度，以解除员工的后顾之忧，弥补薪酬激励的不足。员工福利应强调长期性、计划性和整体性。福利的一般形式包括法定福利（五险一金等）、培训、带薪假期、旅游奖励等。企业也可以结合员工业绩发放福利，这样能更好地激发员工的工作积极性。

2. 精神层面

在物质层面得到满足后，员工必然会追求更高层次的精神需求。如果企业仅仅为员工提供丰厚的物质激励，而不能使员工获得精神上的认同和满足，是不可能充分调动员工的积极性，从而让他们为了公司的整体利益而奋斗的。结合预算考评，对员工的精神激励可以通过组织各种评优活动、劳动竞赛、表彰大会、提升职务职称等来进行，通过这些手段使员工感到被尊重、被认可，激励他们更好地实现企业预算目标。

除了正面的激励，负面的激励也很重要。激励制度不仅包括动力机制和奖励机制，还包括压力机制。在正面奖励手段应用较多的情况下，其边际效应会越来越小，而应用较少的负面激励可能会产生更明显的边际拉动效果。负面激励机制包括约束和惩罚。一个完善的激励模式绝不能只有奖励，约束和惩罚也是必不可少的。如果仅依靠奖励来激励，长此以往，员工很可能会形成惰性，企业必须做到“有功必奖，有过必罚”。企业在员工未达成预算目标时，给予他们适当的精神压力，可以形成有效的督促。这种压力可以来自企业外部的市场竞争，也可以来自企业内部的考评、监督、管理等。当然，不管是正面还是负面的精神激励，都必须建立在以业绩考评为基础的激励体系上，必须做到有据可依，这样才能规范企业生产经营和管理活动，促进企业整体效益水平的提高。

从内容上划分，精神激励包括几个具体的方面：

（1）文化激励。企业文化是一个企业在发展中形成的经营理念、价值观念、经营方针政策的集合。将企业文化融入员工的思想观念中，可以使员工的世界观、价值观自觉符合企业的文化，使员工的行为自觉符合企业整体利益。

（2）环境激励。这里的环境包括政策环境和客观环境。政策环境指的是企业的各项规章制度，合理规范的企业制度可以使员工认为自己的工作环境是公平、公正的，从而激发他们的工作积极性。客观环境包括工作地点、工作空间、工作环境等，其也会影响员工的工作积极性。

（3）成就激励。成就感即员工的工作业绩达到自己期望时的一种感受。一般来说，成就的大小取决于人们在工作中贡献程度的大小，企业可以从团队构建、权力分配等角度来设计对员工的成就激励政策。

（4）愿景激励。愿景激励可以让员工对自己职业生涯的目标有一个清晰的认识，从而激励他们更好地朝着愿景目标努力。企业的愿景激励可以通过讲解企业未来愿景或者为每个员工制订预见性的培养计划来实现。

小　结

1. 全面预算考评是对企业内部各级责任单位和个人全面预算执行情况的考核和评价，涵盖评价制度和奖惩制度。

2. 全面预算的考评要遵循五个原则：目标性原则、时效性原则、合理性原则、分级考评原则、例外原则。

3. 预算执行结果考评的要素包括预算指标体系及其标准值计分系统。预算指标体系包括财务指标和非财务指标两个方面。在计分系统中，可以结合实际情况，选取不同的计分方法（包括单项指标计分方法和多指标综合计分方法）以及指标权数确定方法。

4. 制定科学合理的激励制度是确保企业全面预算管理系统长期稳定运行的一个重要条件。预算管理要坚持以人为本，利用激励机制，充分发挥人的主观能动性。

5. 责任中心的预算激励要根据不同责任中心选取不同的依据和侧重点，明确不同责任中心的可控因素和不可控因素。责任中心的奖惩方式一般包括直接奖惩、按比例奖惩、收益分享计划等。

6. 一般员工的考评与激励要注重明确责任范围，调动员工工作积极性，遵循公平、公正的原则，采用多样化方式（物质层面和精神层面的激励相结合）等。

练习题

一、选择题

1. 全面预算考评是对企业内部各级责任单位与个人的考核与评价，它包含评价制度和（　　）。

A. 奖惩制度　　B. 奖励制度

C. 约束制度　　D. 控制制度

2. 责任中心的（　　）要根据不同责任中心选取不同的依据和侧重点，明确不同责任中心的可控因素和不可控因素。

A. 预算激励　　B. 物质激励

C. 奖金激励　　D. 精神激励

3. 预算的考评主要是针对预算执行结果进行的。预算执行结果考评的要素包括预算指标体系及其（　　）。

A. 标准值计分系统　　B. 预算指标权重系数

C. 预算指标修正体系　　D. 预算指标管理体系

4. 在物质层面得到满足后，员工必然会追求更高层次的精神需求。激励制度不仅包括动力机制和奖励机制，还包括（　　）。

A. 压力机制　　B. 物质机制

C. 精神机制　　D. 利益机制

5. 企业应充分考虑员工的各类需求，设计出全面的（　　），以解除员工的后顾之忧，弥补薪酬激励的不足。

A. 员工福利制度　　B. 劳动救济制度

C. 预算管理制度　　D. 工资分配制度

二、简答题

1. 简述全面预算考评的意义。

2. 如何实现预算管理与业绩评价的结合？

三、论述题

试论预算分析与评价的重要性。

四、计算题

某公司期末对经营者进行了业绩考核，有关资料如下：

（1）某成本中心负责生产甲产品，预算产量为 500 件，预算单位成本为 100 元；实际产量为 600 件，实际单位成本为 90 元。

（2）公司设有 A，B 两个投资中心，其相关资料及考核指标计算结果分别如表 10－3 和表 10－4 所示。

表 10-3　A，B 投资中心相关资料　金额单位：万元

项目	2024年		2025年	
	A	B	A	B
销售收入	6 000	15 000	8 000	15 000
营业收益	360	450	400	375
平均营业资产	2 000	2 500	2 000	2 500
投资报酬率	18%	18%	20%	15%

表 10-4　A，B 投资中心考核指标计算表

项目	2024年		2025年	
	A	B	A	B
销售利润率	6%	3%	5%	2.5%
营业资产周转率（次）	3	6	4	6
投资报酬率	18%	18%	20%	15%

要求：

根据条件（1），计算该公司的成本节约额和成本节约率。

根据条件（2），由表 10-3 和表 10-4 可知，2024—2025 年，A 投资中心的投资报酬率从 18%上升到了 20%，而 B 投资中心的投资报酬率却从 18%下降到了 15%。请说明为什么 A 投资中心的投资报酬率相比上年预算是增长的，而 B 投资中心却是下降的。

案例 1

Y 公司的预算考评

Y 公司是一家中外合资有限责任公司，位于福建省福州市马尾经济开发区，注册资金为 1.36 亿元。Y 公司主要从事特种漆包线的研发、制造与销售，年销售收入超过 20 亿元，生产技术和销售收入居国内领先水平，产品广泛应用于电子、电器、电机、电工等行业，为电机、家电和汽车等厂商提供配套服务。公司设总经理一名，对集团董事会负责，全面负责公司的经营管理。公司共有 7 个部门。

Y 公司目前的预算考评情况如下：考评工作主要由人事部负责，人事部负责制定预算考评制度，根据财务部汇总的数据计算和评价各责任部门的考评结果，并兑现奖惩。预算考评于每年年末进行一次，考评对象以公司总经理和部门经理为主。普通员工不属于预算考评对象，其薪酬主要采用年底双薪制。

总预算目标以净利润的形式体现，具体数值由总经理与公司董事会协商确定。总经理在年底会按照净利润目标完成情况，获得不同数额的分红。对各部门经理的考评主要是将收入类预算指标执行结果高于目标和成本费用类预算指标执行结果低于目标的部分，按照预算完成情况分为四档，对应不同的兑现比例。预算完成情况由公司整

体经营情况和部门预算目标完成情况两项加权计算得出，其中，公司整体经营情况的权重是30%，部门预算目标完成情况的权重为70%。

思考：

1. 请结合Y公司的预算管理工作，谈谈预算考评的重要性。
2. 结合本章内容和本案例，你认为应如何改进和完善Y公司的预算考评机制？

案例2

全面预算考评指标的设计

中石化下属的JL公司结合自身实际情况，对全面预算考核与评价体系进行了相关指标的设计，主要设定了四项指标，即预算偏差度、吨油加工费差异率、费用差异率和利润（内部利润）差异率。具体指标的内涵与公式如下：

（1）预算偏差度，是指实际完成指标与预算指标的偏差占预算指标的百分比。

$$预算偏差度=\frac{实际完成指标-预算指标}{预算指标}\times 100\%$$

（2）吨油加工费差异率，是指实际吨油加工费与预算吨油加工费的偏差占预算吨油加工费的百分比。吨油加工费差异率大于零意味着超支，差异率小于零意味着节约。

$$吨油加工费差异率=\frac{实际吨油加工费-预算吨油加工费}{预算吨油加工费}\times 100\%$$

（3）费用差异率，是指实际费用与预算指标的偏差占预算指标的百分比。费用差异率大于零意味着超支，差异率小于零意味着节约。

$$费用差异率=\frac{实际费用-预算指标}{预算指标}\times 100\%$$

（4）利润（内部利润）差异率，是指实际利润与预算利润的偏差占预算利润的百分比。当利润差异率小于零时，表明实际利润未完成预算指标。

$$利润差异率=\frac{实际利润-预算利润}{预算利润}\times 100\%$$

思考：

1. 请结合JL公司的全面预算考评指标，阐述在设计该类指标时应遵循的原则与要求。
2. 你认为上述四项指标，对其他公司的全面预算考评有参考价值吗？

第十一章

全面预算管理的创新发展

本章结构图

- 全面预算管理的创新发展
  - 正确认识全面预算管理
    - 全面预算管理的重要性
    - 全面预算管理的改革与创新
  - 预算管理的逆反性与应对策略
    - 预算管理的逆反性
    - 应对逆反性的控制策略
  - 中国式现代化与全面预算管理
    - 中国式现代化引领全面预算管理创新与发展
    - 高质量的预算管理体现中国式现代化的本质特征
  - 大数据时代与预算管理系统
    - 大数据及其特点
    - 大数据对预算管理系统的影响
    - 基于大数据的预算管理应用
  - 经营模式转变与预算管理创新
    - 循环经济模式与预算管理创新
    - 新经济模式与预算管理创新

学习目标

- 寻找预算管理逆反性的根源
- 掌握大数据对预算管理的现实意义

素养目标

- 以中国式现代化引领全面预算管理
- 突出财政资金的指向性，提高预算管理的能力和水平
- 加强全面预算管理的数字化转型

引例

迪士尼利用算法推荐技术优化全面预算管理

迪士尼是一家全球性的娱乐公司，其业务涵盖媒体网络、主题乐园度假区、影视娱乐和消费品四大板块。迪士尼的历史可以追溯到1923年，其由华特·迪士尼创立。公司以其标志性的动画角色和主题公园而闻名，拥有众多知名的动画电影、电视节目和主题公园，其中最著名的包括位于美国加利福尼亚州和佛罗里达州的迪士尼乐园，以及亚洲的香港迪士尼乐园和上海迪士尼乐园。迪士尼不仅在娱乐产业中占有重要地位，还通过其媒体网络业务在全球范围内拥有广泛的影响力。此外，迪士尼的影视娱乐部门制作并发行了许多成功的电影，进一步巩固了其在全球娱乐行业的领导地位。随着数字经济时代的到来，迪士尼紧紧抓住数字化转型的契机，通过技术变革来平衡技术对经营和投资活动的影响，即在为消费者提供个性化的服务和体验的同时，强化全面预算管理。

算法推荐是数字经济时代的一种技术工具，它依托互联网技术与大数据技术，对客户的消费习惯、兴趣偏好等进行数据抓取，经过计算分析后绘制出用户画像，再针对客户进行个性化、智能化的内容生产与分发。算法推荐在预算管理中的应用重点是，根据推荐对象进行预算编制。比如，将传统依赖门票数据判断新年度收入预算的方式，改为运用算法技术进行推荐，通过大数据等手段选取最有利于公司获利的经营模式（如什么时间开始打折，哪个时间段需要广告助销等），进而拓展相应的收入来源渠道与增加价值的方式等，为全面预算管理提供最有效的助力。

算法推荐借助合理的算法或策略来选择迪士尼最有可能满足顾客需求的一类对象组合，使全面预算管理过程中的编制、执行与考核等环节的效率与效益显著提升。近年来，迪士尼在算法推荐方面的应用，已经取得了显著的成果，特别是在个性化推荐服务方面。迪士尼通过收集用户特征、浏览历史记录、浏览内容属性以及用户在乐园游玩过程中与其他产品的关联行为等，获得了巨量的数据，这不仅为全面预算管理提供了便利，还通过为网站、手机App等面向用户的界面提供个性化推荐服务，使迪士尼产品的形象进一步深入人心。比如，迪士尼的个性化推荐服务不仅限于娱乐内容，还包括基于用户偏好和历史行为的数据分析，以强化用户体验和增加用户黏性。通过不断探索从协同过滤模型转向深度学习模型的算法研发和创新，迪士尼在离线和在线测试中实现了各项指标300%以上的提升，这体现了数据科学在解决实际问题中的价值。随着数字技术在迪士尼的广泛应用，借助AI技术，全面预算管理可以提供动态定价、景点推荐和排队管理服务，使顾客数量的预算更加精准，提高盈利预测和现金收支平衡的管理能力。

总之，迪士尼通过以算法推荐技术为核心的全面预算改造，不仅提升了自身的财务管理能力，带来了显著的经济效益，还为游客提供了新的体验场景。迪士尼的全面预算管理实践不仅展示了其在AI领域的雄心，也为整个娱乐行业树立了创新的标杆。随着AI技术的不断进步和应用拓展，迪士尼将在数字技术的加持下，进一步巩固其在娱乐行业中的领导地位。

近年来，理论界与实务界对全面预算管理颇有微词，认为其已经难以适应当前经济与社会发展的需要，并形成了改进预算、超越预算等理念或方法。同时，随着数字经济的发展及数字技术的推陈出新，嵌入数字技术的全面预算等新概念层出不穷。未来，在强调全面预算管理的全球化特征与本土化特色相融合的过程中，必然会出现更多的自主知识产权或工具方法，进而映射或孪生出中国预算管理理论与方法体系的独特情境或特征。因此，加强新时代的全面预算管理将成为一项重要的新课题。

第一节　正确认识全面预算管理

尽管人们对全面预算管理工具有这样或那样的看法，但它在企业实践中持续应用，其地位仍然没有动摇。以欧美企业为例，自20世纪20年代美国通用汽车、杜邦公司将预算管理作为企业的管理工具以来，美国90%、欧洲95%以上的企业都在使用预算管理这一工具。全面预算管理作为提升企业管理效率与效益的利器，在企业实践中不可或缺，持续发挥着积极的作用。

一、全面预算管理的重要性

预算是以货币及其他数量形式反映企业未来一段时间全部经营活动各项目标及相应措施的价值说明。就预算制度的发展来看，近代预算制度产生于英国，发展于美国，起初应用于美国的政府机构，进入20世纪20年代以后，开始在美国的企业组织中得到应用。经过不断发展与完善，全面预算管理已从最初的计划与协调工具，发展到现在兼具控制、激励、评价等功能的、贯彻企业战略的管理机制。

从管理者的角度来讲，预算管理是企业高层，如董事会监督、管理企业的重要手段。简单地讲，预算就是用会计语言表述的企业收益计划。正如著名管理学家戴维·奥利所言，预算管理是为数不多的几种能把组织的所有关键问题融合于一个体系的管理控制方法之一。在欧美企业中，由于全面预算管理实施较早，它已成为大型工商企业标准的作业程序，并且相关的体系与方法也较为成熟与完善。就世界范围来看，大多数国家都将预算写入了本国的公司法或其他商业法典。预算的存在是企业谋求合法性和社会支持的一种证据，而不仅仅是一种管理工具（Alam，1997）。没有预算，就没有明确的采购、生产和销售计划，容易导致生产能力和资源使用的冲突；没有预算，管理人员可能会因未能实施适当的控制而遭到法律法规的指控；没有预算，银行和保险系统可能拒绝对企业进行信用评级，那么企业融资、并购甚至破产保护等将变得不可行。

全面预算管理是一项系统性工程，需要得到企业管理者的高度重视。全面预算管理在应对环境不确定性与不稳定性方面具有积极的作用，可以合理配置资源、指导企业经营决策。企业可以在弹性预算、滚动预算、零基预算等方法中进行有效选择。同时，在“大智移云物”（大数据、智能化、移动互联网、云计算、物联网）时代，全面预算管理的相关细分工具，如大数据预算、智能化预算等将得到进一步发展。换言之，全面预算管理作为管理会计理论知识系统中一个具有可拓展性的管理平台体系，可进一步优化经营预测、盈利管理模式。同时，基于客户分析与评价、价值链重构、供应商评价、责任中心管理、多维业绩评价等，可以发挥全面预算管理的功能作用。

二、全面预算管理的改革与创新

从现实情况来看，尽管多数企业已经意识到全面预算管理的重要性，但由于对预算编制、预算监控、预算分析、预算考核以及预算与内部控制制度的关系认识不够全面，尤其是对预算信息化重视不够、主动性差且方法不够得当，不少单位为了应付上级要求或迫于外部压力而进行预算的编制，或盲目开展预算管理活动，虽然花费了大量人力、物力，但收效甚微，全面预算管理流于形式，未能发挥应有的作用。因此，必须加快全面预算管理的改革步伐，通过创新来调动广大企业进一步实施全面预算管理的积极性。

发达国家的实践经验表明，企业内部管理水平的高低与预算应用水平成正比。健全与完善的预算管理体系，一方面能够促进企业经营决策的科学化和民主化，提高企业综合盈利能力；另一方面能够明确企业高层的监督责任，促使各部门经济活动协调一致，降低企业的投资与经营风险。当前，企业预算管理实务面临外延过宽、内涵陈旧，以及缺乏灵活性等现实问题，调整和改革预算管理制度已成为企业发展的迫切要求。

党的二十届三中全会提出，要充分发挥市场在资源配置中的决定性作用。作为市场化手段之一的全面预算管理将在此背景下发挥更加重要的作用。全面预算管理通过对企业资源的合理配置，促进专业管理从单纯的技术管理向技术经济管理相结合的方向转变；它借助构建以市场价格为导向的压力传递机制，将传统企业管理的事后反映转变为事前预算、事中控制和事后考核，实现全员、全过程、全方位的管理，使物流、资金流和信息流“三流”合一，确保企业的生产经营活动始终处于受控状态，从而达到提高经济效益的目标。

全面预算管理的创新至少包含三个层次：一是借助预算编制方法和手段的整合，提升全面预算管理的内在机制，促进全面预算管理制度的完善与发展；二是改革现行的管理会计体系以适应新的情况，缓解企业制度变迁给管理会计机制带来的压力，从而实现全面预算管理自身的可持续发展；三是通过预算管理过程的优化来建立新型的内部控制理论与方法体系，这是全面预算管理创新中最重要的内容。

尽管第一和第二层次也会涉及内部控制与财务管理变革的一些内容，但在这两个层次，制度创新仅仅停留在静态的被动态势，全面预算管理改革并未成为管理会计体系建设的主体。只有在第三层次，全面预算管理制度创新或者改革本身才会成为主体。全面预算管理的改革与创新有利于企业完善计划管理、业务运行的机制，协调各方关系，实现资源的有效配置；有利于促进企业加强内部控制，提高企业的管理效率与效果；有利于增强企业的市场竞争能力和风险抵御能力；有利于优化企业对各责任中心经营业绩的考核与评价。

第二节 预算管理的逆反性与应对策略

预算管理作为企业管理的一种有效手段，已为国内外大中型企业普遍采用。然而，随着实践的深入，预算管理本身也暴露出一些不足或问题，亟须寻求相应的对策。

一、预算管理的逆反性

预算的实质是现金流量的一种平衡，用公式表示为“投资去向＝筹资来源”。传统的预算管理有两大基本功能：一是通过预算编制实现资源配置；二是实现预算控制。企业实施预算管理主要基于以下两点：一是企业规模扩大，经营者的精力必须放在重点管理和例外管理上，预算管理正好能满足这一转型的需要。二是预算为确定不同时期的企业经营目标、稳定企业的经营业绩、降低经营风险提供了一种操作性很强的方法。近年来，我国企业在大力推行预算管理的同时，也遇到了一些逆反性问题，如预算编制过程中确定的基数准确性不高，经营者在预算管理中过于注重短期利益，无法满足企业长远发展和战略管理的需要等。导致这些问题的原因可归结为如下几点：（1）目标不一致和利益冲突；（2）信息不对称；（3）规避不确定性带来的风险；（4）防备上级的层层削减或层层加码；（5）缓解以预算标准评价业绩造成的压力等。

1. 技术性原因导致的逆反性

预算编制基数的精度不高是预算管理中需解决的一个技术性难题，也是预算管理发展过程中普遍存在的逆反现象之一，其起因与企业组织结构的变化密切相关。20世纪五六十年代以来，随着企业分权化趋势的增强，部门（下层）管理者的自主权扩大，自主经营决策的机会增多。在这种委托代理关系下，由于不同管理层之间的信息不对称，预算管理过程中出现了寻租现象。

当进入一个新的年度时，经营者总是希望所属企业或单位能如实地填报预算基数，并最大限度地调动各有关方面的积极性。但事实上，在确定预算基数的上下级信息不对称博弈中，讨价还价往往是不可避免的。从委托代理角度分析，在委托人与代理人之间的博弈中，代理人往往具有优势，因为他们掌握着更多的信息。相对上级组织而言，企业的下级组织更清楚每年究竟能达到什么预算目标，但是其通常倾向于隐瞒这一信息，以便在讨价还价中压低预算基数，从而获得更多的超额奖励。这种现象在实践中表现为：预算执行者低估收入、高估成本、低估产销量甚至销售价格、夸大完成预算的困难、低估利润等；为了争取新的投资项目，在申报项目时压低支出预算，当项目被批准后，又不断扩大投资规模或捎带其他项目以谋求自身利益。如何从技术上提高预算编制的科学性，增强各级经营者的预算控制积极性，已成为当前面临的重大课题。

2. 管理思想滞后诱发的逆反性

传统的企业管理框架是从计划到控制，以战略计划制订、经营管理控制及操作系统控制为层级构建的体系，如图 11－1 所示。

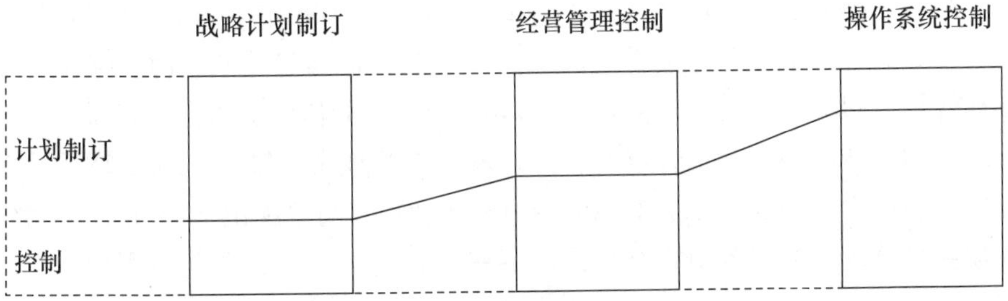

图 11－1 传统的企业管理框架

与传统的企业管理框架相适应，企业预算管理过分注重收益指标，局限于短期视野的财务控制，容易陷入形式主义的误区。换言之，企业实践中"预算无用论"的观点开始蔓延。人们对预算管理的信心动摇的原因主要有以下几点：（1）有些人认为在预算管理中，正确估计企业未来的收入和费用难度较大；（2）有些企业家认为，预算给他们带来了太多的束缚，增加了不必要的环节，使他们不能很好地发挥创造性，并且有可能使他们失去一些发展的机会；（3）企业内外部环境的不确定性因素太多，预测难度大，某些因素的变化往往会给经营业绩带来相当大的影响，导致预算与实际脱节；（4）耗时过长，对各项目的估计和预算报表不够重视，成本太高。

对预算管理的这种思想认识源于预算环节控制机制的滞后和战略导向的缺失。企业预算管理既要注重经济性和可操作性，降低预算编制和执行的成本，提高控制效率，更要关注企业的长远目标和战略计划，重视战略规划与战略控制。以图 11－1 所示的框架为基础，可进一步扩展控制的基本属性，即存在多维的预算控制视角，包括"长期控制/短期控制"这样的控制期间，"总体控制/分步控制"这样的管理领域，以及"事前控制/事后控制"这样的控制时点。预算管理可以在这三个层面上进行探讨。战略控制可以理解为长期总体控制，经营管理控制可以视作短期总体控制，而操作系统控制可以理解为短期部分控制。但是，从控制时点上看，目前的预算管理还局限于事后控制或以事后反馈控制为基础的框架。

二、应对逆反性的控制策略

预算是建立在企业经营管理全过程之中的一种规划，是企业战略的体现。预算管理必须明确自身的定位，充分发挥自身的预测、决策功能与作用。为了促进预算管理的科学性和有效性，针对上述逆反现象及由此导致的问题，我们从以下两个方面展开探讨。

1. 技术上的对策——参与型预算和准确核定基数

对于预算管理中存在的逆反现象（如预算滞后问题），学术界存在不同的观点。有学者对此持肯定态度，认为预算滞后调整了管理者个人目标与组织目标间的矛盾，或者缓和了因环境变动形成的不确定性给预算执行者带来的影响等。但多数学者认为，过度超越正常范围的预算滞后对组织来讲是有害的。因此，有必要从以下两个方面寻求对策并加以解决。

第一，提倡参与型预算（participative budget）的编制。由企业各层级人员参与制定的预算具有激励（促进接受）的功能。早期实行参与型预算时，强调的是管理者的心理效果（即具有参与的动机）。在预算制定中，如何消除人们的担忧是极为重要和关键的。预算体系是否具备有效的功能，取决于管理者以及员工对预算的理解和接受程度。事实证明，企业全体员工积极参与的主动预算与单纯由上级分配下达的预算相比，往往更具效率。参与型预算至少有如下三点好处：一是在参与过程中，能减少科层组织内信息的不对称性。下一层级的管理者能够将所了解的有关环境、技术的情况很好地传递给上一层级的管理者。二是在参与过程中，增强了下层管理者的积极性，能够促进预算的圆满完成。三是通过参与预算编制，员工能够得到教育和培训。

第二，引入真实诱导预算机制。所谓真实诱导预算（truth-inducing budget），就是从代理人入手设计预算基数的博弈，即通过引入激励约束机制，诱导代理人向着委托人预期的目标提供预算基数，使委托方与代理方达到博弈均衡。真实诱导预算法有如下两个特征：(1) 对预算目标过低、轻易完成目标的管理者，给予惩罚。(2) 在正常预算目标额以上完成预算的管理者，为促使其取得更好的成绩，对其实施激励。

2. 管理上的策略——构建预算管理的前馈机制

诚然，从控制时点上看，现行的预算管理仍停留在事后控制或以事后反馈控制为基础的框架上，因此有必要从事后（反馈）至事前（前馈）的全过程视角，寻求战略、管理、操作三个不同层面的均衡。

前馈与反馈是控制的两大基础概念。前馈控制是一种对脱离预定轨道的情况通过事前的行为加以防范的路径，而反馈控制则是对脱离预定轨道的行为进行反作用的治疗性路径。将前馈与反馈应用于控制时点，在时点这一轴心上就会有事前控制/事后控制，它丰富了企业管理框架，由此可进一步划分为前馈系统的预算编制和反馈系统的预算控制两个管理阶段。这表明，传统管理思想在这个新框架下将被重新定位，有助于纠正预算管理的逆反现象。

从企业管理的历史发展来看，企业管理在管理时点上具有从事后向事前、从反馈向前馈，在管理领域上具有从局部向整体、从生产型向市场型，在管理期间上具有从短期向长期、从战术向战略的各种转变。图11-2展示了这一过程。

		长期整体控制	短期整体控制	短期部分控制
		战略控制	经营管理控制	操作系统控制
事前控制	前馈控制			
事后控制	反馈控制			

图11-2 管理会计控制方位图

传统的预算管理由预算编制和预算控制两个阶段构成，预算编制在计划制订过程中以及预算控制在管理过程中都有各自相应的定位。与此相对应的概念，是一种以反馈为理念的预算管理模式（见图 11－3）。

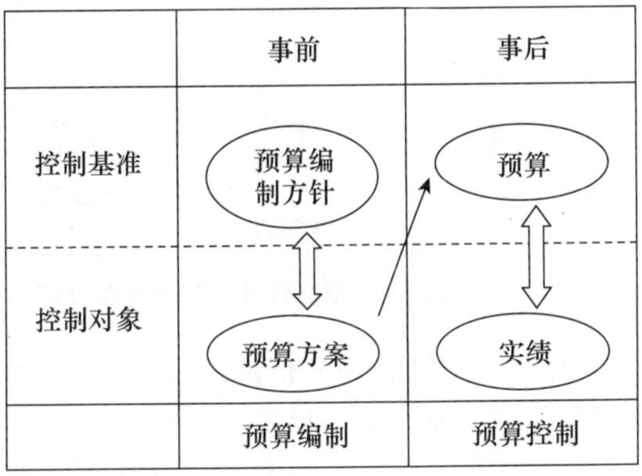

图 11－3　以反馈为理念的预算管理模式

图 11－3 表明，在这种模式下，虽然预算执行阶段确认了反馈这种控制方式，但在预算编制阶段却忽视了相关的控制。这种传统思路容易诱发逆反现象。只有前馈与反馈相结合，在预算编制阶段也实施控制（前馈控制），同时，在预算执行阶段让反馈与前馈共同发挥作用，才能确保预算的科学性和正确性。为此，我们结合对前馈构造的分析与理解，提出如下处理模式。

（1）在预算编制阶段，围绕预算编制方针反复修订预算方案，并在这一过程中突出控制的构造和功能。传统的预算编制过程是将预算编制方针作为控制的基准，将预算方案作为控制的对象。这种思路从前馈的观点看，存在一种“确认的滞后”。

（2）在将预算编制阶段认可的草案转化为预算这一阶段，预算作为控制的基准，将实绩预测作为控制的对象。这种事前对预算与实绩的潜在差异加以把握，并采取预防措施的过程，可以理解为是一种基于前馈控制构造的做法。从企业情况来看，具体可分为三个类别，即预测数、实绩与预算相比、实绩与上期相比。这里，不仅要把握预算与实绩之间的差异，还要对本期实绩与上期实绩的差异作出分析。即注重发挥前馈在预算管理中的重要作用，通过事前完善各项保证措施，确保预算控制的有效实施。

（3）预算执行阶段，在修订预算的意见取得一致时，体现前馈构造思想，确认基于最新环境预测的修订预算与当初的年度预算之间的差异。借助修订预算的一致性预期措施，即采用滚动预算来体现前馈控制的内在要求。从企业角度讲，可以以周为单位迅速地作出反应从而修订预算，即将实际值作为最近的预测值与原有的预算进行比较，在修订预算上向控制的对象方面转化。

遵循以上这些观点，基于前馈与反馈的框架，可以用图 11－4 反映预算管理的现代控制意识。

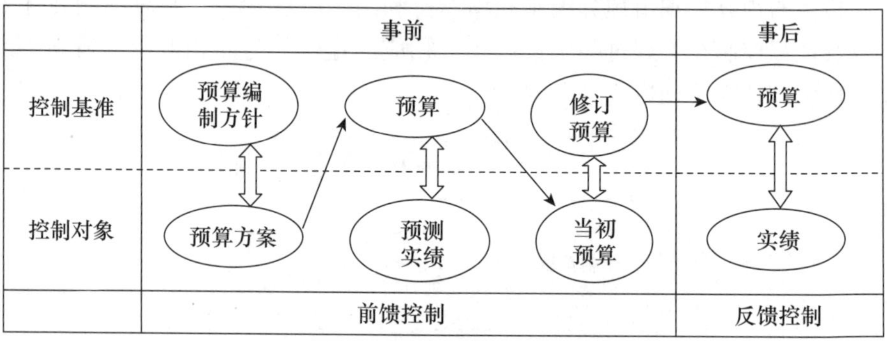

图 11-4 预算管理的现代控制意识

将其与图 11-3 所示的预算管理的传统理解相对照，可以看出其对前馈的重视，以及预算管理所蕴含的前馈控制思想（见图 11-5）。

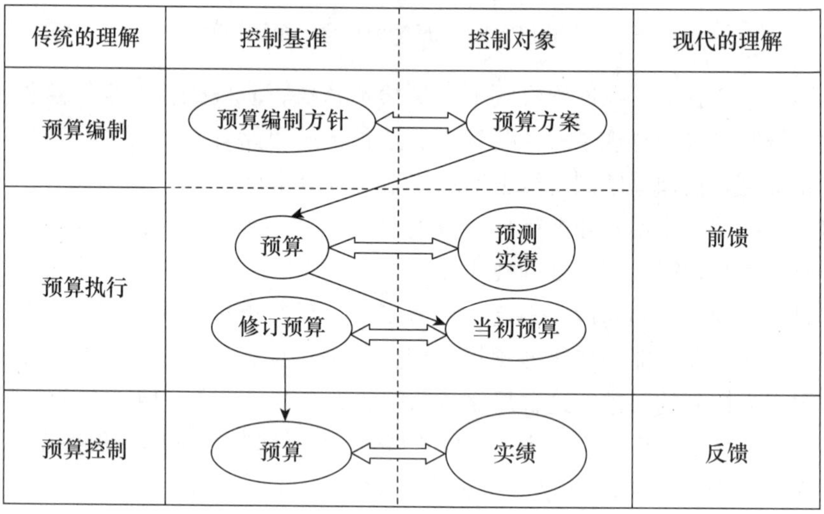

图 11-5 预算管理的前馈控制思想

由此可见，在传统管理思想下难以充分控制的空白部分，通过欧美学者提出的按季度滚动的预算方法只是有所弥补，而应用前馈概念将使预算管理理论获得新的发展。现代预算理论对“预算无用论”观点提出了有力的反驳。同时，预算管理的前馈化增强了企业管理的整体性，促进了以长期整体管理为导向的战略预算的形成。预算管理前馈化的发展轨迹如图 11-6 所示。

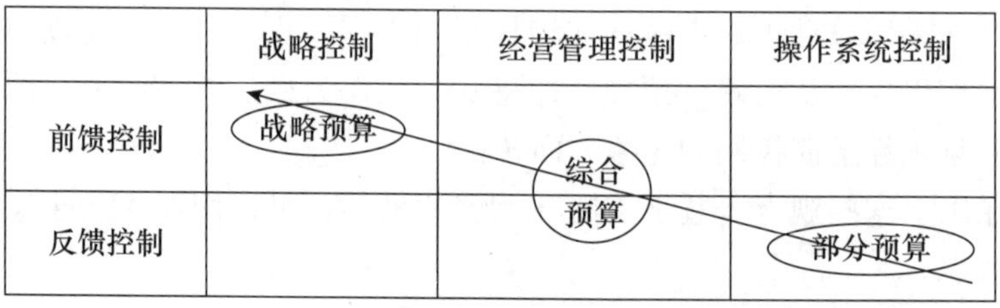

图 11-6 预算管理前馈化的发展轨迹

这种“部分预算—综合预算—战略预算”的发展轨迹，从根本上弥补了预算管理功能的不足，克服了预算管理的逆反性，提高了预算管理的科学性和有效性。

第三节　中国式现代化与全面预算管理

党的二十大提出以中国式现代化全面推进中华民族伟大复兴的使命任务。中国式现代化涵盖了经济、政治、文化、社会、生态文明等多个领域的协调发展；坚持深化改革开放是我国全面建设社会主义现代化国家前进道路上必须牢牢把握的重大原则之一；要加快建设现代化经济体系，推动高质量发展。全面预算管理作为现代化经济体系中的重要组成部分，是微观主体稳定健康发展的制度保障。

一、中国式现代化引领全面预算管理创新与发展

围绕中国式现代化，加快现代化经济体系建设，需要积极构建以全面预算管理为主要内容的管理会计理论与方法体系。全面预算管理可以帮助企业管理当局在经济可持续发展的前提下作出明智决策，实现企业价值创造与价值增值的基本功能。

1. 全面预算管理的创新是中国式现代化的需要

党的二十大报告明确提出：“中国式现代化，是中国共产党领导的社会主义现代化，既有各国现代化的共同特征，更有基于自己国情的中国特色。”中国式现代化具有五个特色和九个本质要求，其中，五个特色分别为：中国式现代化是人口规模巨大的现代化，中国式现代化是全体人民共同富裕的现代化，中国式现代化是物质文明和精神文明相协调的现代化，中国式现代化是人与自然和谐共生的现代化，中国式现代化是走和平发展道路的现代化，九个本质要求即“坚持中国共产党领导，坚持中国特色社会主义，实现高质量发展，发展全过程人民民主，丰富人民精神世界，实现全体人民共同富裕，促进人与自然和谐共生，推动构建人类命运共同体，创造人类文明新形态”。围绕中国式现代化，全面预算管理应当注重企业文化的建设。

中国传统文化绵延几千年未曾中断，始终以一种润物无声的方式影响着现代社会。从经济视角考察，中国式现代化需要促进新时代经济的高质量发展，突出财政资金的导向性，提高预算管理的能力和水平。预算管理能力的提升，既涉及预算制度改革，又与预算技术革新有关，它是提高国家财富管理效率、增强直接支配能力的关键。中国式现代化将摆脱对“西方现代化”的盲目追随，形成符合我国历史传承、文化价值观的内生性演化规律。

2014 年，习近平总书记在省部级主要领导干部学习贯彻十八届三中全会精神全面深化改革专题研讨班上的讲话中强调：“一个民族、一个人能不能把握自己，很大程度上取决于道德价值。如果我们的人民不能坚持在我国大地上形成和发展起来的道德价值，而不加区分、盲目地成为西方道德价值的应声虫，那就真正要提出我们的国家和民族会不会失去自己的精神独立性的问题了。如果没有自己的精神独立性，那政治、

思想、文化、制度等方面的独立性就会被釜底抽薪。”我们要以习近平文化思想为指导，加强预算管理的理论基础建设和实践方向引领。

习近平总书记从党的前途命运、国家长治久安以及民族凝聚力和向心力的战略高度出发，将思想文化工作嵌入治国理政的内容之中。党的二十大报告对中国式现代化的阐述，为管理会计学术界指明了方向。诚然，全面预算管理要注重本土化与国际化的结合，吸收西方企业先进的预算理论与技术方法，形成一套与西方预算管理既有交叉又有区别的中国预算管理体系。这一特征，体现的是全面预算管理领域的“中体西用”。全面预算管理要坚持人本导向，调动企业组织形成积极参与、勇于建言、相互协作、知识共享的工作氛围；同时，有效激发组织成员的创造力，进而提高组织的创新绩效和财务绩效。

2. 全面预算管理的发展是共同富裕的重要体现

中国式现代化是全体人民共同富裕的现代化，它对全面预算管理的发展起着重要的推动作用。共同富裕是一个长期的历史过程，不可能一蹴而就，我们必须对其长期性、艰巨性、复杂性有充分估计。2021年，《中共中央 国务院关于支持浙江高质量发展建设共同富裕示范区的意见》发布，其中提出的“共同富裕”不仅具有鲜明的时代特征和中国特色，还强调收益分配公平、促进组织效率与效益提升等内容，这些均是促进全面预算管理创新与发展的重要源泉。比如，理解三次分配体系与传统按劳分配体系的内在联系、全面预算管理的薪酬体系建设如何在企业初次分配中体现共同富裕的本质要求等，均对全面预算管理的发展具有重要的现实意义。党的二十大报告提出：“坚持按劳分配为主体、多种分配方式并存，构建初次分配、再分配、第三次分配协调配套的制度体系。努力提高居民收入在国民收入分配中的比重，提高劳动报酬在初次分配中的比重。坚持多劳多得，鼓励勤劳致富，促进机会公平，增加低收入者收入，扩大中等收入群体。”当前财富积累速度很快，但财富差距在扩大，在推动共同富裕的背景下，需要增强财富分配公平性，缩小财富分配差距，以防止出现“富者累巨万，而贫者食糟糠”的现象。必须“规范收入分配秩序，规范财富积累机制，保护合法收入，调节过高收入，取缔非法收入”。共同富裕是中国特色社会主义的本质要求，全面预算管理需要引导理论研究的方向，尤其是预算管理的定量研究应当主动实施宏观转向，即服务于宏观经济的新发展格局，助力中国经济的高质量发展。

二、高质量的预算管理体现中国式现代化的本质特征

高质量的预算管理有助于实现共同富裕。全面预算管理不能盲目采取相对剩余价值的会计分配方式，必须围绕利益相关者的收益均衡积极探索高质量的经济发展模式。

1. 宏观层面的预算管理应当向民营企业倾斜

政府的预算管理必须注重对优质民营企业的资金扶持，坚持以人为本的原则。习近平总书记指出：“要更加注意尊重市场规律、坚持精准支持，选择那些符合国家产业发展方向、主业相对集中于实体经济、技术先进、产品有市场、暂时遇到困难的民营

企业重点支持。”① 党的二十大报告提出，“支持专精特新企业发展”，提高实体经济企业在生产实践中的主动性与积极性。当前，要围绕企业数字化转型，提升劳动生产效率。高质量发展离不开政府宏观层面预算管理的支持，当前扶持和壮大“专精特新”民营企业，既是经济高质量发展的需要，也是高质量预算管理的内在追求。全面预算管理要主动强化“专精特新”的方向引领，通过产业区域的成本管理优化收入结构，引导和支持产业集群区域企业的发展。高质量预算管理需要以中国式现代化为指引，提高全面预算管理机制的效率、稳定员工收入预期，实现企业的可持续发展和经济的稳定增长。

2. 结合中国式现代化，增强对预算管理的认知水平

首先，预算是一种文化。预算体现的是一种企业内部专业分工的文化价值观。亦即，通过内部的有效协同，结合责、权、利、效原则，按事项或按责任主体进行合理配置，积极构建利益分配均衡的价值创造与价值增值的管理系统。在当今的数字经济时代，数字化生态与人工智能生态协同的全面预算管理体系，对于促进企业资金机制的有序运行、引导内部控制的风险管理、推动传统以约束为主导的预算功能转变为激励与约束相融合的功能机制具有重要意义，能够为企业呈现出一种预算管理创新的文化价值观念。

其次，预算是一种制度。预算不仅要求人们把预算指标作为追求的目标，而且作为一种制度规范着人们的行为方式。制度是人们共同遵守的行动准则。预算是企业内部各责任主体的行动标准，是每个责任主体的基本行为准则。正是通过预算的这种制度作用，企业的各项生产经营活动才能有序进行，经营活动才能顺利达到预期的目标。预算的制度性特征表明，预算贯穿企业生产经营活动的全过程。或者说，没有一种制度体系会比预算更具有对人们行为的全覆盖性。

再次，预算是一种认知。英国作家王尔德（Wilde）说：“人生只有两种悲剧，一种是得不到我想要的；另一种是得到了我所要的。”前者之悲，容易理解；后者之悲，往往使人困惑。事实上，做任何事情都需要花费成本，价值越高的事情成本也越高，因此，需要强化预算管理意识。比如：“你所得到的真的是你想要的吗?”“你为这个目标所付出的代价符合成本效益原则吗?”对此，有效提升对全面预算管理的认知水平，积极利用预算管理的技术或工具方法，可以帮助企业或组织较好地摆脱在价值创造或价值增值中面临的困境，并步入一个新的阶段。正所谓“众里寻他千百度，蓦然回首，那人却在灯火阑珊处”。

全面预算管理要围绕中国经济高质量发展要求，结合企业的战略规划，把握发展的机遇，坚持走中国式现代化的共同富裕道路，促进预算理论与方法的创新。

第四节 大数据时代与预算管理系统

随着数字技术的迅猛发展，全面预算管理正面临着从信息化向数字化、智能化方

① 习近平. 论把握新发展阶段、贯彻新发展理念、构建新发展格局. 北京：中央文献出版社，2021：309.

向的转型。大数据技术的应用可以提高预算编制的精确度，提高预算执行的效率和效果，且有助于解决传统预算管理中数据缺乏准确度和真实性，以及信息沟通和反馈缺乏及时性等缺陷。

一、大数据及其特点

大数据（big data）或称巨量资料，简单地说，凡是具有“3V”特性的数据集，就是大数据。1V（volume）是指极大的数据量；2V（variety）是指极复杂的数据类型与数据来源；3V（velocity）是指极快的数据产生、传播，以及处理速度。进入大数据时代后，人们将不再局限于随机抽样，而是学会处理各种相关信息；同时，由于数据量巨大，其精确性不再成为首要追求；强调数据及问题之间的关联性，而非单一追求严格意义上的因果关系。组织决策者要跨越大数据时代的“数据鸿沟”，就需要具备大数据战略、大数据管理和大数据生态三大能力。

大数据战略能力是指在大数据价值已为电商、快消品、广告等多个行业案例所证明的今天，挖掘出大数据信息价值的能力。企业决策者在制定大数据战略时，需要从视野（vision）、主张（view）、价值（value）这“新3V”入手。从“视野”讲，企业应将大数据、云计算作为企业核心战略，而不能仅仅把大数据当成企业信息技术管理的一个方面。无论是软件方面还是硬件设施，企业都需要加大投入。从“主张”看，企业应制定收集和处理数据的策略。例如，在股市中，面对同样的数据，投资者的处理方式是不一样的，有人说股市下行时应买入，有人说要卖出。对同样的数据，甚至同样的软件，决策方式、观点不同，处理结果就会大不相同，这应该成为公司决策体系的一个核心部分。从“价值”看，在确定思路后，需将对数据的分析转化为解决实际问题的能力，从而实现大数据的价值。大数据能帮助人们发现事物间隐藏的内在关联，但并不意味着能直接带来社会和商业价值。

大数据管理能力是指针对大数据战略，有效地加以执行的能力。具体需做好三项工作：一是数据的获取、存储和保护；二是数据的加工，即整合、发现不同数据间的相关性；三是具有数据洞察力，即通过分析、呈现与决策工具获得洞察力，最终通过付诸行动产生价值。为了管理好大数据，需要构建管理会计信息平台，重点是考虑数据的可用性、可靠性、安全性、实施的简易性与灵活性。此外，加快管理会计工具指引的构建、加强工具之间的整合（集成与优化等），以及坚持开源与包容的原则等，都是提升大数据管理能力所必备的基础条件。管理会计的信息支持系统要遵循最朴素的市场规则，让不同角色的组织和个人通过逐渐成熟的交换机制，利用管理会计信息平台提供的数据交换、数据分析功能，以及各种管理工具。

大数据生态能力是指一种模拟自然环境的生态活动能力，它使数据取得、开发、利用等相关各方能够自主地进行数据处理，包括在数据方面相互配合、互相协调，使数据有序流动等。具体来说，原始数据提供商供给自由交易的数据集；开发者提供基于数据集的应用和服务，以及定制化的分析和呈现工具；数据玩家在市场中寻找值得投资的数据集或者进行交易，并获得回报。大数据生态系统的建立可能使数字经济的生活方式真正成为现实。当数据公开、数据交易和大数据应用成为自然而然的习惯时，或许我们才可以说，大数据时代真的到来了。管理会计的不确定性管理借助大数据手段，将会获得新的发展与创新机遇。

二、大数据对预算管理系统的影响

大数据技术通过对自然世界及人类思想、行为的数字化，将自然、社会和人类思维映射为一个由数据构成的数据世界。换言之，无论是自然科学还是社会科学，其实质都是对数据的挖掘、计算和预测。大数据精准地刻画了企业管理行为，精细地记录了会计活动中收入、成本以及资产管理的每一个历史瞬间。因此，大数据将成为科学描述预算管理行为的新工具，其影响可以从以下几个方面加以展现。

1. 可扩展商业报告语言与全面预算管理的紧密结合

可扩展商业报告语言（extensible business reporting language，XBRL）是基于互联网、跨平台操作，专门用于财务报告的编制、披露和使用的计算机语言。它通过对数据统一进行特定的识别和分类，使数据可直接为使用者或其他软件所读取及进一步处理，实现了数据的一次录入、多次使用。大数据时代的到来，促进了 XBRL 的应用，并使这些相关数据能够满足全面预算管理的需要。具体包括：（1）在预算编制、执行与控制过程中，充分利用现有的所有数据，而不是抽取部分数据；（2）尽量将以前没有量化的资源进行量化，进而转化为可供预算管理人员分析与利用的数据。进一步讲，大数据发展的动力就在于它促进了经济、社会事项的主动量化，并实现了对此类数据及时、有效的应用。这对现行的预算管理系统而言，既是一种挑战，更是一种机遇。

如何对看似难以量化的事物实现具体量化呢？以日本汽车行业为例，日本国家先进工业科学技术研究所的坐姿研究与汽车防盗系统开发就是一个实践证明，即将每个人的坐姿按照身形、姿势和重量分布进行量化和数据化，进而研发出了全新的坐姿汽车防盗系统。而在此之前，谁又能想到一个人的坐姿中竟然含有如此多的可量化的数据信息，并有这么大的实用价值？将这一案例的思路引申到全面预算管理之中，就能够使以往一些难以量化而无法纳入预算体系之中的经营、投资等活动，通过类似的方法纳入全面预算管理的体系，从而使预算管理实现根本性的创新。全面预算管理要实现对企业会计信息的现代化管理并进行正确的经营活动与投资决策，必须具备大数据管理的能力，建立以数据仓库为技术支持的具有海量数据挖掘、数据处理和数据分析能力的会计信息管理系统，根据预算管理者的不同需求方便、快捷地提供预算编制所需的各种数据信息。

2. ERP 与全面预算管理的结合

企业资源计划（ERP）是一种新的管理思想和模式，代表了当前企业信息化发展的方向。在大数据的背景下，XBRL 促进了 ERP 与传统预算编制方法的结合，也使得预算的执行、分析等环节与 ERP 的结合有了客观基础。XBRL 最初被称为 XFRL（XML based financial report mark-up language），即基于 XML 的会计报表标记语言，主要为投资者、交易方提供财务信息披露，但是后来人们发现，该语言能够用于企业内部管理等多个场景，所以改称为“可扩展商业报告语言”。ERP 与 XBRL 的结合使 ERP 的功能大大提升，应用范围更为广泛。企业的各种信息，特别是全面预算信息，都可以通过 ERP 在计算机网络中得到有效处理。预算信息一旦输入网络，就无须再次输入，通过 ERP 就可以很方便地转换成书面文字、PDF 文件、HTML 页面，或者其他格式的文件。而且，通过 ERP 获取的预算信息，也无须打印或再次输入，就可以方便快捷地运用于企业内部控制等领域。

此外，嵌入大数据、云计算等数字技术的全面预算管理，通过“场景连通—数据贯通—价值互通”的路径形成了数据资源的价值创造逻辑，为全面预算管理提供了重要的场景管理保障。

根据数字技术发展的规律，大数据背景下的全面预算管理及其智能化应用需要按照辅助分析、部分自主、条件自主、高度自主、完全自主等不同级别区分情境特征。在不同情境下，实施的自主水平与决策力是有区别的，这也是未来全面预算管理质量的一个重要影响因素。

三、基于大数据的预算管理应用

随着信息技术的发展，大数据在日常生产与生活中开始得到广泛应用，企业在经营决策与投资决策中也开始关注大数据。嵌入大数据技术的预算管理创新正在探索过程之中。

1. 预算管理与大数据结合：一种层次结构

基于大数据的全面预算管理主要包括四个层级：第一层级为基础设施层（包括 IaaS 和 HaaS），第二层级为数据管理层（包括 DaaS），第三层级为平台服务层（包括 PaaS），第四层级为应用服务层（包括 SaaS）。①

一是基础设施层。基础设施层可以提供包括服务器、存储和网络设备在内的物理和虚拟资源。对于制造业企业而言，其业务覆盖面广、顾客分散，这导致传统的信息技术基础设施难以满足其业务需求。IaaS 和 HaaS 作为基础设施层的核心部分，能够提供灵活的资源配置、快速的部署能力和高效的运维服务。特别是在供应链的上下游管理过程中，这种云服务模式能够实现资源的集中化管理，确保数据的实时性和一致性，同时降低硬件投资和人力成本。此外，针对预算管理面临的网络安全问题，基础设施层还需提供高级的安全防护措施，如数据加密、安全审计、入侵检测等，以确保业务数据的安全。

二是数据管理层。数据管理层集成和管理来自企业各业务部门的数据，并利用大数据技术进行数据清洗、挖掘和分析，为预算决策提供精准的数据支持。制造业的业务数据涵盖了产业链、供应链的全过程，并对价值链的数据管理有严格的要求，比如，相关数据具有地域性、季节性和多样性等特点。数据管理层可以整合这些分散、异构

① IaaS 是基础设施即服务，HaaS 是硬件即服务，DaaS 是数据即服务，PaaS 是平台即服务，SaaS 是软件即服务。这些属于云计算的服务模式。

的数据资源，构建一个统一的数据视图。通过大数据分析技术，如数据挖掘、预测分析等，DaaS 能够帮助企业深入理解价值链的产品需求变化、顾客行为等，为预算决策提供有力的数据支持。同时，DaaS 还可以实现数据的实时监控，及时发现业务异常和风险隐患，保障企业整体的业务安全。此外，通过高级的数据管理策略，DaaS 可以解决信息孤岛问题，实现数据的一致性和完整性。

三是平台服务层。平台服务层所开展的预算管理涉及企业的资金计划、成本控制、收益分配等多个方面，需要一个灵活、高效的管理平台来支撑。PaaS 作为服务平台，不仅提供预算编制、审批、执行的标准化流程，还支持企业根据市场的实际业务需求进行个性化定制。例如，针对产品业态的特点，PaaS 可以实现生产进度的动态管理、存货监控的自动化、风险预警的智能化等。此外，通过引入机器学习、人工智能等技术，PaaS 还能够提升预算管理的智能化水平，如自动优化资金配置、智能分析经营项目的盈亏状况等。

四是应用服务层。在应用服务层，SaaS 为企业的各类管理人员和员工提供便捷的预算管理工具。这些应用程序具有友好的用户界面、灵活的配置选项和强大的数据处理能力。例如，车间主任可以通过移动设备实时查看生产进度，财务部门负责人可以适时掌握企业的财务状况、预算执行进度，并且使用预算分析工具进行成本效益分析、资金使用效率评估等。通过这些应用工具，企业的预算管理变得更加透明、高效，有助于提升整个企业组织的经营绩效。

因此，大数据背景下的全面预算管理系统增强了企业决策的相关性，提高了经营决策与投资决策的准确性、实时性和有效性。面对大数据的情境特征，预算管理发挥了更广泛的功能作用，提升了企业各种资源的利用效率与效益。比如，优化了预算组织的结构，提高了预算编制的工作效率和预算执行的可控性，提升了预算考核的个性化和激励效果等。

2. 预算管理的创新模式：金字塔体系

借助大数据，将预算管理工具与其他管理工具相结合，如将目标成本方法嵌入预算管理中，可以拓展预算管理的视野，促进企业成本管理创新。大数据在预算管理应用方面的重点是数据整合和数据分析。数据整合是大数据应用的基础，它涉及将来自不同数据源以及具有不同格式和不同结构的数据进行收集、清洗、转换，并加载到一个统一的数据平台或数据仓库中。这一过程直接关系到预算编制所需数据的全面性和准确性。数据整合包括明确预算编制所需的数据类型和来源，如企业内部各部门的财务数据、业务数据、市场数据、竞争对手数据等，以及外部的行业报告、经济数据等。通过数据接口、数据爬虫、数据交换等收集这些数据后，需要进行数据清洗，包括剔除重复数据、处理缺失值、纠正错误数据、格式化数据等步骤，以确保数据的准确性和可用性。由于不同数据源的数据格式和结构可能存在差异，因此需要进行数据转换，将数据转换为统一的格式和结构，以便于后续的数据分析和处理。最后，将清洗和转换后的数据加载到统一的数据平台或数据仓库中，为预算编制提供数据支持。数据分析则是利用统计学、数据挖掘、机器学习等技术对整合后的数据进行深入分析和挖掘，以揭示数据背后的规律和趋势，为预算编制提供决策支持。这包括描述性分析，用于了解数据的基本情况，如平均值、中位数、标准差、分布情况等；诊断性分析，通过对比、关联等方法找出数据中的异常值、趋势和关联关系；预测性分析，利用历史数据和市场趋势等信息，运用时间序列分析等方法进行预测，为未来的预算编制提供依据。通过这些方法，大数据技术能够显著提升预算编制的准确性和效率，帮助企业更好地进行财务规划和决策。

从预算管理的编制实践看，结合大数据手段将目标成本管理与作业成本管理等多种方法融入预算编制活动中，可以构建一种金字塔结构的预算管理体系，如图 11-7 所示。

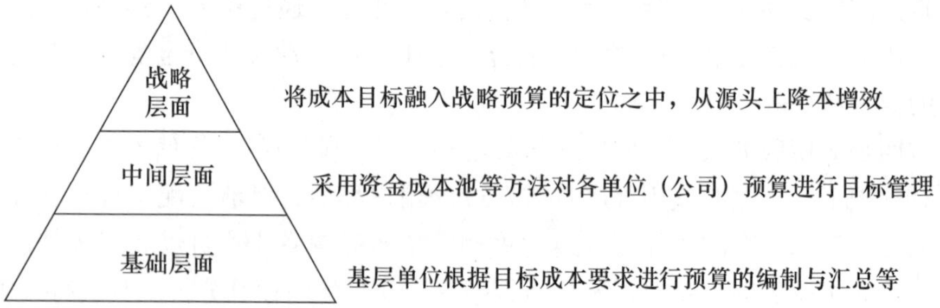

图 11-7 预算管理的金字塔结构

图中的“基础层面”，是企业所有基层单位采用固定预算、弹性预算、零基预算和滚动预算等方法，结合目标成本管理对所在单位进行预算编制与汇总的管理过程。这一过程中的预算管理创新活动主要表现为对某种单一预算方法的改进与完善，如结合固定预算导入作业成本管理的理念与方法，按作业来编制预算等。这一层面的预算管理是企业预算管理的基础。

“中间层面”是预算管理的重点与难点，即对所属公司上报的预算加以甄别，以提高企业整体预算活动的有效性与合理性。这是因为企业实践中往往存在预算松弛现象，防范这种现象成为企业实践中的一个难题。近年来，企业借助大数据技术，采用资金成本池的方法来加以应对，取得了一定的成效。具体做法如下：

（1）董事会对各下属公司上报的预算金额，按一定比例从中提取预算资金成本（即预算松弛现象带来的资金成本），统一存放到资金成本池中。

（2）如果下属的某一公司有某种重要的活动需要使用资金，或者执行过程中公司的预算资金确实不足，可以申请使用资金成本池中的资金。

（3）成立预算管理小组。为体现公平，可以从集团企业范围内公开选拔相关人员，组建预算管理小组。在预算年度内，预算管理小组的主要工作内容包括：1）结合各公司预算资金的使用情况，为是否需要动用资金成本池的资金提供早期信号；2）收集各公司预算资金使用方向的信息；3）掌握资金成本池中当前资金的存量；4）决定是否批准资金的申请等。

举例来说，某企业（集团）有四家下属公司，它们各自上报的预算金额以及董事会批准的预算金额如表 11-1 所示。本例中，各公司按 50%的比例统一计提预算资金成本并放入资金成本池（其前提是各公司存在多报预算以避免预算不足的预算松弛现象，且各公司倾向于放松控制，年度预算总会用完，有时还会超支；同时，下属公司的战略眼光不如集团总部等）。某家公司的经理想申请资金成本池中的资金，必须设计和提交达到预定目标的几个备选方案，一般需要列出三个备选方案，预算管理小组借助大数据手段对备选方案进行科学规划与论证，力求达到公开、公平与公正。

表 11-1 资金成本池管理方法的应用

下属企业上报的预算金额		董事会批准的预算金额	
企业	预算金额（元）	企业	预算金额（元）
公司 1	250 000	公司 1	125 000
公司 2	100 000	公司 2	50 000
公司 3	150 000	公司 3	75 000
公司 4	200 000	公司 4	100 000
		资金成本池	350 000
总计	700 000	总计	700 000

从表 11-1 中可以看出，资金成本池法是针对传统预算管理中存在的预算松弛现象，将成本管理中的竞争机制引入预算的编制过程中的一种方法。它提高了资金预测的准确性和预算的适应性，减少了部门间的博弈，鼓励关注组织目标，为企业获得竞争优势提供了动力和保障。

金字塔结构中的“战略层面”是企业（集团）总部结合企业管理战略所确定的年度预算目标及管理重点等。这种战略预算有三种形式。

一是以战略为导向的预算管理模式。具体内容包括：（1）以战略尤其是年度经营计划为依据编制预算，然后根据经营计划配置资源，形成最终预算，增强预算的战略相关性；（2）以资金预算为核心来实现规划与管控功能；（3）以预算执行报告为依据，通过战略预算质询会的形式进行过程调整与控制；（4）结合预算指标和平衡计分卡理念构建业绩评价体系，弥补单一预算考评的局限性，综合评价指标分为战略类、财务类、运营类、组织类等。

二是以风险为导向的预算管理模式。具体内容包括：（1）以战略、年度经营计划为依据编制预算，增强预算的战略内涵；（2）预算是公司内部控制体系的核心，涵盖风险、资金、薪酬等指标，其主要目标是保证风险的可知、可控和可承受；（3）以预算执行报告为依据，通过战略预算质询会的形式进行过程调整与风险控制；（4）借助平衡计分卡理念建立综合评价指标体系，包括战略类、风险控制类、财务类、资金控制类等。

三是以核心竞争力为导向的预算管理模式。预算管理中的核心竞争力主要表现在企业预算文化、良好的成本控制指标系统和企业的财务学习能力等方面。该模式重点关注企业所处的生命周期、企业组织成本与企业文化特征、公司治理的结构特征，以及互联网经济下的成本管理发展等。

第五节　经营模式转变与预算管理创新

经营模式是根据企业经营宗旨，结合自身定位确认的价值实现的方式或手段。传统的经营模式主要包括商品经营与资本经营等模式。随着生态文明下的环境经营生态，以及网络经济生态、数字化生态、人工智能生态等的兴起，预算管理创新成为一种客观趋势。

一、循环经济模式与预算管理创新

循环经济最早是由美国经济学家鲍尔丁于20世纪60年代提出的。循环经济模式主要是指在人、自然资源与科学技术的大系统内，在资源投入、企业生产、产品消费及其废弃的全过程中，把传统的依赖资源消耗的线性增长经济，转变为依靠生态型资源循环来发展的经济。它要求将经济活动流程转变为双向的反馈式流程，使生产、流通、消费过程中产生的废弃物经再利用等技术加工分解成可利用资源再回到经济活动中，部分废弃物经无害化处理后以无污染或低污染的状态再排放到环境中。其特征是低开采、高利用、低排放。以循环经济为导向的环境预算管理必须从生态经济这一大系统出发，对物质转化的全过程采取战略性、综合性、预防性措施，合理利用自然资源，提高资源利用的效率与效果。

循环经济以可持续发展理论为基础，要求经济发展必须从生态经济大系统出发，降低经济活动对自然资源的过度使用及对人类造成的负面影响。循环经济模式以减量（reduce）、再利用（reuse）、再循环（recycle）为运行原则。其中，减量原则要求在满足生产与消费需求的基础上，利用先进技术和转变消费观念的方法，尽量减少对物质资料的投入量；再利用原则要求通过尽量多次或多种方式使用产品，减少对资源的消耗和对环境的污染；再循环原则要求对废弃物进行资源化处理，以减少废弃物的最终处理量。循环经济模式的基本要求（郭复初等，2006）包括：

（1）实施清洁生产，降低自然资源消耗，实现企业内部的循环经济。清洁生产既是实现循环经济的基本形式，也是循环经济模式的具体体现。它要求企业在产品生产的整个生命周期中，都必须考虑预防污染，将产品生产过程中对人体及环境的危害降到最小。除此之外，就单个企业而言，实施清洁生产在一定程度上有助于减少物质资源的消耗，促进资源的节约使用。

（2）实施生态工业，建立工业园区，实现企业之间的循环经济。如果只在企业内部推进循环经济，其发挥的作用是有限的，因为单个企业的生产活动总会产生一些无法内部消化的废料和副产品。通过建立工业园区，将生产活动中处于不同环节的企业集聚起来，即将不同企业产生的废物利用到不同的生产过程中，为废物找到下游的“分解者”，这样既减少了污染，也在企业之间构建了一种无形的链条，类似于生态系统中的生物链。由此扩展，工业生态系统就形成了。

(3) 发展社会静脉产业，建立社会大循环的循环经济体系。静脉产业的提出旨在形成一种循环经济的新模式。它是指将废弃物转换为再生资源的产业，通过这种产业，生活垃圾与工业垃圾变废为宝、循环利用，如同将含有较多二氧化碳的血液送回心脏的静脉一样。通过静脉产业，构建一条“废物—再生—产品”的环保产业链，将社会作为一个整体，从战略高度对资源流动过程中的资源消耗和污染排放进行控制，从而实现全过程、全系统的生态经济效益。

循环经济模式下的预算管理需要重点考虑两个问题：一是企业的社会责任。比如在预算编制过程中，应设计环境会计（尤其是环境成本）方面的预算内容。二是企业的持续性与成长性。持续是企业发展中相对静态的过程，在这一过程中，企业预算管理要保持现有的规模、利润与市场份额；而成长是企业发展中相对动态的过程，在预算管理中需要关注的不是如何变得更大、增长更快，而是如何变得更好、如何提升企业竞争力，以及对不断变化的环境具有很强的适应性。换言之，在经济可持续增长方式下，预算模式的选择与更新必须与环境变化、企业生命周期变化相适应，在企业人力与物质资源的配置上既要满足企业当前发展的需要，也要满足企业长远发展的需要。

循环经济模式下的预算管理实践表明，传统预算对作业层的战略控制效率低，预算指标反映的是各项财务结果，而不是需要控制的关键活动本身。企业中各项工作的财务后果很难及时计量，尤其是作业层次的员工不能将自己的工作与企业战略建立起直接的关系，从而难以将行动控制在战略管理的轨道上。

二、新经济模式与预算管理创新

现在流行的“新经济”一词还没有固定的含义。有人将正在兴起的信息经济称为新经济，有人则将知识经济称为新经济，还有人则将工业经济时代后兴起的产业称为新经济。我们在这里所提出的“新经济”一词，是指随着信息经济、知识经济的到来，对整个经济活动产生影响的一种新形式、新方式。新经济的实质就是信息化与全球化，新经济的核心是高科技创新及由此带动的一系列其他领域的创新。促成新经济出现的现实环境是全球经济一体化。信息技术革命的推进、新经济的发展必然导致全球化进程的加快。新经济对全面预算管理的影响是通过“互联网—金融活动—企业活动—全面预算”这样一条路径展开的。

互联网对经济的深刻影响有三点：一是互联网改变了信息的内部性特征，并以前所未有的方式迅速扩展为具有外部性特征。人们通过搜索引擎，可以轻松地找到种类繁多、数量极大且增长速度惊人的信息，这不仅充分满足了人们对共享信息的需求，还满足了对不同专业信息的需求。二是互联网使市场资源的配置不再受到市场门户的限制，它扩大了人们选择时空的自由度，使得人们更加方便地通过交流与协商达成各种交易，从而使市场资源成为全社会的共享资源，达到优化配置的目的。三是互联网使产业经济迅速走上规模化的道路，不仅使产业分工的边界变得模糊，还使管理的边界也变得模糊。

通过互联网技术手段，最终可以让金融机构失去在资金融通过程中的主导位置，因为互联网的分享、公开、透明等理念使资金在各个主体之间的流动变得非常直接、自由，且违约率较低。金融中介的作用会不断被弱化，从而使得金融机构逐渐成为从属的服务性中介，即它们不再是金融资源调配的核心领导者。也就是说，互联网金融是一种努力尝试摆脱金融中介（金融脱媒）的金融模式。当今互联网金融主要包括第三方支付、P2P 贷款模式、阿里小贷模式、众筹融资、余额宝模式、互联网货币等六大方向。以互联网金融为代表的新经济改变了全面预算管理过程中的投融资活动，也为预算管理系统的改革与创新带来了巨大的挑战与机遇。

小　结

1. 尽管人们对全面预算管理工具有这样或那样的看法，但它在企业实践中持续应用，其地位仍然没有动摇。其原因在于，组织非常重视全面预算管理工作，预算是企业完成目标任务的保证，预算是企业制度建设的基础。

2. 改革和创新是全面预算管理持续发展的动力，全面预算管理创新可以分为三个层次。

3. 技术手段与管理方法的结合是应对预算逆反性的有效措施。其中，构建以前馈为导向的预算编制机制可以从根本上弥补预算管理功能不足的缺陷，进而克服预算管理的逆反性，提高预算管理的科学性和有效性。

4. 大数据时代需要管理者具备大数据战略、大数据管理和大数据生态三大能力。在大数据背景下，XBRL 促进了 ERP 与传统预算编制方法的结合，也使得预算的执行、分析等环节与 ERP 的结合有了客观基础。

5. 从全面预算管理的视角分析，经营模式转变主要体现在循环经济与新经济对预算管理的影响方面。循环经济模式下的预算管理需要重点考虑两个问题：一是企业的社会责任；二是企业的持续性与成长性。新经济对全面预算管理的影响是通过“互联网—金融活动—企业活动—全面预算”这样一条路径展开的。

练习题

一、选择题

1. 要扭转全面预算管理仅仅是控制手段的观念，需要树立一个新观念，即（　　）。

A. 预算是构建企业文化的重要途径　　B. 预算是惩罚的工具

C. 预算是奖励的依据　　D. 预算是计划的手段

2. 全面预算管理借助构建以市场价格为导向的压力传递机制，将传统企业管理的事后反馈转变为事前预算、事中控制和事后考核，是全员、全过程、全方位的管理，实现了（　　）的“三流”合一。

A. 物流、信息流与资金流　　B. 宏观、中观与微观价值流

C. 生产、供应与销售流程　　D. 战术、战术与计划流程

3. 预算编制过程中确定的基数不准确，经营者在预算管理中过于看重短期利益，导致这些逆反现象的原因包括（　　）。

A. 目标不一致和利益冲突

B. 信息不对称与规避不确定性带来的风险

C. 预防上级部门层层削减或层层加码

D. 缓解预算考核带来的压力

4. 预算的（　　）特征表明，预算贯穿企业生产经营活动的全过程。或者说，没有一种制度体系会比预算更具有对人们行为的全覆盖性。

A. 制度性　　B. 合理性

C. 技术性　　D. 科学性

5. 无论全面预算管理如何创新与发展，其运行的基本逻辑不会改变，从全面预算管理的组织结构来看，必备的组织包括（　　）。

A. 预算管理决策机构　　B. 预算管理领导机构

C. 预算管理工作机构　　D. 预算的日常管理机构

二、简答题

1. 导致预算管理逆反性的原因及对策有哪些？

2. 请结合第一章与本章的内容，从总体上谈谈为什么“超越预算”缺乏操作的可行性。

三、论述题

试论大数据技术对预算管理的影响。

案例1

嵌入数字化转型的全面预算管理新思维

在企业数字化转型的大潮中，会计工作者应由组织管理者向价值赋能者转变。对此，东方有色公司结合自身特点，通过价值赋能努力构建了全球一流的财务管理体系。东方有色公司要求财务管理部门树立以下全面预算管理新思维。

一是战略思维。财务管理人员须主动适应战略性的数字化转型需要，拓展全面预算管理的变革思维，由单纯的技术思维向全局性的复合型思维转变，由线性战略思维向生态战略思维转变。以数字技术促进业财融合，为战略目标落地提供条件。

二是价值思维。财务管理人员须适应核心价值链数字化转型的新情境，从技术专家向产业跨界专家转变，助力企业的融合发展。结合全面预算管理的情境特征，加强全流程、全生命周期的预算管控，以价值链管理为基础发现价值和传递价值。

三是平台思维。财务管理人员须适应企业市场营销模式平台化转型的需要，将数字技术应用从内部向外部拓展。适应数字化价值创造的需要，进一步优化全面预算管

理的技术方法，推动企业组织结构从金字塔的科层式向平台化的分布式转变。

四是去中心化管理思维。财务管理人员须适应组织、技术和管理流程的数字化转型的需要，助力企业组织模式向去中心化、扁平化和平台化方向发展。

五是数据思维。财务管理人员须适应产业数字化和数字产业化的发展需求，从功能构建的适能者向价值实现的赋能者转变。数据资产是数字化企业的重要资产，数字化重构企业纵向价值链和横向产业链，实现资源的精准配置。

六是要素社会化思维。结合数据共享对产业链产生巨大价值这一特征，使以往的独占思维向要素社会化思维转变。

东方有色公司财务部认为，在数字化时代，一切生产要素均可链接、交付、社会化和全球化。全面预算管理要积极利用社会要素为企业内部服务，构建开放、合作、共赢的价值生态圈。

思考：

1. 结合央国企构建的全球一流的财务管理体系，谈谈你对全面预算管理创新的理解。
2. 结合本章内容和案例，你认为进行全面预算管理应培养哪些新思维？

案例2

预算编制中的方法创新

在企业预算编制过程中，比较棘手的问题包括：科技研发的资金多少才是恰当的？有没有更好的计量方式？能否设计出一种框架，在科研与资金之间寻求一种平衡，即怎样才能使科研投入方面的资金预测更加准确？

日本著名的管理会计学者田中雅康提出了一种分析框架，我们将这一框架简称为“两个视角，四个路径”（见图11-8）。其中，“两个视角”是指应用视角与目标视角；“四个路径”是指领导性路径、视觉化路径、实用化路径和高端性路径。这种框架可以帮助科研人员明确开发新产品的方向，并由此确定可能需要投入的资金数量。

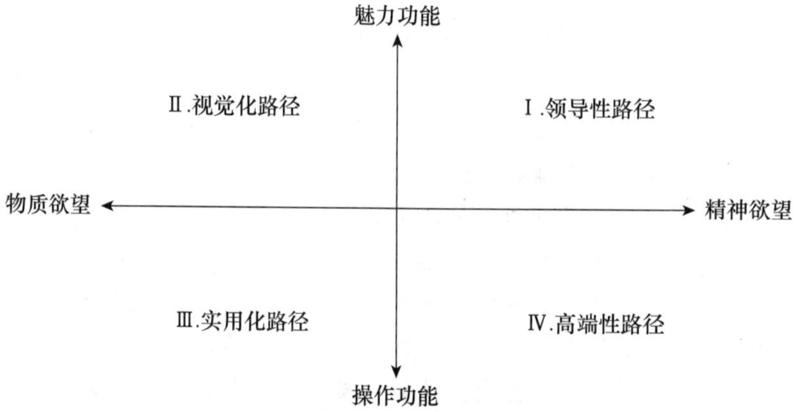

图11-8 全面预算管理的创新理念

图11-8所表明的基本思路是，鼓励设计人员开发有附加值的产品，具体包括：

(1) 开发高性能及有特殊市场需求的产品；(2) 不断改良产品设计；(3) 引进先进技术和加工工艺。然而，这些都需要资金作为保证，亦即需要预算。这种预算额度如何把握与控制，则需要创新。借鉴田中雅康的这种分析框架，全面预算管理就有了一种可以参考的依据。

思考：

1. 根据上述分析框架，谈谈产品创新与全面预算管理的内在关系。
2. 结合本章内容和案例，你认为未来的预算管理将会在哪些方面展示其创新魅力？

参考文献

［1］西村明，大下丈平. 管理会计的国际展望. 福冈：九州大学出版会，2003.

［2］王化成，佟岩，李勇. 全面预算管理. 北京：中国人民大学出版社，2004.

［3］拉利. 预算管理手册. 王斌，等译. 北京：人民邮电出版社，2007.

［4］章显中. 企业预算控制. 北京：中国人民大学出版社，2009.

［5］中国会计学会. 中国会计改革三十年. 北京：中国财政经济出版社，2009.

［6］秦荣生，姚德超. 全面预算管理. 北京：中信出版社，2011.

［7］陈龙章. 全面预算管理信息化案例分析. 北京：经济管理出版社，2012.

［8］中国会计学会管理会计与应用专业委员会. 中国管理会计理论与实践. 北京：经济科学出版社，2014.

［9］胡玉明. 管理会计应用指引详解与实务. 北京：经济科学出版社，2018.

［10］冯圆. 成本管理的概念框架及其扩展应用. 北京：清华大学出版社，2019.

［11］冯巧根. 高级管理会计理论与实践. 北京：清华大学出版社，2019.

［12］冯巧根. 管理会计. 4 版. 北京：中国人民大学出版社，2020.

［13］冯巧根. 管理会计的制度博弈与工具创新研究. 南京：南京大学出版社，2022.

图书在版编目（CIP）数据

全面预算管理 / 冯巧根，冯圆主编. -- 3 版.
北京：中国人民大学出版社，2025. 5. --（高等学校经济管理类主干课程教材）. -- ISBN 978-7-300-33984-9
Ⅰ. F275
中国国家版本馆 CIP 数据核字第 20250NB486 号

高等学校经济管理类主干课程教材·会计与财务系列
全面预算管理（第 3 版）
主编 冯巧根 冯 圆
Quanmian Yusuan Guanli

出版发行	中国人民大学出版社		
社　　址	北京中关村大街 31 号	邮政编码	100080
电　　话	010－62511242（总编室）		010－62511770（质管部）
	010－82501766（邮购部）		010－62514148（门市部）
	010－62511173（发行公司）		010－62515275（盗版举报）
网　　址	http://www.crup.com.cn		
经　　销	新华书店		
印　　刷	北京市鑫霸印务有限公司	版　　次	2015 年 5 月第 1 版
开　　本	787 mm×1092 mm　1/16		2025 年 5 月第 3 版
印　　张	15 插页 1	印　　次	2025 年 5 月第 1 次印刷
字　　数	339 000	定　　价	42.00 元

中国人民大学出版社　管理分社

教师教学服务说明

中国人民大学出版社管理分社以出版工商管理和公共管理类精品图书为宗旨。为更好地服务一线教师，我们着力建设了一批数字化、立体化的网络教学资源。教师可以通过以下方式获得免费下载教学资源的权限：

★ 在中国人民大学出版社网站 www.crup.com.cn 进行注册，注册后进入“会员中心”，在左侧点击“我的教师认证”，填写相关信息，提交后等待审核。我们将在一个工作日内为您开通相关资源的下载权限。

★ 如您急需教学资源或需要其他帮助，请加入教师 QQ 群或在工作时间与我们联络。

中国人民大学出版社　管理分社

教师 QQ 群： 648333426（工商管理）　114970332(财会)　648117133(公共管理)
教师群仅限教师加入，入群请备注（学校＋姓名）

联系电话： 010-62515735，62515987，62515782，82501048，62514760

电子邮箱： glcbfs@crup.com.cn

通讯地址： 北京市海淀区中关村大街甲 59 号文化大厦 1501 室（100872）

管理书社　　人大社财会　　公共管理与政治学悦读坊